# Siebengebirge

# Siebengebirge

Ein Reisehandbuch von Guido Berg

Mit Informationen zur Geschichte und Kultur in der

**GEBIETSKUNDE**

Mit wichtigen Hinweisen zur Reisevorbereitung
sowie zu Sport- und Freizeitangeboten
bei den

**PRAKTISCHEN HINWEISEN**

Mit Beschreibung von Sehenswürdigkeiten
bei den

**ORTSBESCHREIBUNGEN**

Mit Beschreibung von Wanderausrüstung und -touren
bei den

**WANDERTOUREN**

59 Farbfotos
15 Stadt- und Wanderkarten
zahlreiche S/W-Fotos und Illustrationen

## Impressum


**Anschrift:** Hauptstraße 116, D-53424 Remagen, ☎02228/7055

1. Auflage 2000



**Design:**
Umschlagdesign: Birnbach Design, Thomas-Mann-Str. 41, D-53119 Bonn

**Umschlags- und Textkarten:**
Cartomedia, An der Vogelhardt 1, D-76149 Karlsruhe

**Wanderkarten:**
LVerm.A Nordrhein-Westfalen, 53177 Bonn, Genehmigung Nr. S 99108

**Fotos:**
Guido Berg, Landeskundemuseum Haus Schlesien, Heimatmuseum Oberdollendorf, Siebengebirgsmuseum der Stadt Königswinter, VVS Naturpark Siebengebirge

**Vertrieb** für den Buchhandel
A/CH/D: GeoCenter-ILH, Schockenriedstr. 44, D-70565 Stuttgart

Dieses Buch ist erhältlich in jeder Buchhandlung der Bundesrepublik. Wer dennoch kein Glück hat, bekommt das Buch gegen Voreinsendung des Kaufpreises beim Verlag.

ISBN 3-930884-18-6

Preis: 16,80 DM / 8,60 EUR

# Inhaltsverzeichnis

Teil 1: Gebietskunde ____ 9–44

Teil 2: Praktische Hinweise ____ 45–64

Teil 3: Ortsbeschreibungen ____ 65–156

Teil 4: Wandertouren ____ 157–198

Anhang ____ 199–216

## TEIL 1: GEBIETSKUNDE ........ 9–44

**Geographie** ........ **10**
Klima ........ 12
Fauna ........ 13
Flora ........ 14
Naturschutzgebiet/Naturschutzpark ........ 15
Wirtschaft und Verkehr ........ 16
**Geschichte** ........ **18**
Bekannte Persönlichkeiten ........ 25
Sagen und Mythen ........ 29
Der Strom ........ 31
**Weinbau im Siebengebirge** ........ **34**
Kellerwirtschaft ........ 37
Weingüter im Siebengebirge ........ 43

## TEIL 2: PRAKTISCHE HINWEISE ........ 45– 64

Wichtige Adressen und Rufnummern ........ 46
Anreise ........ 47
Für Behinderte ........ 49
Für Familien ........ 50
Für Senioren ........ 51
Wichtiges für unterwegs ........ 52
Museen ........ 54
Kulturelles ........ 54
Literatur ........ 56
Unterkunft ........ 57
Essen und Trinken ........ 59
Freizeitaktivitäten ........ 60
Sport- und Ausrüstungsläden ........ 63

## TEIL 3: ORTSBESCHREIBUNGEN ........ 65–156

Die Berge des Siebengebirges ........ 66
**Bonn (rechtsrheinisch)** ........ **73**
Holtdorf ........ 73
Holzlar ........ 73
Limperich ........ 74
Oberkassel ........ 74
Pützchen ........ 77

**Königswinter** ..... **84**
Kloster Heisterbach ..... 106
Heisterbacherrott ..... 109
Thomasberg ..... 111
Ittenbach ..... 112
Nieder- und Oberdollendorf ..... 116
Oberpleis ..... 123
Eudenbach ..... 127
Römlinghoven ..... 128
Stieldorf ..... 129
Vinxel ..... 129
**Bad Honnef** ..... **132**
Selhof ..... 148
Aegidienberg ..... 149
Rhöndorf ..... 152

**TEIL 4: WANDERTOUREN** ..... **157–198**
Ausrüstung ..... 158
**Der Rheinhöhenweg (rechtsrheinisch)** ..... **160**
**Rundwanderstrecken** ..... **170**
Rund um den Ennert ..... 170
Rund um die Dollendorfer Hardt ..... 172
Weinwanderweg ..... 172
Rund um den Weilberg ..... 175
Rund um den Stenzelberg ..... 177
Rund um die Löwenburg ..... 180
Rund um den Ölberg ..... 181
Bad Honnef–Mucher Wiesental–Schmelztal–Bad Honnef ..... 184
Margarethenhöhe–Drachenfels–Königswinter ..... 187

**Ausflüge** ..... **189**
Nördlich des Siebengebirges ..... 189
Siegburg ..... 189
Südlich des Siebengebirges ..... 194
Linz ..... 195
Laacher See ..... 197

**ANHANG ........................................ 199-216**

Kartensymbolik ........................................ 200
Abkürzungen ........................................ 201
Bildnachweis ........................................ 201
Literaturverzeichnis ........................................ 202
Dankeschön ........................................ 203
Ergänzungen und Korrekturen ........................................ 203
Register ........................................ 204-206
Verlagsprogramm ........................................ 207
Streckenplan von Stadt- und Straßenbahn ........................................ 208
Eintrag für Wanderungen durch das Siebengebirge ........................................ 209-212
Notizen ........................................ 213-216

# Gebietskunde

# GEOGRAPHIE

**Lage:** Am Übergang vom Rheinischen Schiefergebirge zur Niederrheinischen Tiefebene breitet sich im Südosten des Bundeslandes Nordrhein-Westfalen zwischen Rhein, Autobahn A3 und den Städten Bonn, Königswinter und Bad Honnef das Siebengebirge aus. Umgeben ist es im Süden vom Unteren Mittelrheingebiet mit den Linzer Terrassen, im Südosten vom Niederwesterwald, der durch den Westerwälder Vulkanrücken bestimmt wird, im Norden geht das Siebengebirge in die Pleiser Hügellandschaft über. Geographisch liegt das Siebengebirge auf 50°12' nördlicher Breite und 7°14' östlicher Länge.

Naturräumlich wird das Siebengebirge dem unteren Mittelrhein zugerechnet.

Geographisch genau läßt sich die Lage des 4280 ha großen gleichnamigen Naturparks festlegen. Er reicht im Süden bis an die Landesgrenze von Nordrhein-Westfalen, im Westen bis an die Ortschaften entlang des Rheines und im Nordwesten umschließt er den Bereich des Ennert im Bonner Stadtteil Pützchen.

Mit rund 91% Waldanteil ist der Naturpark Siebengebirge der waldreichste Naturpark Deutschlands. Bereits 1836 setzte man sich für die Erhaltung der urwüchsigen Landschaft ein. 1923 wurde der Kernbereich des Siebengebirges per Erlaß der preußischen Regierung unter Naturschutz gestellt, womit es eines der ältesten Naturschutzgebiete Deutschlands und zugleich das größte in Nordrhein-Westfalen ist. Typisch für die Hügellandschaft sind die tief eingeschnittenen Waldtäler in Ost-West-Richtung entlang der kleinen Flüsse und

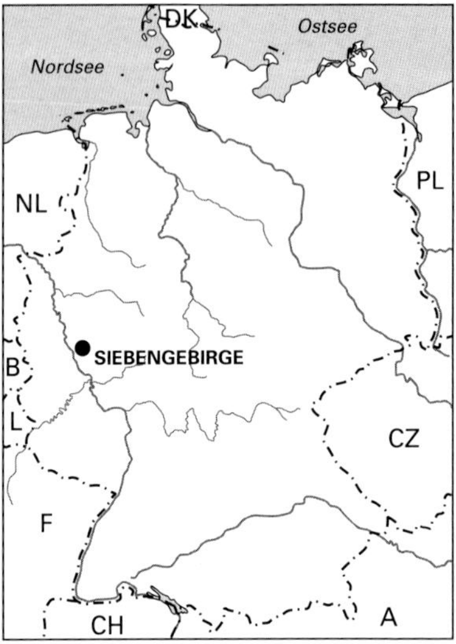


Bäche, die dem Rhein zufließen. Wegen seiner Bedeutung in botanischer, geologischer und zoologischer Hinsicht unterliegt der Naturpark strengen Schutzbestimmungen.

Der Name des Gebiets leitet sich vermutlich von dem Wort „Siefen" her, was soviel wie feuchtes, schluchtartiges Tal bedeutet. Eine andere Theorie leitet den Namen von „Sieben Bergen" (septem montes) ab. Zwar sind im Gebiet des Siebengebirges mehr als 40 Berge unterschiedlicher Höhe zu finden, doch für diese Theorie spricht, daß schon um 1590 die Bezeichnung Sieben Berge auftauchte und mit der Zahl Sieben damals oft eine nicht genau festgelegte Menge bezeichnet wurde.

Verwaltungsmäßig gehört das Siebengebirge zum Regierungsbezirk Köln. Bis ins Zentrum des linksrheinischen Bonns sind es rund 4 km, bis zum benachbarten Köln etwa 25 km, die Landeshauptstadt Düsseldorf liegt etwa 60 km nordwestlich.

Mit 460 m ist der Große Ölberg die höchste Erhebung im Naturpark, der tiefste Bodenpunkt befindet sich mit 54 m über NN auf der Insel Grafenwerth.

**Geologie:** Die Entstehung der unterschiedlichen geologischen Landschaften des Siebengebirges ist bis in die **Devonzeit** zurückzuverfolgen. Im Erdaltertum bildeten der heutige Nordatlantik und das nördliche Europa den sogenannten Old-Red-Kontinent, eine zusammenhängende Landmasse, wogegen das heutige Mittelgebirge von einer Wassermasse bedeckt war. Das rechtsrheinische Schiefergebirge lagerte sich vor rund 380 Mio. Jahren als weicher Meeresboden ab, auf dem sich immer mehr Sedimente verschiedenster Stoffe ansammelten. Durch den Druck des Wassers verfestigten sie sich, und es entstand schließlich eine große Gesteinsmasse aus Sandstein und Tonschiefer mit einer Dicke von nahezu 3000 Meter.

Durch verschiedene Funde konnte die geologische Entwicklung exakt bestimmt werden. So wurden u.a. im Jahre 1927 tierische Fossilien aus dieser Zeit bei Bad Honnef und dem südlich gelegenen Rheinort Unkel gefunden.

In der **Karbonzeit** (vor ca. 300 Mio. Jahren) floß das Wasser ab und gewaltige Kräfte schoben die Erdkruste zu einem Faltengebirge zusammen. Es entstanden Spalten aus denen metallhaltiges Wasser aus dem Erdinnern aufstieg. Dies führte dazu, daß nach Abkühlung Kupfer-, Blei- und Eisenerze entstanden. Für den Zeitraum von rund 200 Mio. Jahren gehörte das Gebiet zur sogenannten Rheinischen Insel, die aus den Meeren der Jura- und Kreidezeit als flaches Land herausragte und sich in Nord-Ost-Richtung erstreckte.

Das änderte sich im **Tertiär** (vor ca. 65 Mio. Jahren), als diese Landscholle weiter aufzuragen begann und höher wurde, während gleichzeitig der nördliche Teil, die heutige Niederrheinische Bucht, absank. Dies ermöglichte der Nordsee fast freien Zufluß bis in den Bereich des heutigen Bonn. Das nun durch das Gefälle abgeschwemmte Ton- und Sandmaterial lagerte sich im Bonner Raum ab.

Die Bruchkanten der Gebirge bildeten tektonische Linien und es folgte vor ca. 50 Mio. Jahren die Phase des **Vulkanismus**. Vor rund 25 Mio. Jahren förderten die ersten Vulkanausbrüche unvorstellbare Mengen trachytische Schmelze aus dem Erdinnern hervor. Die heißen Trachyttuffmassen kühlten an der Luft ab, sammelten sich um die Schlote der Vulkane und trugen somit zur weiteren Erhöhung des Schiefergebirges bei. Die ursprüngliche Tuffdecke erreichte eine Dicke von bis zu 200 m. In weiteren Eruptionsphasen entstanden *Trachyte* und *Latite*. Während Trachyt insbesondere am Drachenfels vorzufinden ist, ist das körnige Latit an der Wolkenburg, am Hirschberg und am Stenzelberg anzutreffen.

Insgesamt waren es 5 Eruptionsphasen, die das Siebengebirge gestalteten. In der letzten Phase (vor ca. 20 Mio. Jahren) wurde ein Gebiet von fast 900 km$^2$ von den Vulkanen erfaßt. Bei diesen Ausbrüchen der Vulkane im Siebengebirge entstanden überwiegend

Basalte. Eindrucksvoll ist dieser Teil der Erdgeschichte am ehemaligen Steinbruch am *Großen Weilberg* zu sehen, wo die fünf- und sechseckigen Basaltsäulen zu erkennen sind.

Von den unterschiedlichen Gesteinsarten ist der Trachyt mit über 60% am häufigsten vorzufinden, der Basalt macht etwa 35% und das Latit etwa 4% des Siebengebirges aus.

In den Vulkanherden entstand neben den verschiedenen Gesteinen auch Kohlensäure, die an das Grundwasser abgegeben wurde. Dies führte dazu, daß im Siebengebirge und seiner Umgebung viele Quellen mit diesem kohlensäurehaltigen Wasser entstanden. So haben der *Draitschbrunnen* in Bad Godesberg, die Brunnen in Roisdorf und in Bad Honnef ebenso ihre Entstehung in der Vulkanzeit wie der *Apollinaris Brunnen* in Bad Neuenahr.

Nach dem Vulkanismus hinterließ das zurückweichende Meer ausgedehnte Sumpfwälder, die eine wesentliche Voraussetzung für die Entstehung der rheinischen Braunkohle waren. Der Rhein, der seit rund 15 Mio. Jahren besteht, und seine Nebenflüsse bestimmten nun maßgeblich die Gestaltung des Siebengebirges. Zunächst in einem breiten und flachen Tal fließend, konnte sich der Fluß in der **Eiszeit** (vor rund 700.000 Jahren) durch einen erneuten Anstieg des Gebirges weiter eingraben. Es bildete sich die tiefe Talschlucht des Mittelrheins und die damals entstandenen *Rhein-Sieg-Terrassen* prägen heute noch das Landschaftsbild.

Die Hochfläche zwischen dem Bonner Paffelsberg und Vinxel stellt die Hauptterrasse des Rheins dar; der linksrheinische Kottenforst bildet eine weitere Hauptterrasse, die Mittelterrasse besteht aus Venusberg und Kreuzberg. Die Niederterrasse ist die Rheinebene zwischen der Mehlemer Aue und Züngsdorf und das unmittelbare Rheinufer gestaltete die Inselterrasse.

Die Erosion tat bei der Gestaltung des Rheinischen Schiefergebirges ein übriges. Sie trug im Laufe der Jahrtausende die Kuppen der Berge bis auf eine Höhe zwischen 300 und 460 m ab und ließ Täler entstehen.

Doch auch die Eingriffe der Menschen durch die Steingewinnung trugen entscheidend zum Aussehen des Siebengebirges bei. Jahrhundertelang beuteten die Römer die Berge aus, dem ein neuerlicher Boom im 18. und 19. Jh. folgte. Durch die Steingewinnung wurden die Vulkankegeln stark verändert. Besonders der Gipfel der Wolkenburg, der einst höchste Berg im Siebengebirge, wurde durch die Steingewinnung vollständig abgetragen. Doch auch andernorts sind die Spuren der Ausbeutung an den Bergen sichtbar.

## KLIMA

Großräumig betrachtet gehört das Siebengebirge zum atlantisch-maritimen Klimabereich. So zerklüftet wie die Mittelgebirgslandschaft sich zeigt, sind auch die verschiedenen Kleinklimata. Sie reichen von Sonnenhängen in exponierter Lage bis zu kühlen, feuchten Tälern, und im Winter bildet das milde Rheintal oft einen reizvollen Kontrast zu den schneebedeckten Bergen des Siebengebirges.

Bezüglich der Niederschläge weist die Mittelgebirgslandschaft ebenfalls große Unterschiede auf. Während in Königswinter ein mittlerer Jahresniederschlag von nur 682 mm zu verzeichnen ist, liegen die jährlichen Niederschläge auf den Höhen des Siebengebirges bei über 800 mm. Mit rund 45 mm Niederschlag ist der März der regenärmste Monat am Rhein.

Während die Ostseite den kalten Ostwinden ausgesetzt ist, wird gleichzeitig der westliche Bereich geschützt. Dieser wiederum liegt im Regenschatten der Eifelberge und bleibt so weitgehend vor atlantischen Einflüssen verschont. Diese Tatsache beeinflußt wiederum die Erwärmung in den Rheinniederungen, in denen die Temperaturen beispielsweise im Juli durchschnittlich 3 bis 5 Grad höher liegen als auf den Höhen.

Im Frühling und im Sommer herrscht im allgemeinen ein angenehm mildes Klima. So liegt die Temperatur im Sommer am Tage zwischen 22 und 26° C, im Winter beträgt sie im Durchschnitt rund 9° C. Auf den Höhen des auslaufenden Mittelgebirges fällt die Temperatur im Winter allerdings weit unter den Gefrierpunkt.

Mit durchschnittlich 56 Frosttagen (niedrigste Temperatur unter 0°C) und nur 10 Eistagen (Tageshöchsttemperatur unter 0°C) ist das Klima in den Niederungen des Siebengebirges aber auch im Winter relativ mild.

Belastend auf die Menschen wirkt sich die hohe relative Luftfeuchtigkeit im Rheintal aus. Mit durchschnittlich 35 schwülen Tagen liegt z. B. Bonn weit vor anderen deutschen Städten. Für die übermäßige Schwüle in der Rheinniederung ist unter anderem die unzureichende Luftbewegung im Talkessel verantwortlich, denn die meist aus dem Westen stammende Frischluft wird durch die Eifelberge „abgebremst". Wohingegen auf den Höhen und im östlichen Bereich des Siebengebirges meist die frische Ostluft spürbar ist.

## FAUNA

Das Siebengebirge weist eine hochinteressante Fauna auf. Viele Populationen leben hier in ihrem nördlichsten Verbreitungsgebiet, so z. B. die seltenen **Schwarz-** und **Rotmilane** sowie zwei **Ammerarten** (Zipp- und Grauammer). Die **Zippammer,** deren Lebensraum eigentlich das südliche Mitteleuropa ist, findet man im Bereich des südlich gelegenen Ahrtals, im Siebengebirge in den letzten Jahren leider seltener.

An Greifvögeln sind in der Region der **Mäuse-** und der **Wespenbussard** heimisch, die oftmals auf Lichtungen, an Waldränder und auf offener Flur zu beobachten sind.

Die Felswände des Drachenfels sind das Revier und Brutstätte der **Turmfalken.** Einst brüteten hier auch Wanderfalken, die jedoch in den 90er Jahren ausgestorben sind. Zwar ist die Spezies im Bereich des Mittelrheins wieder gesichtet worden, doch ob sie auch schon wieder im Siebengebirge beheimatet ist, ist derzeit noch nicht bekannt.

Die Wälder des Siebengebirges sind Lebensraum von verschiedenen **Spechtarten** wie z. B. des Bunt-, Grün- und Schwarzspechts. Aber auch viele Waldvogelarten wie **Buchfink**, **Singdrossel**, **Rotkehlchen** und **Meise**, die im Frühling und Sommer dort ihre Brutstätten haben, sind in den Wäldern zu Hause. Mit etwas Glück kann man im Naturschutzgebiet auch den Gesang einer seltenen **Nachtigall** hören oder eine **Wasseramsel** sehen.

Häufiger anzutreffen sind die **Mausohr-Fledermäuse,** eine der großen Fledermausarten. Obwohl die heimischen Fledermäuse unter Naturschutz stehen, hat sich die Zahl einiger Arten in den letzten Jahrzehnten stark verringert oder ist, wie die Kleine Hufeisennase, ausgestorben.

Vielfältig ist der Artenreichtum an **Wassermollusken,** von denen es 34 Arten gibt. Eine Besonderheit ist die **Nacktschnecke,** die erstmals 1962 in Deutschland festgestellt wurde. Die Weinberge sind Lebensraum von über 20 Arten von Weinbergschnecken.

Bemerkenswert sind auch die über 20 Arten von **Springheuschrecken,** die sonst in Deutschland nur selten oder gar nicht vorkommen. Darüber hinaus sind über 70 Arten von **Insekten** und 75 Käferfamilien bekannt, deren Heimat das Siebengebirge ist.

Im Rhein, der aufgrund der Schadstoffbelastung in den 70er Jahren fast schon als tot galt, tummeln sich heute wieder Fischarten wie **Flußbarsch, Rotauge, Aal, Zander** und Plötze sowie die selteneren **Forellen** und **Lachse.** Der Dornheckensee ist der Lebensraum des **Dreistachligen Stichlings.** Aber auch andere Spezies wie die **Große Teichmuschel,** die **Gemeine Kugelmuschel** und die **Wandermuschel** sind in den Gewässern des Siebengebirges anzutreffen.

Die weiten Wälder des Siebengebirge sind die Heimat von **Rehen,** deren Bestandsdichte in einigen Regionen recht hoch ist. Seltener ist der **Rothirsch** anzutreffen und auch von dem oftmals ausgesetzten **Damwild** sind wenige im Siebengebirge geblieben. Das einst stark reduzierte **Schwarzwild** hat sich seit geraumer Zeit wieder stärker vermehrt und teilweise dringen die Tiere bis in die Gärten in Häusernähe vor.

Das Niederwild konzentriert sich auf **Hasen** und **Wildkaninchen,** auf freier Flur ist der **Fasan** oftmals zu sehen. Hin und wieder sind neuerdings **Waschbären** gesichtet worden.

Die Insel Grafenwerth, die außerhalb des Naturschutzgebietes Siebengebirge liegt, hat sich eine Kolonie von **Graureihern** als Brutstätte ausgesucht. Zwischen März und Juni kann man in den Baumkronen etwa 20 bis 25 Horste an der Südspitze der Insel entdecken. Zwar ist die Insel nicht zugänglich, doch kann man die Tiere vom Rheinufer aus beobachten (Fernglas). Besonders interessant ist die Zeit, in der die Jungen flügge werden.

Andere Tiere, die den Winter mit Vorliebe auf dem Rhein verbringen, sind **Enten, Haubentaucher, Lachmöwen** und **Kormorane.**

## FLORA

Im Mittelalter waren die Wälder für die Bevölkerung ein Reservoir für Brenn- und Bauholz. Außerdem wurden sie durch Vieheintrieb überwiegend landwirtschaftlich genutzt, was zur Folge hatte, daß der Baumbestand stark reduziert wurde und durch Rinder, Schafe, Schweine und andere Nutztiere an den übrigen Bäumen Schäden entstanden.

Heute verteilt sich der 4185 ha große Waldbestand des Naturschutzgebiets auf 62 % Laub- und 38 % Nadelholz. Ohne menschlichen Eingriff würde der

Waldbestand überwiegend aus Buchenwald bestehen. Die Forstwirtschaft konzentriert sich jedoch eher auf das Anlegen von Mischwäldern, die weniger Wirtschaftswälder als vielmehr Wasserspeicher und Naherholungsgebiet sind.

Einfluß auf die Vegetation haben sowohl die unterschiedlichen Bodenarten als auch die klimatische Vielfalt des Siebengebirges. Die Feinheit der Vegetationsgliederung läßt einen reichen **Baumbestand** zu. Die Flußauen des Rheins, die nicht zum Bereich des Naturschutzgebietes Siebengebirge gehören, setzen sich meist aus *Pappeln*, *Weiden* und *Erlen* zusammen.

Besonders in Bad Honnef und auf der Insel Grafenwerth findet man exotische Baumarten wie z. B. *Silberweißer Ahorn*, *Blutbuche*, die chinesische *Paulownia* mit dem herzförmigen Blattwerk und den wunderschönen Blüten oder der amerikanische *Amberbaum* mit seinen seestern-förmigen, glänzenden Blättern. Besondere Sehenswürdigkeit ist eine *Libanon-Zeder*. Der Baum mit seinem Zwölflingstamm und den graugrünen Kronen soll der größte nördlich der Alpen sein. Um die Jahrhundertwende ließen sich betuchte Bürger am Rhein nieder und pflanzten die exotischen Baumarten in ihren Vorgärten an, wo sie durch das milde Klima ideale Bedingungen vorfanden.

Im Bereich des Naturschutzgebietes findet man in den Regionen über 150 m die *Stieleichen* und *Hainbuchen*; in dem sogenannten submontanen Bereich über 300 m *Eiche*, *Buche* und *Rotbuche*.

Der Buchenwald, der sich in seiner vielfältigen Art im subatlantischen Klimaeinfluß ausbilden konnte, hat Gebieten und Orten gar den Namen gegeben (Heister=Buche). Im Vegetationsbereich der Buchenwälder findet man auch den *Ilex*, der zur Art der Stechpalmen gehört und dessen Lebensraum eigentlich die Britischen Inseln sind.

Daneben wachsen in den Wäldern *Bingelkraut*, *Flattergras*, die breitblättrige *Hirschzunge* oder andere *Farnarten*.

An den Waldrändern wachsen *Himbeeren* und *Brombeeren*, und früher gab es in weiten Teilen der Wälder auch *Waldbeeren*. Viele Familien sammelten während der Waldbeerenzeit die Früchte, deren Verkauf für sie von wirtschaftlicher Bedeutung war. Heute sind die Waldbeeren weitgehend aus den Wäldern verschwunden.

An eßbaren Pilzen gedeihen im Siebengebirge z. B. *Pfifferlinge*, *Stein- und Butterpilze* und *Hallimasch*. Daneben gibt es aber auch einige ungenießbare und giftige Pilzarten.

## NATURSCHUTZGEBIET/ NATURSCHUTZPARK

In Karten, Prospekten und Büchern findet man sowohl die Bezeichnung *Naturschutzgebiet* als auch *Naturpark Siebengebirge*. Beides ist richtig, obwohl sich beide Begriffe in ihrer Bedeutung unterscheiden.

Die gesetzlichen Vorschriften zur Verwendung dieser beiden Begriffe finden sich im Gesetz über Naturschutz und Landschaftspflege (Bundesnaturschutzgesetz). Die Rahmenvorschriften dieses Gesetzes wurden in Nordrhein-Westfalen mit dem Landschaftsgesetz ausgefüllt.

Die Gesamtheit der Bestimmungen dient zur Erhaltung der Natur, aber auch der Pflege von Kulturlandschaften und dem Artenschutz bestimmter Tiere und Pflanzen.

Die **Naturschutzgebiete** stellen mit den Nationalparken die strengste Schutzkategorie dar. Sie werden zur Erhaltung von Lebensgemeinschaften oder Biotopen bestimmter wildlebender Tier- und Pflanzenarten ausgewiesen. Auch aus wissenschaftlichen, naturgeschichtlichen oder landeskundlichen Gründen sowie wegen der Seltenheit, besonderen Eigenart oder hervorragenden Schönheit können Naturschutzgebiete ausgewiesen werden.

All dies trifft mit Sicherheit auf das Siebengebirge zu.

Dabei müssen auch die Besucher dieser Landschaften ihren Beitrag zum Naturschutz leisten: Beispielsweise müssen Hunde angeleint werden, die ausgewiesenen Wanderwege dürfen nicht verlassen werden und selbstverständlich dürfen keine Pflanzen mitgenommen oder zerstört und Tiere nicht beunruhigt werden.

Mit dem Begriff **Naturpark** werden Gebiete bezeichnet, die großräumig sind und sich wegen ihrer landschaftlichen Voraussetzungen für die Erholung eignen und für den Fremdenverkehr geplant und erschlossen sind.

Auch hier nimmt das Siebengebirge mit seiner reichen Geschichte und seiner einmaligen Landschaft eine herausragende Stellung ein, so daß es heute Naturschutzgebiet und Naturpark gleichzeitig ist.

Initiator des Naturschutzgebietes und Träger des Naturparks Siebengebirge, die in ihrer Fläche identisch sind, ist der VVS (Verschönerungsverein für das Siebengebirge). Der Verein wurde 1869 in Bonn mit dem Ziel gegründet, die Schönheit der Siebengebirgslandschaft für die Allgemeinheit zu erhalten und zugänglich zu machen.

Zunächst war das Augenmerk hauptsächlich auf die Erschließung des Siebengebirges gerichtet. Aber auch für die Einstellung der Steinbrucharbeiten, die besonders den Drachenfels, den Petersberg und den Ölberg gefährdeten, wurde gekämpft. Auf Betreiben des VVS wurde am 7. Juni 1922 das Siebengebirge durch die preußische Staatsregierung zum Naturschutzgebiet erklärt. Damit ist es eines der ältesten und auch bis heute noch eines der größten deutschen Naturschutzgebiete.

1957 wurde es zum Naturpark, dessen Trägerschaft der VVS 1988 übernahm. Damit obliegt ihm die Verpflichtung, die Erholung in dieser Landschaft zu fördern, aber auch die Belastungen durch die vielen Besucher mit dem Naturschutz zu vereinbaren.

Die Verleihung des Europadiploms 1971 durch den Ministerausschuß des Europarates brachte dem Siebengebirge auch internationale Anerkennung. Bisher wurde dieses Diplom nach regelmäßigen Prüfungen fünfmal verlängert.

## WIRTSCHAFT UND VERKEHR

In einer Region von 1300 km² Gesamtfläche, in der u. a. auch das Siebengebirge liegt, leben fast eine Million Menschen. Zu diesem Wirtschaftsraum gehören neben Bonn, Königswinter und Bad Honnef über 20 weitere Städte, Gemeinden und Verbandsgemeinden des Rhein-Sieg-Kreises und des rheinland-pfälzischen Kreises Ahrweiler.

Entscheidende Pluspunkte sind der gute infrastrukturelle Ausbau und die hohe Lebens- und Umweltqualität. Der Naturpark Siebengebirge dient als Naherholungsgebiet und ein umfangreiches Kultur- und Sportprogramm bietet auch streßgeplagten Zeitgenossen den gewünschten Ausgleich.

Über 200.000 Arbeitsplätze kann die Region verbuchen, wobei rund 70% der Erwerbstätigen in Dienstleistungsunternehmen beschäftigt sind. Davon ist wiederum der überwiegende Teil als Beamte oder Angestellte im Öffentlichen Dienst tätig.

Wachstumsstärkste Branche in der Region ist zur Zeit die Informations- und Kommunikationstechnologie. Zukunftsorientierung und Innovation sind die Schlagworte, die sich die Branchen-initiative TeleBonn auf ihre Fahnen geschrieben hat. Die Bundesstadt Bonn ist Sitz der **Deutschen Telekom**, der **Detecon** (Deutsche Telepost Consulting) und der **DeTeMobil** sowie von etwa 500 weiteren Unternehmen dieses Bereichs.

Die Industriezweige Chemie, Kunststoffverarbeitung sowie Maschinen- und Fahrzeugbau und Elektrotechnik sind in der Region weiterhin stark vertreten. Vielfalt und Ausgewogenheit kennzeichnen auch Handwerk und Handel, der mit etwa 20% weit über dem Bundesdurchschnitt liegt.

Durch die Spitzeneinkommen, die in der Region um 14% über dem Landesdurchschnitt liegen, ist auch eine hohe Kaufkraft gegeben.

Der Tourismus und Fremdenverkehr bildet eine weitere starke wirtschaftliche Säule im Siebengebirge und seiner Umgebung.

Die Land- und Forstwirtschaft ist in der Region Siebengebirge von wirtschaftlich untergeordneter Bedeutung. Hingegen von hohem wirtschaftlichem Stellenwert ist sie im Regierungsbezirk Köln, im Rhein-Sieg-Kreis und in den angrenzenden Kreisen Ahrweiler und Euskirchen, wo sich ein großes Obstanbaugebiet befindet. Hier werden auf insgesamt ca. 3553 ha rund 8,6% des deutschen Baumobstes angebaut.

Als Wirtschaftsstandort weist das Siebengebirge insgesamt einige Vorteile auf, wobei die optimalen Verkehrsanbindungen eine große Rolle spielen. Vor allem der Rhein ist eine wichtige Struktur- und Verkehrsachse. In dem 6,5 ha großen Rheinhafen in Bonn werden jährlich über 600.000 Tonnen Güter umgeschlagen. Aufgrund der zentralen Lage im europäischen Wirtschaftsraum sind im Umkreis von rund 500 km die wichtigen Absatzmärkte Europas zu erreichen.

Anschluß an den internationalen Flugverkehr besteht vom **Konrad-Adenauer-Flugplatz** in Köln/Bonn, von wo aus Flugzeuge in alle wichtigen Städte und Regionen der Welt starten. Der kleine Verkehrslandeplatz **Bonn/Hangelar** wird gern von Geschäftsreisenden mit kleinen Flugzeugen angeflogen.

Auf der Schiene liegt das Siebengebirge an der rechtsrheinischen Nord-Süd-Achse der **Deutschen Bahn.** Im Jahre 2002 wird die Region durch den neuen Bahnhof am Konrad-Adenauer-Flughafen an den Hochgeschwindigkeitsverkehr der Deutschen Bahn angeschlossen.

Die Region ist durch ein dichtes Netz von Bus-, Bahn- und Straßenbahnlinien gut erschlossen.

Schließlich zeichnet sich die Region durch gute Verkehrsverbindungen auf der Straße aus. Direkte Anschlüsse bestehen zur Autobahn A 3, die das Siebengebirge in Nord-Süd-Richtung passiert, sowie Zufahrten bzw. Verbindungsstrecken zur Autobahn A 560, A 59, A 565, A 555, A 61.

# GESCHICHTE

**Steinzeit:** Schon in der Steinzeit lebten am Mittelrhein und in der Region des heutigen Siebengebirges Menschen, was durch den Fund eines Grabes im Jahre 1914 in Oberkassel im Bereich des Steinbruchs Kuckstein belegt ist. Der Fund wird auf 13.000 v. Chr. datiert und zu den Cro-Magnon-Menschen gerechnet. Neben dem Skelett eines Mannes und einer Frau wurde der Unterkieferknochen eines Hundes gefunden, was dem Doppelgrab auch den Namen der „Hund von Oberdollendorf" einbrachte. Die Knochen des Hundes ist bislang weltweit der älteste Nachweis eines Haustieres.

Im nördlichen Siebengebirge fand man auf dem Ennert Hügelgräber, die vermutlich rund 1500 Jahre vor unserer Zeitrechnung angelegt wurden.

**Römerzeit:** Eine kontinuierliche Besiedlung der Region begann mit der Ausbreitung des römischen Imperiums durch Julius Cäsar, der 58–51 v. Chr. die Grenzen des Römischen Reiches bis zum Rhein erweiterte. Der Rhein bildete zwischen 4–6 n. Chr. die östliche Grenze des Imperium Romanum. Den Römern gelang es allerdings zunächst nicht, auch die rechtsrheinische Region zu beherrschen. Zwar unternahmen römische Legionäre Vorstöße in den Osten, die aber keine dauerhafte Grenzsicherung brachten. Entsprechend den militärischen Erfordernissen wurden um 41 n. Chr. die Römerstraßen ausgebaut. Der bedeutendste Verkehrsweg war in Nord-Süd-Richtung die Straße von Straßburg über Worms und Mainz nach Bonn.

Ob es eine ständige Besiedlung der rechtsrheinischen Region in der Römerzeit gab, ist umstritten. Doch mit Sicherheit waren es die Römer, die als erste mit dem Steinabbau im Siebengebirge begannen und die Steine über das Rheintal hinaus verschifften.

Erst mit dem Abzug der Römer und der Eroberung durch die Franken begann eine dauerhafte Besiedlung der Region. Archäologische Funde eines Merowinger Gräberfeldes in Niederdollendorf unterstreichen dies.

**Frankenzeit:** Mehr und mehr drängten die Franken in die ehemaligen Provinzen des Römischen Imperiums. Im Jahre 356 überrannten fränkische Stämme das linksrheinische Bonn und mit der Kapitulation des letzten römischen Heerführers Aegidius im Jahre 458 begann im Rheinland die fränkische Zeit.

Die einsetzende sogenannte „germanische Völkerwanderung" und die folgende Zeit der Merowinger Könige prägten die Zeit des frühen Mittelalters. Mit der Taufe des heidnischen Königs Chlodwig im Jahre 498 übernahmen die Franken auch das römische Erbe des christlichen Glaubens. Noch heute sind die Spuren der Franken in einigen Ortschaften des Siebengebirges vorhanden. Sei es in den urkundlichen Erwähnungen, in den Ortsnamen oder im Baustil der einst fränkischen Höfe. Markantes Merkmal dieses Baustils war der aus Stein gemauerte Sockel, auf den die weiteren Stockwerke aus Fachwerk aufgesetzt wurden. Die Franken waren es, die auch als erste mit dem Abbau des Trachyts im Siebengebirge begannen und den Bruchstein für die Fundamente ihrer Bauwerke und Öfen benutzten.

Nach dem Tod des letzten fränkischen Gaugrafen im Jahre 966, traten die Niederlothringener Pfalzgrafen das Erbe an. Die Herrschaft über die rheinische Pfalzgrafschaft übernahm der Pfalzgraf Ezzo, durch dessen frühen Tod die Macht des Niederlothringer Geschlechts geschwächt wurde. Als Sieger gingen letztendlich die Kölner Erzbischöfe hervor, womit in der Mitte des 11. Jhs. der Einfluß von Kurköln in der Region zunahm und Besitzansprüche erhoben wurden.

Unter dem Klerus entstand der Auelgau, der von den Herrschaftsgebieten der Herzöge von Berg und den Grafen von Löwenburg, Blankenberg und von Sayn umgeben war. Jedes Adelsgeschlecht sowie die Kölner Erzbischöfe versuchten, ihren territorialen Besitz gegen die Hegemonie der anderen zu schützen. Es entstanden zur Sicherung der Grenze die Löwenburg, zu Beginn des 12. Jhs. die Wolkenburg und wenig später die Burg Drachenfels. Nach dem Aussterben der Adelsgeschlechter Ende des 16. Jhs. setzte der Klerus zur Verwaltung Amtsmänner ein, wobei die Gerichtshoheit weiter in ihrer Verantwortung blieb.

1370 fiel das Land Blankenberg mit den Orten Oberpleis und Stieldorf als Pfandschaft und 1484 das Land Löwenburg mit den Ortschaften Niederkassel, Dollendorf und Honnef nach Erbstreitigkeiten an die Grafen von Berg, die somit das kurkölnische Amt Wolkenburg umgaben und es zu einer Enklave machten. Bezogen auf den heutigen Bereich des Siebengebirges bedeutete dies, daß der Bereich einerseits zu Kurköln und andererseits zum Herzogtum Berg gehörte. Diese territorialen Verhältnisse blieben im wesentlichen bis zur französischen Besetzung des Rheinlandes bestehen.

Obwohl schon die Römer mit dem Steinabbau begonnen hatte, setzte die Ausbeutung der Steinbrüche vor allem durch den Bau von Gotteshäusern im 13. Jh. ein. So wurde der Grundstein zum Bau des Kölner Doms in der Mitte des 13. Jhs. aus den Steinen der Steinbrüche am Drachenfels gelegt, weitere sakrale Bauten folgten am Niederrhein.

Weniger erfr eulich war für die Region das frühe Mittelalter in der Zeit der großen Pestwelle, die im Jahre 1348 viele Teile Deutschlands heimsuchte. Ihr fiel im Deutschen Reich fast ein Drittel der gesamten Bevölkerung zum Opfer, und auch in Königswinter, Honnef und anderen Ortschaften wurden viele Menschen von der grausigen Krankheit dahingerafft.

Auf der Suche nach der Ursache machte man die ansässigen Juden für den „Schwarzen Tod" verantwortlich, weshalb in der „Judenschlacht" viele jüdische Mitbürger ermordet oder vertrieben wurden. Weitere Pestepidemien wie z. B. im Jahre 1451 sowie Lepraerkrankungen folgten.

Auch in religiöser Hinsicht blickt das Siebengebirge auf bewegte Zeiten zurück. Seit dem „Augsburger Religionsfrieden" 1555 mußten die Untertanen sich der Konfession ihres Landesherren anschließen. Für geistliche Fürsten, die zum lutherischen Glauben übertraten, bedeutete dies Verlust von Amt, Land und Herrschaft, die im Besitz der katholischen Kirche blieb. In der kurkölnischen Enklave mit Königswinter blieb die Bevölkerung katholisch, wohingegen in den Orten Oberkassel und Honnef, die zum Herzogtum Jülich-Berg gehörten, 1590 die ersten protestantischen Gemeinden entstanden.

Mit der Reformation im 16. Jh. breitete sich der neue Glaube aus, und in ihrem Zug entstanden viele Klöster und Stifte mit eigenen Schulen. Nachdem im westfälischen Münster die radikalreformatorische Bewegung der Wiedertäufer von den bischöflichen Landesherren anerkannt worden war, fanden sie auch in Königswinter, Dollendorf und Honnef Anhänger.

Die Gegenreformation wurde vom Orden der Jesuiten in Gang gesetzt, die Ende des 16. Jhs ihre Missionstätigkeit aufnahmen. In ihrem geistigen Kampf gegen die neue Glaubensbewegung forcierten sie das Bildungswesen.

Nicht nur die Erbstreitigkeiten, die um die Burgen des Siebengebirges immer wieder aufflammten, trafen die Region, sondern auch die kriegerischen Auseinandersetzungen des 16. und 17. Jhs., beispielsweise der Truchseßsche Krieg, auch „Kölnischer Krieg" genannt (1583 bis 1588).

Der Dreißigjährige Krieg (1618–48) und die Feldzüge des französischen Königs Ludwig XIV. schließlich hinterließen in der Region Spuren der Belagerung, Brandschatzung, Plünderung und Zerstörung und damit Not und Elend.

Im Mai 1689 setzten 600 französische Soldaten König Ludwigs XIV. über den Rhein und besetzten Nieder- und Oberdollendorf sowie Honnef. Nach Plünderungen privater und kirchlicher Einrichtungen legten sie die Höfe in Schutt und Asche. Honnef, das zu der Zeit aus rund 60 Häusern bestand, wurde ebenso wie Rhöndorf nahezu vollständig zerstört.

**Französische Zeit:** Rund hundert Jahre später waren französische Revolutionstruppen wieder in der Region. 1794 wurde der linksrheinische Raum französisches Staatsgebiet. Bonn gehörte nun zum Departement (franz. *Bezirk*) Rhein-Mosel (*Département de Rhin et Moselle*) und mußte den Status einer Residenzstadt gegen den Sitz einer bedeutungslosen Unterpräfektur eintauschen.

Die französische Neuordnung der Verwaltung und Wirtschaft, die später teilweise von den Preußen übernommen wurde, brachte die Säkularisation der geistlichen Besitztümer mit sich. Dadurch wurden viele Klöster aufgehoben und Pfarreien neu eingelöst. Auch das Kloster Heisterbach wurde 1803 enteignet.

Mit dem Friedensvertrag von 1795 und 1797 zwischen Frankreich, Preußen und Österreich sollten die betroffenen deutschen Staaten als Entschädigung für die Enteignung kirchlicher Güter rechtsrheinische Gebiete erhalten. So fiel das rechtsrheinische Amt

**Schlacht bei Königswinter 1583.**
Nach einem alten Stich. Im Hintergrunde Ruine der Wolkenburg.

*Kupferstich von Franz Hogenberg aus dem Jahre 1583*

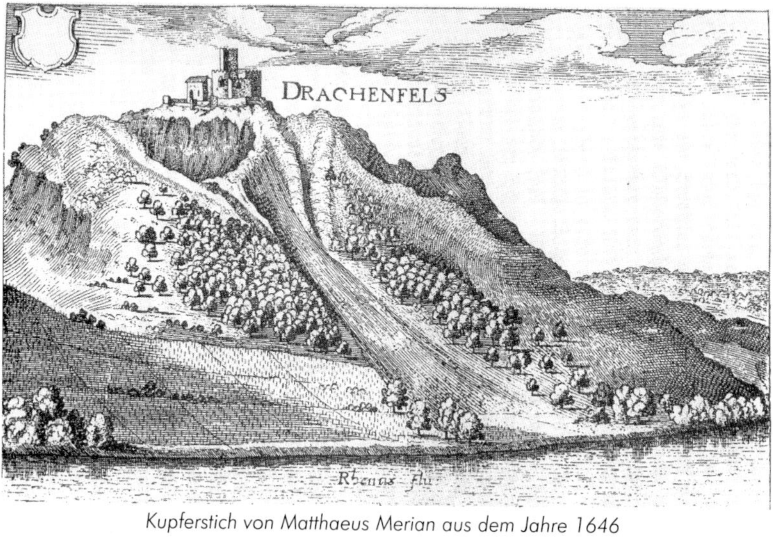


*Kupferstich von Matthaeus Merian aus dem Jahre 1646*

Wolkenburg 1803 an das Herzogtum Nassau-Usingen, Königswinter 1806 an das von Napoleon zum Großherzogtum erhobenen Berg. 1810 wurde das französische Recht eingeführt, das bis 1900 Gültigkeit hatte. Ein Jahr später wurde Honnef dem Kanton Königswinter zugeschlagen.

Die napoleonische Hegemonie in Europa führte im Sommer 1812 zum Rußlandfeldzug. Durch die Niederlage Napoleons und den Rückzug aus Moskau (1812) brachen 1813/14 die Befreiungskriege aus. Mit der Völkerschlacht bei Leipzig im Jahre 1813 erhielt die Entwicklung eine entscheidende Wende und setzte der napoleonischen Herrschaft ein jähes Ende. Im Siebengebirge formierte sich Widerstand gegen die französische Besatzung in Form des Landsturms, der sich der Befreiungsbewegung unter Blücher anschloß.

Der Rheinbund zerfiel, und mit dem Abzug der letzten französischen Truppen ging eine rund 20jährige Besatzungszeit zu Ende.

**Preußische Zeit:** Mit dem Einzug russischer und preußischer Truppen begann die Preußische Zeit. Aufgrund der sogenannten Kongreßakte des Wiener Kongresses vom 9. Juni 1815 mußte Frankreich einen Großteil der linksrheinischen Gebiete an Preußen abtreten.

Als Teil des Regierungsbezirks Koblenz wurde Bonn zur Kreisstadt der erstmals zusammengefaßten links- und rechtsrheinischen Gebiete. Doch langwierig erwies sich die preußische Neuordnung, die in dem Kabinettsbeschluß vom Juni 1822 eine endgültige Regelung fand.

Verursacht durch den Bau der preußischen Befestigungsanlagen, wie z.B. des Festungssystems Koblenz, war in jener Zeit der Steinabbau ein bedeutender wirtschaftlicher Faktor. Am 11. März 1815 erließ die preußische Regierung die „Order zur Neubefestigung der Stadt Koblenz und der Festung Ehrenbreitstein", wofür Unmengen von Steinen aus dem Siebengebirge benötigt wurden.

Mit Beginn des 19. Jhs. begann die Ära der sogenannten Rheinromantik, und verhalf dem Mittelrhein und somit auch der Region Siebengebirge zum kulturellen und wirtschaftlichen Anschluß an die Neuzeit. Der einsetzende Tourismus weckte die kleinen Winzerdörfer aus ihrem Dornröschenschlaf. Vorwiegend junge, reiche Reisende aus Großbritannien waren es, die auf ihren Bildungsreisen in den Süden das Rheintal in mehrwöchigen Schiffsreisen befuhren und die Schönheit des Mittelrheines entdeckten. Die jungen Engländer verherrlichten das Leben am Rhein in vielfältiger Art.

Einen starken Bevölkerungszuwachs und einen weiteren wirtschaftlichen Aufschwung erlebte die Region ab Ende des 19. und Anfang des 20. Jhs. Mit der Inbetriebnahme der rechtsrheinischen Eisenbahn zwischen Köln und Niederlahnstein im Jahre 1871 wurde ein weiterer Grundstein für den Tourismus gelegt, der von nun an ein wirtschaftlicher Schwerpunkt der Region werden sollte.

Die Inbetriebnahme der Drachenfelsbahn im Jahre 1883 und das Auffinden der Drachenquelle in Honnef im Jahre 1897 löste einen wahren Besucherboom am Rhein aus. Dies bedingte eine rege

Bautätigkeit, da sich die wohlhabenden Gäste eigene Villen bauen ließen und dazu beitrugen, daß sich das Bild der Region grundlegend änderte.

Der zunehmende Tourismus veranlaßte bereits 1869 zahlreiche Naturfreunde, den Verschönerungsverein in Bonn zu gründen. Seine Zielsetzung war die Rettung des Siebengebirges in seinem Kernbereich vor der vollständigen Zerstörung durch den Steinabbau. Unter großem Einsatz gelang es dem Verein, der preußischen Regierung eine bedeutsame Entscheidung für die Region abzuringen, das Siebengebirge unter Naturschutz zu stellen. Mit der Verabschiedung der Verordnung von 1922 wurde ein Jahr später das Siebengebirge in seinem Kernbereich unter Naturschutz gestellt.

**1. und 2. Weltkrieg:** Der Erste Weltkrieg stoppte die Entwicklung in der Region. Durch die Niederlage Deutschlands im 1. Weltkrieg wurde mit den Versailler Verträgen von 1919 die Entmilitarisierung des Rheinlandes beschlossen; keine Stationierung deutscher Truppen in den Rheingebieten, neue militärische Anlagen durften nicht gebaut und bestehende Befestigungsanlagen mußten abgerissen werden. Überall im Lande, auch im Siebengebirge, begann der Wiederaufbau unter der Last der Weltwirtschaftskrise. Die Inflation führte zur Verarmung, Nahrungsmittelknappheit und Geldmangel, wovon besonders die Mittelschicht betroffen war.

Im Sommer 1923 fanden in dem von Franzosen besetzten Königswinter Demonstrationen statt, an denen Arbeitslose und Notstandsarbeiter teilnahmen. In verschiedenen rheinischen Städten hatte sich eine Bewegung formiert, die separatistische Putschbewegung, die am 21. Oktober 1923 in Aachen die „Rheinische Republik" ausrief. Der Putschversuch der Wegbereiter einer Rheinischen Republik, wie sie sich selbst nannten, griff unmittelbar nach Ausrufung auf das Gebiet des Mittelrheins über und erreichte auch das Siebengebirge.

Am 25. Oktober stürmte eine bewaffnete Gruppe das Rathaus in dem von Franzosen besetzten Königswinter. Auch in der Bevölkerung formierte sich der Widerstand und es kam zum Teil zu blutigen Auseinandersetzungen, die besonders in der Region um die Ortschaft Aegidienberg viele Menschenleben forderte.

Nach der Machtergreifung der Nationalsozialisten zogen 1936 deutsche Truppen in das bis dahin entmilitarisierte Rheinland ein. Von den Ausschreitungen in der Reichskristallnacht 1938 blieben auch die Synagoge und die jüdischen Geschäfte im Siebengebirge nicht verschont.

Während der folgenden Jahre des zweiten Weltkrieges blieb die Region relativ unberührt, wohingegen das linksrheinische Bonn Ziel von Luftangriffen war, wobei rund 20% seiner Bebauung zerstört wurden. Strategische Bedeutung fiel der Region in den letzten Kriegswochen des Zweiten Weltkriegs zu, als die Hügellandschaft zum Rückzugsgebiet deutscher Truppen wurde. Nachdem am 7. März 1945 amerikanische Truppen den Rhein bei Remagen überquert hatten, zogen sie kampflos am 16. März in Königswinter ein. Blutige Kämpfe in den letzten Kriegstagen in der Region forderten viele Opfer unter den Soldaten beider Fronten sowie unter den Zivilisten.

Die Ortschaft Ittenbach wurde während den Kampfhandlungen zur Zentralen Sammelstelle von Kriegsopfern. Selbst aus den Lazaretts und Kampfplätzen der Eifel, Siegburg, Sauerland und dem Ruhrkessel wurden Tote nach Ittenbach gebracht und dort beigesetzt. Während die Amerikaner, Belgier und Franzosen ihre Toten in ihre Heimat brachten, wurden die deutschen Soldaten aus ihren provisorischen Gräbern geborgen und auf den Soldatenfriedhof nach Ittenbach umgebettet.

**Nachkriegszeit:** Wirtschaftlichen Aufschwung erhielt die Region nach dem Zweiten Weltkrieg durch die Ernennung Bonns zur vorläufigen Bundeshauptstadt. Dem kleinen Siebengebirgsort Rhöndorf widerfuhr dabei besondere Ehre, da er vom ersten deutschen Bundeskanzler, Konrad Adenauer, zu seinem Wohnsitz auserkoren wurde.

1969 wurde eine kommunale Neuordnung durchgeführt, bei der viele der verstreuten Ortschaften und Weiler den Städten Königswinter und Bad Honnef zugeordnet wurden. Nach langem Ringen mit der preußischen Regierung um Eigenständigkeit hatte sich Bad Honnef schon 1863 von Königswinter verwaltungsmäßig trennen können und erhielt im gleichen Jahr die Stadtrechte.

Bedingt durch den schmalen Streifen zwischen dem Rhein und dem Naturschutzgebiet blieb für die Ansiedlung von Großindustrie wenig Raum, und es bildeten sich vorwiegend mittelständische Unternehmen. Während der Dienstleistungsbereich eine starke Entwicklung erfuhr, ist die Bedeutung von Land- und Forstwirtschaft zurückgegangen. So haben die Waldgebiete weniger forstwirtschaftlichen Charakter, sondern dienen vielmehr zur Erholung und zur Freizeitgestaltung für Einheimische und Gäste. Das Siebengebirge ist für die Region daher ein bedeutendes Naherholungsgebiet.

**Geschichte in der Übersicht**
**600.000 v. Chr.:** Menschliche Siedlungen am Mittelrhein.
– **84** Baubeginn des römischen Limes.
– **356** Franken erobern Bonn.
– **1015** Urkundliche Erwähnung von Königswinter (wintere).
– **1689** Überfall französischer Truppen unter Ludwig XIV. und Zerstörung vieler Ortschaften.
– **1784** Zerstörung der Ortschaft Selhof durch Großbrand.
– **1794** Besetzung des rechten Rheinufers durch kaiserliche Truppen.
– **1795** Einzug französischer Truppen.
– **1803** Säkularisation kirchlicher Einrichtungen.
– **1813** Abzug der Franzosen.
– **1815** Die rechtsrheinischen Gebiete werden preußisch.
– **1822** Rechtsrheinische Gebiete werden zur Rheinprovinz vereinigt.
– **1855** Bau der Eisenbahnlinie zwischen Köln und Lahnstein.
– **1863** Honnef erhält die Stadtrechte
– **1883** Inbetriebnahme der Drachenfelsbahn.
– **1889** Königswinter erhält die Stadtrechte.
– **1869** Baubeginn der rechtsrheinischen Eisenbahn zwischen Köln und Niederlahnstein.
– **1900** Einstellung der Steinbruchbetriebe im Siebengebirge.

– **1922** Einrichtung des Naturschutzgebietes Siebengebirge.
– **1938** Erhebung von Honnef zum Kurbad.
– **1969** Kommunale Neugliederung
– **1971** Das Siebengebirge wird mit dem Europa-Diplom des Ministerrates des Europarates ausgezeichnet.
– **1971/73** Sanierungsmaßnahmen am Drachenfels.
– **1974** Die Stadt Königswinter schließt mit der englischen Stadt Cleethorpes einen Partnerschaftsvertrag.
– **1978** Die Bundesregierung erwirbt das Hotel Petersberg für die Bundesrepublik Deutschland.

## BEKANNTE PERSÖNLICHKEITEN

### Adenauer, Konrad

* 05.01.1876 in Köln.
Auch wenn Konrad Adenauer nicht im Siebengebirge geboren wurde, so ist sein Name eng mit der Region verbunden. Von 1917–1933 war er Oberbürgermeister von Köln und ein besonderer Förderer der Kölner Stadtentwicklung. Als Gegner des Nazi-Regimes wurde Adenauer seiner Ämter enthoben und mehrfach inhaftiert. 1945 gehörte er zu den Mitbegründern der Christlich-Demokratischen Union Deutschlands (CDU). Als erster Bundeskanzler wirkte er von 1949 bis 1963. Zu seinen größten politischen Erfolgen zählen die Hilfe zur schnellen Rückkehr von unzähligen deutschen Kriegsgefangenen aus Sibirien und die Aussöhnung mit Frankreich. Vor dem ehemaligen Kanzleramt in Bonn ist ein überdimensionaler Kopf des Staatsmannes in Bronze zu sehen. Konrad Adenauer verstarb am 19.04.1967 in Rhöndorf.

### Ittenbach, Franz

* 18. April 1813 in Königswinter.
Franz Ittenbach wurde als Sohn des Händlers und Winzers Theodor Ittenbach geboren. Der Vater von zehn Kindern verstarb früh und die fromme Mutter Anna Margaretha Hermanns hatte nicht nur deshalb großen Einfluß auf ihren Sohn. Nach Beendigung der Schulzeit in der Volksschule in Königswinter trat er in das Geschäft seines Bruders Johann ein. Doch ihm fehlte die kaufmännische Begabung.

Durch Vermittlung seines Bruder begann der 18jährige Franz 1831 Zeichenunterricht bei dem Kölner Lehrer Katz. Nach einem Besuch der Ausstellung Düsseldorfer Künstler im Jahre 1831 in Köln ging Ittenbach an die Düsseldorfer Akademie, die von Schadow geleitet wurde. Er nahm den begabten Ittenbach in den Familienkreis auf und war der Förderer des jungen Künstlers.

Ab1834 beschäftigte sich Ittenbach mit Landschaftskompositionen und erhielt 1839 von Schadow den Auftrag, den in Minden gefangenen Kölner Erzbischof Clemens August zu malen. Im Oktober des gleichen Jahres machte sich Ittenbach mit dem Maler Carl Müller auf die Reise nach Rom, was der Abschluß seiner künstlerischen Ausbildung sein sollte. In Italien lernte er den Maler Overbeck kennen, der fortan sein Berater wurde.

Franz Ittenbach wurde Mitglied des Lukasbundes, der 1809 in Wien von den Malern Overbeck und Pforr gegründet wurde. Die Nazarener, wie sie auch genannt wurden, hatten sich von der akademischen Richtung der Malerei abgewandt und waren von den Ideen der Romantik beeinflußt. Sie versuchten in ihren Werken an frühere Malerei anzuknüpfen und eine Erneuerung der Kunst auf mystischer Grundlage zu erreichen.

Zu den bekanntesten und umfangreichsten Werken des Nazarenzer-Malers Ittenbach zählen die Fresken in der Wallfahrtskirche St. Apollinaris in Remagen. Hier schuf Ittenbach mit dem „Nazarener" Ernst Deger sowie Andreas und Karl Müller Wandbilder, die das Leben Mariens, das Leben Christi und Szenen aus dem Wirken des heiligen Apollinaris aus Ravenna zeigen. Glanzpunkt der Fresken ist die Darstellung Christi als Weltenrichter in der Apsis, womit Ittenbach ein Zeichen der Wiederbelebung der religiösen Malkunst des Mittelalters setzte.

Neben den Fresken von Remagen gehörten Altarbilder und Portraits zu den Werken Ittenbachs, dem 1864 vom preußischen König Kaiser Wilhelm I. der Titel eines Professors verliehen wurde und der 1865 vom belgischen König den Leopoldsorden erhielt.

1847 heiratete Ittenbach die Tochter eines Arztes, Elisabeth Kurz, und zog nach Düsseldorf. Im April 1875 stellte sich bei dem Maler und Professor eine Trübung des Auges ein und die letzten Jahre seines Lebens waren von Qualen gezeichnet. Noch 1879 wurde er beauftragt, zwei Altarbilder in der Bonner Remigiuskirche zu malen, für die er zwar noch den Entwurf zeichnete, die Ausführung blieb ihm jedoch versagt.

Franz Ittenbach starb am 30. November 1879 in Düsseldorf.

## Kinkel, Gottfried

* 15. Aug. 1815 in Oberkassel

Gottfried Kinkel wurde in Oberkassel als Sohn des evangelischen Pfarrers geboren. Die Mutter übte großen Einfluß auf ihren Sohn aus und erzog ihn zu einem aufrechten und wahrheitsliebenden Menschen. Im Alter von zehn Jahren ging Kinkel an das Bonner Gymnasium und legte mit 16 seine Reifeprüfung ab. Nach dem Besuch der Universitäten Bonn und Berlin habilitierte er sich 1837 als Lizentiat der Theologie an der Universität Bonn.

Seine dichterische Begabung fand seit seiner Jugend im Freundeskreis viele Bewunderer. Die erste Sammlung seiner Gedichte erschien 1843, in dem Jahr, in dem er Johanna Mockel heiratete.

1846 wurde er Professor für Kunst und Geschichte an der Bonner Universität. Wegen der Teilnahme an den badisch-pfälzischen Aufständen wurde er 1849 zu lebenslangem Zuchthaus verurteilt, konnte jedoch 1850 nach England fliehen. Ab 1866 erhielt Kinkel in Zürich eine Professur für Kunstgeschichte und Archäologie.

Durch seine Beschreibungen der Heimatregion und deren Umgebung wird der rheinische Patriot mit seiner unbestechlichen Beobachtungsgabe unvergessen bleiben. Mit seiner Frau Johanna gründete Gottfried Kinkel im Jahre 1840 in Bonn einen Dichterkreis, der unter dem Namen „Maikäferbund" bekannt wurde.

Kinkel starb am 13. November 1882 in Zürich.

**Müller, Wolfgang**
*5. März 1816 in Königswinter
Wilhelm Müller wurde als Sohn einer Arztfamilie geboren und so studierte auch er nach seiner schulischen Ausbildung an der Medizinischen Fakultät der Universitäten Bonn und Berlin. Nach seinem Staatsexamen und seiner Promotion unternahm er Reisen, u. a. 1840 nach Frankreich, und ließ sich nach seiner Rückkehr in Düsseldorf als Arzt nieder.

*Müller-Denkmal in Königswinter*

Um sich seiner schriftstellerischen Tätigkeit widmen zu können, schloß er 1853 seine Praxis und zog nach Köln, in die Geburtsstadt seiner Frau Emilie. In seiner Bonner Studienzeit lernte er Karl Simrock, Alexander Kaufmann und Gottfried Kinkel kennen, die von seiner dichterischen Begabung überzeugt waren. Die liebenswürdige Art Müllers bahnte ihm außerdem den Zugang zu Dichtern und Künstlern der Romantik.

Die Dichtungen Müllers waren stark von seiner rheinischen Heimat geprägt. Zu seinen Werken gehören die „Rheinfahrt" (1846) und das Sagenbuch „Lorelei" (1851), das er Ludwig Uhland widmete.

Seine Arbeit als Arzt nahm Müller 1870 noch einmal kurzzeitig auf, um die heimkehrenden Verwundeten von den Schlachtfeldern des Krieges zu versorgen. Der Dichter und Poet Wilhelm Müller starb am 29. Juni 1873 in Bad Neuenahr.

**Simrock, Karl**
* 18. August 1802 in Bonn.
Karl Simrock wurde in Bonn als 13. Kind des Musikverlegers Nikolaus Simrock geboren. Der Vater war Waldhornist in der Kurfürstlichen Hofkapelle und eng mit Beethoven befreundet. Karl besuchte wie die meisten Söhne der Bonner Oberschicht das französische Lyceé. Nach seiner Schulzeit begann Simrock mit dem Studium der Rechtswissenschaften in Bonn und Berlin, 1850 erhielt er an der Universität in Bonn als erster einen Lehrstuhl für deutsche Sprache und Literatur.

Sein Landgut Menzenberg bei Honnef war vorwiegend die Wirkungsstätte seines literarischen Schaffens. Hier widmete er sich auch der deutschen Sprache und Literatur. In einem Gedicht verherrlichte Simrock die französische Revolution und wurde deswegen 1830 aus dem Staatsdienst in Berlin entlassen.

Simrock baute übrigens an den Hängen des Menzenberges Rotwein an, dem er den „bedeutenden" Namen „Eckenblut" gab.

Ab 1850 lehrte er als Professor für Deutsche Sprache an der Universität

Bonn und machte sich als Übersetzer von althochdeutschen und mittelhochdeutschen Dichtungen wie Heliand, dem Nibelungenlied und den Werken Walthers von der Vogelweide einen Namen. Außerdem sammelte er viele Volkslieder und Sagen.

Seine Heimatverbundenheit und die daraus erwachsenen Dichtungen und Schriften, wie z. B. seine *Rheinsagen* (1837) und *Das malerisch romantische Rheinland*, haben für die Region Bedeutung. Gerade diese Art von Literatur hat vielen Einheimischen und Gästen die Augen für die rheinische Geschichte und Landschaft geöffnet und zugänglich gemacht.

Alle Werke Simrocks zeichnen sich durch eine außerordentliche Sprachgewandtheit aus. Anerkennung fand er auch als Übersetzer lateinischer Hymnen und vieler Dramen Shakespeares.

Verstorben ist Karl Simrock am 18. Juli 1876 in Bonn.

## Schneider, Franz Josef

* 13. April 1888 in Bad Honnef

Der Heimatdichter Franz Josef Schneider wurde als jüngster Sohn des Maler- und Anstreichermeisters Franz Josef Schneider geboren. Schon das genaue Geburtsdatum von Schneider war von einer Besonderheit umgeben, denn laut Geburtsurkunde hat er am 13. April, nach Aussage seiner Mutter Eleonore am 8. April das Licht der Welt erblickt.

Als sie beantragte, man möge die Unstimmigkeit richtigstellen, wurde dies vom städtischen Beamten abgelehnt mit dem Hinweis, der Vater habe wohl aus Freude über die Geburt seines Sohnes Franz Josef zu tief in Glas geschaut und ihn erst fünf Tage später standesamtlich angemeldet. So pflegte Schneider die Frage nach seinem Geburtsdatum zu beantworten: „von meiner Mutter am 8. April, von meinem Vater am 13. April".

Der aus einfachen Verhältnissen stammende Schneider erhielt keine besondere Ausbildung, sondern brachte sich viele Kenntnisse autodidaktisch bei.

Obwohl er nicht zu den Lokalgrößen gehörte, verarbeitete er in seinem künstlerischen Schaffen die Geschehnisse und die örtliche Topographie von Bad Honnef. Der engagierte Schreiber erzählte viele seiner Geschichten aus der Sicht der „kleinen Leute" und das, was sie erlebten und meist erdulden mußten.

Schneider pflegte und beherrschte die Mundart ebenso wie die pointenreiche Sprache des Witzes und der Anekdote. Gegenstand seiner Erzählungen waren oft die Menschen am Rande der Gesellschaft, die Benachteiligten und Sonderlinge.

Im Alter von 34 Jahren schrieb Schneider sein erstes Werk, „Et Freudeblömche", was in Honnefer Mundart der Name für Maiglöckchen ist. Der Titel ist eine Sammlung von Erzählungen, die Schneider seiner Heimatstadt 1922 zur 1000-Jahrfeier widmete. Später erhielt Schneider den Beinamen *Freudeblömche* und ist bis heute unter diesem bekannt.

Die Stadt Honnef benannte nach dem kleinen Mann mit dem verschmitzten Gesicht und den schalkhaften Augen einen kleinen Platz, dessen Mitte eine Statue Schneiders ziert.

Der Heimatdichter Franz Josef Schneider starb am 10. Dezember 1972 in Bad Honnef.

# SAGEN UND MYTHEN

Viele Sagen des Siebengebirges wissen über Drachen, die in Höhlen hausten, und tapfere Ritter zu berichten. Eine davon erklärt auch die Entstehung des Siebengebirges:

*Dort wo heute das Siebengebirge aufragt, war einst das Rheintal durch ein gewaltiges Gebirgsmassiv versperrt und oberhalb von Königswinter breitete sich ein großer See aus. Um diesen See abzuleiten, wollte man das riesige Gebirge durchstechen. Doch die Menschen aus der Eifel und dem Westerwald schafften es alleine nicht. Sie fragten einen vorbeikommenden Riesen, ob er ihnen helfen könne.*

*Der Riese kam mit sechs anderen zurück, und mit riesigen Spaten gingen sie an die Arbeit. Bald war eine Scharte in das Bergmassiv geschlagen, und das eindringende Wasser unterstützte die Arbeiten, so daß der See abfließen konnte.*

*Mit Fuhrwerken brachten die Menschen den Riesen den versprochenen Lohn herbei. Die Riesen teilten das Geld, und jeder steckte es in einen großen Sack. Bevor sie aber gingen, klopften sie ihre großen Spaten von Erde und Felsbrocken ab. So entstanden die sieben Berge, welche bis zum heutigen Tag als Siebengebirge zu sehen sind.*

Der Drachenfels bietet sich geradezu als Schauplatz der altbekannten Sage von Siegfried, dem Drachentöter, an. *Als Knabe ohne Angst und Furcht verließ der junge Siegfried die väterliche Burg zu Xanten und zog den Rhein hinauf bis in die wilde Bergwelt des Siebengebirges. Eines Tages sah er in einem wilden Felstal Rauch aufsteigen. Er schritt darauf zu und stand bald vor einer Schmiede, aus deren Esse ein großes Feuer loderte. Hier wohnte der bekannte Waffenschmied Mimer mit seinen Gesellen. Als Siegfried den Wunsch äußerte, auch Schmied zu werden, lachten sie ihn aus. Darüber erzürnt verprügelte Siegfried die Gesellen und Mimer nahm Siegfried in die Schmiede auf. Als er eines Tages eine schwere Eisenstange schmieden wollte, schlug er das Eisen entzwei und den mächtigen Ambos tief in den Grund.*

*Von nun an fürchtete sich der Schmied vor Siegfried und wollte den Recken loswerden. Er schickte ihn zum Kohle brennen zu einer Stelle, wo ein Drache hauste. Nachdem Siegfried den Meiler geschichtet hatte, legte er sich zur Rast nieder, da schoß der Lindwurm auf ihn zu. Siegfried, nicht ängstlich, wehrte sich mit seinem Schürbaum und erschlug das Ungeheuer. Die Vögel zwitscherten ihm zu, er solle sich im Blut des Drachen baden und er werde unverwundbar. Siegfried tat wie ihm geheißen, aber ein Lindenblatt fiel dabei auf seine linke Schulter, während er sich im Drachenblut badete und so entstand die einzige Stelle, an der er noch verletzt werden konnte.*

*Wohlgemut zog Siegfried nach Hause, wo ihn der Schmied mit seinen Gesellen mit falscher Freude empfingen. Siegfried harrte jedoch nicht des Grußes, sondern erschlug den Schmied mit seinen Knechten. Darauf schmiedete er sich ein Schild und Schwert und zog hinaus zu neuen Abenteuern.*

Mit der Christianisierung entstand auch eine christliche Sage, die berichtet, daß ein Drache am Drachenfelsen hauste, als rechts vom Rhein noch Heiden und am linken Rheinufer schon Christen lebten. *Um den Drachen von Zeit zur Zeit zu besänftigen, wurden ihm gefangene Feinde geopfert. So nahmen die Heiden eines Tages auf ihren Beutezügen eine Jungfrau edlen Geschlechts und besonderer Schönheit gefangen. Jeder der Anführer der Heiden beanspruchte die Jungfrau als Beute.*

*Doch auf Geheiß einer Priesterin mußte die Frau für das Wohl des Landes dem Drachen geopfert werden. Sie wurde gefesselt und in die Nähe der Höhle gebracht. Das Volk versammelte sich, um dem Schauspiel beizuwohnen. Als das Ungeheuer sein Opfer entdeckte, stürzte es sich fauchend auf das Menschenopfer, das ihm jedoch ein kleines Kreuz entgegenhielt. Der Drachen wich zurück und stürzte den Felsen hinab, an dem die Jungfrau stand. Anführer Ottfried tötete den Drachen und nahm die Gerettete zur Frau. Den Versammelten erklärte die Jungfrau die Kraft des Kreuzes, worauf sich viele zum Christentum bekehren ließen.*

Aber nicht nur von Fabelwesen erzählen die Sagen, sondern auch über die Orte des Siebengebirges. So hat auch das Kloster Heisterbach seine Sage. *Einst machte sich ein frommer Mönch auf, um über die Bibelworte „Tausend Jahre sind vor Gott wie ein Tag, der gestern vergangen ist" nachzudenken und vertiefte sich so sehr, daß er gedankenversunken durch die Wälder streifte und erst wieder seine Umwelt wahrnahm, als am Abend die Glokken zum Gebet riefen. Doch im Kloster staunten ihn fremde Gesichter an und die Brüder kannten ihn nicht. Als er seinen Namen nannte, durchlief es ihn kalt als er hörte, daß seit 300 Jahren kein Mönch dieses Namens im Kloster gelebt hatte. Aus dem Klosterbuch erfuhr er, daß er es war, der vor 300 Jahren als Zweifler das Kloster Heisterbach verlassen hatte und niemand hatte je etwas über seinen Verbleib erfahren. Im sterben mahnt er seine Brüder „Gott ist erhaben über Ort und Zeit".*

Eine Sage erklärt auch, wie Honnef zu seiner Schönheit gelangte. *Gott hatte die Erde erschaffen und die besonderen Reize und Schönheit der Erde in einem Säckchen aufbewahrt.*

*Er wollte sie über die Erde verstreuen, doch das Säckchen zerriß über Honnef und der Ort wurde mit einer verschwenderischen Schönheit überschüttet.*

Einer anderen Sage nach hatte ein Schiffer weniger Glück, der mit seinem Schiff auf dem Weg nach Emmerich war. *Er kehrte mit seinen Matrosen in einer Schenke in Honnef ein, deren Wirtin Gewalt über die Winde hatte. Er bat die Wirtsfrau um günstige Winde, worauf diese drei Knoten in ein Tuch machte, gab es den Schiffern und sagte, eine, auch zwei Knoten dürfen sie lösen, aber nicht den dritten.*

*Beim Antritt der Fahrt lösten sie den ersten Knoten, worauf ein günstiger Wind einsetze und das Schiff voran brachte. Später lösten sie den zweiten Knoten und als sie bei Oberkassel waren löste einer den dritten Knoten, trotz der Warnungen der Übrigen. Kaum war der Knoten gelöst, setzte ein heftiger Sturm ein und brachte das Schiff in große Gefahr.*

Zwischen Drachenfels und Königswinter erstreckt sich in nördlicher Richtung das Nachtigallental. *Der Legende nach soll der heilige Bernard die Vögel des Tales verbannt haben, weil sie die Mönche bei ihren Studien störten.*

Und dann gibt es noch eine Erklärung dafür, wie die Geister aus dem Siebengebirge verschwunden sind: *Es fand sich ein frommer Mönch, die unendlich vielen Geister zu vertreiben. Er machte sich an die Arbeit und dingte einen Schiffer mit einem großen Fahrzeug für seine mächtige Aufgabe. Mit der Kraft seiner Bannsprüche trieb der Mönch alle Geister in das vor Anker liegende Schiff.*

*Die Geister waren nicht sichtbar, doch belasteten sie das Schiff so stark, daß das Deck nur einen Finger breit aus dem Wasser ragte. Dann befahl der Mönch dem Schiffer abzufahren. Mit allen Geistern des Siebengebirges beladen fuhr er davon und steuerte sie ins Meer.*

# DER STROM

Um das Siebengebirge ranken sich eine Vielzahl von Sagen und Mythen. Ein wichtiges Element ist dabei immer wieder der Rhein, der die westliche Grenze des Naturparks bildet.

Seit Jahrhunderten fließt der Rhein, liebevoll „Vater Rhein" genannt, dahin. Sänger, Dichter und Maler haben ihn und seine Landschaften auf die vielfältigste Art und Weise gepriesen und verherrlicht.

Man nennt das Siebengebirge auch die „Bonner Alpen" oder das „Tor zum romantischen Mittelrhein", da in seinem Bereich die Niederrheinische Tiefebene in die hügelige Mittelgebirgslandschaft mit ihrem schmalen Rheintal übergeht.

Auf rund 12 km Länge berührt der stolze Strom den Naturpark mit seinen Städten und Dörfern. Um das altgewohnte Flair der Rheinlandschaft zu erhalten und den Bürgern und Gästen eine Oase der Erholung und Entspannung zu bieten, wurden anspruchsvolle Uferpromenaden geschaffen. Krokusse, Forsythien, Magnolien, Kirschbäume und Mandelbäume lassen die Rheinpromenaden vielerorts im Frühjahr im Schnee der Blüten versinken. Die schattigen Bäume laden im Sommer zum Verweilen ein.

Auch der Herbst hat am Rhein seinen Reiz. Wenn die letzten Sonnenstrahlen den Strom zum schimmernden Band machen und die buntgefärbten Herbstblätter ein einmaliges Bild zaubern, lohnt es sich, zu flanieren und zu verweilen. Aber es kann auch zu einem einmaligen Erlebnis werden, an einem Frosttag im Winter die klare Luft und vielleicht die durch Rauhreif veränderte Landschaft zu genießen.

Am ersten Samstag im Mai findet vor der eindrucksvollen Kulisse des Siebengebirges die Abschlußveranstaltung von **Rhein in Flammen** statt. Ein beliebter Aufenthaltsort ist dabei die Insel Grafenwerth. Seit neuster Zeit finden an diesem Tag verschiedene Begleitveranstaltungen unterschiedlicher Art statt.

Durch stetige Sanierungsmaßnahmen in den letzten Jahren ist der Fluß sauberer geworden und bietet vielen im Wasser lebenden Pflanzen und Tieren wieder einen Lebensraum. So siedelten sich wieder verschiedene Muschelarten, Egel, Würmer und Schnecken im Schlamm des Flußbettes an. Auch einige Insektenarten haben durch die verbesserte Wasserqualität einen neuen Lebensraum gefunden.

Der Rhein in seiner Gesamtlänge von rund 1300 km hat im Bereich des Siebengebirges einen Durchfluß von etwa 2000 $m^3$ in der Sekunde und eine Breite von ca. 480 m bei normalem Wasserstand. Der bisher niedrigste Stand war im Jahr 1947 zu verzeichnen. Zwischen dem 2. und 4. November des Jahres wurde eine Wassertiefe von 15 cm (bezogen auf den Pegelnullpunkt) gemessen, was ein Wasserstand von 47,33 m auf Normalnull bezogen ergab. Durch eine immer stärkere Versiegelung der Landschaft ist auch in der Region in jedem Jahr mit mindestens einem Hochwasser und den damit verbundenen Schäden zu rechnen.

Untrennbar mit dem Rhein ist schließlich auch der Weinbau verbunden. Die typische Rheinromantik ist ohne ein Glas guten Rheinweins kaum vorstellbar. Am Südhang des Drachenfels findet man die ersten traubenbewachsenen Hänge des Weinbaugebiets Mittelrhein.

*Abteilung Schiffahrt im Siebengebirgsmuseum Königswinter*

Junge Weinrebe

# WEINBAU IM SIEBENGEBIRGE

## Geschichte

Zwischen dem klaren Wasser, das Diogenes im Altertum aus der hohlen Hand getrunken haben soll, und einem wohlmundenden Wein der Neuzeit liegt eine lange Entwicklung. Wollte damals der anspruchslose, weise Zyniker in der Tonne mit dem Schluck Wasser lediglich seinen Durst stillen, so suchten die Weinfreunde immer schon einen vollkommenen Trinkgenuß.

Für Weinfreunde lohnt sich von Bonn aus ein Besuch des kleinen Weinbaugebietes am Siebengebirge mit den Weinorten Oberdollendorf, Niederdollendorf, Königswinter und Rhöndorf. Die insgesamt rund 20 ha umfassenden Weinberge liegen verstreut und bilden zusammen die Rebfläche des **Bereichs Siebengebirge.** Diese Weinbergfläche nimmt eine Sonderstellung innerhalb des Anbaugebietes Mittelrhein ein, denn sie ist die einzige Weinbaufläche im Bundesland Nordrhein-Westfalen.

Der Rebanbau in der Mittelrheinregion geht auf die Zeit der Römer zurück. Mit der Besetzung des linksrheinischen Germaniens brachten wahrscheinlich römische Legionen die Weinrebe in ihrem Troß mit. Einen Aufschwung erhielt der Weinbau zur Zeit der Frankenkönige. So überzeugte Karl der Große die Bauern, daß sie neben Ackerbau und Viehzucht mit Weinbau zusätzlich Geld verdienen konnten. Ganz besondere Verdienste um den Siebengebirgsweinbau fällt den Mönchen des Klosters Heisterbach zu.

Urkunden belegen, daß im frühen Mittelalter am Siebengebirge die Rebkultur weit verbreitet war, und bis zur Mitte des vorigen Jhs. gab es am Mittelrhein einen intensiven Rebanbau. Allein im Siegkreis belief sich die Rebfläche auf über 250 ha. Der Reblausbefall und dessen schwierige Bekämpfung sowie wirtschaftliche Probleme ließen die Anbauflächen jedoch immer weiter schrumpfen. Im Jahre 1905 wurde die letzte Rebfläche im Bonner Vorgebirge gerodet.

Ab 1924 bemühte sich der damalige Geschäftsführer des Weinbauverbandes Siebengebirge, Leo Tendler, um die Wiederbelebung des Weinbaues. So waren Ende der 30er Jahre wieder 71 ha Rebfläche vorhanden, doch nach dem 2. Weltkrieg nahm der Weinbau stark ab. Ein Grund dafür war, daß sich die harte Arbeit für die Winzer nicht mehr lohnte, denn in der Zeit des Wirtschaftswunders bot zum Beispiel die Bundeshauptstadt attraktivere und wetterunabhängigere Arbeitsplätze in Industrie, Wirtschaft und Behörden.

Erst eine Flurbereinigung zwischen 1972 und 1977 in dem Gebiet ließ wieder Hoffnung für den Weinbau aufkommen. Einige Winzer erkannten eine erneute Chance für den Siebengebirgsweinbau, denn durch Wegebau wurden die einzelnen Weinbergsparzellen besser erschlossen, was die Arbeit der Winzer erleichterte.

Mit 0,5 ha besitzt die Stadt Bonn einen kleinen Teil der Siebengebirgsrebflächen. Die Weinberge liegen mit Kleinflächen im Stadtteil Muffendorf und in der Rheinaue, dem ehemaligen Gelände der Bundesgartenschau.

Die neu entstandenen Wege im Siebengebirge werden heute gern für Wanderungen und Spaziergänge genutzt. So gibt es in Oberdollendorf einen **Weinwanderweg** mit 15 Informationstafeln, an denen man sich über die Geschichte des Weinbaues, über Rebsorten und die Arbeit der Winzer informieren kann.

Die Gegend um das Siebengebirge ist ein kleines, aber feines Weinbaugebiet, dessen Weine bei Landes- und Bundesweinprämierungen große Anerkennung finden.

## Klima und Böden

Die Reben der Winzerbetriebe aus Königswinter und Bad Honnef wachsen auf Süd- und Südwesthängen des Siebengebirges, wo sie vor kalten Ostwinden geschützt sind.

Das Klima entspricht der Witterungslage des Rheingaues, was durch ein Gutachten des Wetteramtes Trier im Jahre 1980 nachgewiesen ist.

Die Böden im Bereich des Drachenfels entstanden durch die Verwitterung von Trachyt. Sie sind durchlässiger und leichter erwärmbar als die etwas lehmigen Böden auf Tonschiefer in der Dollendorfer Hardt.

## Weinberglagen

Insgesamt gibt es im Siebengebirge sieben Weinberglagen. Die wichtigsten in Oberdollendorf sind *Rosenhügel, Laurentiusberg,* in Niederdollendorf die Lagen *Sülzenberg, Goldfüßchen, Longenburgerberg und Heisterberg*, in Königswinter und Rhöndorf *Drachenfels.* Einige dieser Lagen sind nicht bestockt, da das Flurbereinigungsverfahren noch nicht abgeschlossen ist. Die Großlage heißt *Petersberg*.

Die Weinberglagen sind im allgemeinen abgeleitet von alten Flurnamen, die oftmals noch aus dem Mittelalter stammen und durch den lokalen Sprachgebrauch entstanden sind.

## Das Arbeitsjahr im Weinberg

**Januar/April:** Der Rebschnitt erfolgt vom Winter bis zum Frühjahr, wobei das Holz vom Vorjahr entfernt wird. Nur eine oder höchstens zwei Fruchtruten bleiben stehen, denn je weniger Trauben später an einem Stock ansetzen, um so höher ist die Qualität. Es folgt das Anbinden des Rebstockes am Einzelpfahl oder bei der Drahtanlage am untersten Draht.

**April/Mai:** In dieser Zeit wird der Boden gelockert und umgegraben. Dies geschieht von Hand oder, wo es möglich ist, maschinell. Nach diesem Arbeitsgang werden Stroh und Müllkompost als Bodenabdeckung in den Weinberg eingebracht. Vor dem Austrieb erfolgt eine leichte Düngung, die sogenannte Starterdüngung.

Die Zeit des Austriebs ist Ende April bis Mitte Mai, und die Winzer hoffen, daß eventuelle Fröste nicht zuviel Schaden anrichten. Unerwünschte Austriebe und Schößlinge am Stamm werden ausgebrochen. Es folgen eine Austreibspritzung gegen Blattkrankheiten und eine zweite Spritzung.

**Juni/August:** Der Juni ist die Zeit der Weinblüte, in der die Winzer Spritzungen gegen Pilzerkrankungen vornehmen. Die Triebe werden am Drahtrahmen eingesteckt und geordnet, die Geiztriebe aus den Blattwinkeln entfernt. Wenn die Triebe den Draht erreicht haben, werden sie oberhalb der Drahtanlage oder des Rebstocks gekappt, was man auch „Gipfeln" nennt. Dies ist erforderlich, damit die wertvollen Nährstoffe nicht in die überschüssigen Blätter gehen, sondern in die Trauben.

Im August wird die Traubenzone leicht entblättert, damit Licht und Sonne die Trauben erreichen und somit mehr Farbstoffe gebildet werden können. Eine Abschlußspritzung erfolgt meistens Ende August, je nach Vegetationsverlauf. Von August bis zur Ernte wird es für den Winzer etwas ruhiger.

Um beste Qualität zu erreichen, wird eine höchstmögliche Reife der Trauben angestrebt und die Lese so lange wie möglich hinausgezögert. Bei gutem Wetter bleiben die Trauben gesund und nehmen täglich an Süße zu. Bei feuchtem und regnerischem Wetter ist dagegen die Gefahr groß, daß die Trauben faulen, und sie müssen daher so schnell wie möglich gelesen werden.

Im Siebengebirge werden heute noch alle Trauben von Hand gelesen, und in dieser Zeit sind alle Familienmitglieder sowie zusätzliche Aushilfskräfte im Einsatz.

## Rebsorten

Im Gegensatz zum benachbarten Ahrtal, wo hauptsächlich Rotweinreben wachsen, wird in den Weinorten des Siebengebirges überwiegend Weißwein angebaut.

Die häufigsten Traubensorten sind Müller-Thurgau (Anteil 32%), Riesling (Anteil 27%) und Kerner (Anteil 10 %). Die Nummer eins in der Qualität ist der Riesling.

Die **Rieslingtrauben** stellen keine hohen Ansprüche an Boden und Klima. Sie kommen erst spät in die Blüte und werden so durch die Nachtfröste der „Eisheiligen" Mitte Mai nur selten beschädigt. Die Rieslingweine im Siebengebirge sind kernig und kräftig, frisch und spritzig mit rassiger Säure und bei großen Jahrgängen mit Eleganz.

Der **Müller-Thurgau** ist eine Kreuzung zwischen Riesling und Silvaner. Im Gegensatz zum Riesling braucht diese Rebsorte tiefgründige und lockere Böden. Der Wein ist ein echter würzig-süffiger Schoppenwein. Die Rebsorte reift früh und hat im Glas ein blumig-duftiges Aroma.

Den Namen **Kerner** erhielt die dritthäufigste Rebsorte aus der Züchtung Trollinger und Riesling von dem Dichter Justinus Kerner (1786–1862). Das Merkmal der Kerner-Weine ist ein leichtes Muskatbukett.

Durch die weißen Trauben **Gewürztraminer, Ruländer** (Grauburgunder) und **Scheurebe** werden die Weinsorten am Siebengebirge abgerundet.

Von geringerer Bedeutung für die Region ist der **Rotwein**. Der Anteil der Portugieserrebe beträgt 6% und der Traubensorte Spätburgunder 3%. Meist wird aus den Spätburgunder-Trauben Weißherbst erzeugt.

Die **Portugieserrebe** hat wenig Säure und ist angenehm als Schoppenwein. Die Sorte reift schnell und kommt meistens schon im zeitigen Frühjahr in die Flasche.

Vermutlich zur Römerzeit wurde der **Spätburgunder** aus wilden Reben gelesen und zur Karolingerzeit weiter veredelt. Diese Traubensorte wächst auf den verschiedensten Böden und bringt samtige und feurige Weine hervor. Die Reife setzt relativ spät ein, und je besser der Reifegrad, um so höher die Ausbeute und der Alkoholgehalt.

# KELLERWIRTSCHAFT

## Weinlese

Wenn die Rebstöcke zwischen September und Oktober von ihrer schweren Traubenlast durch Abschneiden befreit werden, nennt man dies „Lesen". Der Ursprung des Wortes „Lesen" ist im Weinbau auf den Vorgang des Abschneidens und des Einsammelns in gebückter Haltung zurückzuführen.

Die günstigste Zeit zur Traubenlese ist der frühe Morgen, wenn die Sonne oder der Wind die Blätter und Trauben von Tau und Nässe befreit hat. Jeder Tropfen Wasser, der sich mit dem Saft der Trauben vermischt, senkt den Zukkergehalt und verschlechtert die Ernte.

## Entstehung des Weines

Daß aus Traubenmost Wein wird, ist kein Hexenwerk oder schwarze Magie, sondern ein ganz natürlicher Vorgang. Die Trauben kommen in die Gärung, wenn sie am Rebstock reifen und die Hefepilze in die Beerenschalen und das Innere der Beeren eindringen können. Dieser Entwicklung kommt der Winzer zuvor, indem die Trauben geerntet, gemahlen und gekeltert (lat. *calcare* = „treten") werden.

Es mag Weingebiete geben, wo die Trauben noch mit den Füßen getreten werden, doch heute werden mit Motoren angetriebene Traubenmühlen verwendet, die Trauben von den Stielen und Stengeln befreit (oder „entrappt") und die Beeren zwischen Gummiwalzen gepreßt. Daher ist der Ausdruck „mahlen" eigentlich unpassend.

Die Weiterverarbeitung der roten Trauben erfolgt als offene Gärung der Maische, die aus dem Saft, den Beerenschalen und dem Fruchtfleisch besteht und in große, offene Behälter gefüllt wird. Schnell bilden sich Hefepilze, wodurch die Gärung in Gang gesetzt wird.

In einigen Tagen hat sich der vorhandene Zucker zum Teil in Alkohol verwandelt, und der rote Farbstoff, der sich zum größten Teil in den Beerenschalen befindet, ist freigesetzt und gibt dem späteren Rotwein die rubinrote Farbe.

Weißweine werden sofort nach dem Mahlen der Trauben abgepreßt, und der Saft beginnt seine Gärung erst im geschlossenen Faß.

Ab November beginnt die richtige, teilweise harte Arbeit in den Weinkellern, wenn die Weine ausgebaut, gehegt und gepflegt, gelagert und bei endgültiger Reife in die Flaschen gefüllt werden.

Im Herbst sollte man nach Möglichkeit der Traubenannahme einmal beiwohnen, denn die Winzer und Kellermeister haben nichts dagegen, wenn man ihnen über die Schulter schaut. Für die Beantwortung von Fragen bleibt jedoch nur wenig Zeit.

## Oechsle-Grade

Der Pforzheimer Goldschmied Ferdinand Oechsle (1774–1852) entwickelte die gleichnamige Mostwaage, womit der Zuckergehalt im Wein gemessen werden kann. Mit dem Instrument, das einem Thermometer ähnlich sieht, wird die Dichte der Flüssigkeit bestimmt, wodurch sich der Zuckergehalt des Traubenmostes ermitteln läßt. Die Maßeinheit Oechsle sagt aus, wieviel schwerer der Traubensaft gegenüber Wasser (1000 g/Liter) ist.

Hat man einen Traubenmost von 1075 g, so sind das 75 Grad Oechsle.

# Der Winzer.

Macht euch zum Grab geschickt, eh euch der Tod abpflückt.

Die Zeit legt zu des Winzers Füssen
der Safft-gefüllten Trauben Pracht:
und stoltze Schönheit die heut lacht,
wird morgen in die Kelter müssen,
wo Schmertz und Tod die Krafft austreibet
daß nur die leere Hülse bleibet.

Über die Maßeinheit kann man berechnen, wieviel Alkohol der Wein später haben wird.

### Weinstein

In manchen Weinen befinden sich auf dem Flaschenboden oder am Korken kleine, farblose Kristalle, die von vielen als Zucker bezeichnet werden. Es handelt sich hierbei jedoch um Weinstein. Dieser entsteht aus flüssiger Weinsäure, die sich in der Flasche in Kristalle umwandelt und sich auf dem Boden, an der Flaschenwand und dem Korken absetzt. Weine, bei denen sich Weinstein gebildet hat, sind gereift und zeugen von hoher Qualität.

### Qualitätsstufen

Im Rahmen der EG-Mitgliedschaft wurde das deutsche Weinrecht 1971 neu konzipiert und ein neues System zur Einteilung von Qualitätsstufen eingeführt. Grundsätzlich werden Weine in Tafel- und Qualitätsweine unterteilt. Eine Sonderform der Tafelweine ist der Landwein. Für ihn gelten sowohl höhere Mostgewichte als auch andere Bestimmungen.

**Qualitätswein** b. A. (bestimmtes Anbaugebiet) trägt auf dem Etikett eine amtliche Prüfnummer, die nur an gesunden und gebietstypischen Qualitätswein ab 60 Grad Oechsle vergeben wird.

### Qualitätsweine mit Prädikat

**Kabinett:** ab 73 Grad Oechsle und mehr. Anders als bei Tafel- und Qualitätsweinen ist das Nachzuckern des Mostes bei Qualitätsweinen mit Prädikat nicht erlaubt.

**Spätlese:** Weine dieser Kategorie werden aus vollreifen Trauben hergestellt und haben ein Mindestmostgewicht von 85 Grad Oechsle.

**Auslese:** besonders ausgelesene Trauben ab 88 Grad Oechsle. Ab dieser Qualitätsstufe müssen die Trauben von Hand ausgelesen werden, unreife Trauben werden ausgesondert.

**Beerenauslese:** Weine aus überreifen, „edelfaulen" Beeren mit 110 Grad Oechsle und mehr.

**Trockenbeerenauslese:** Weine aus natürlich eingeschrumpften und getrockneten Beeren mit hohen Zuckerkonzentrationen ab 150 Grad Oechsle.

**Eiswein:** ab 110 Grad Oechsle, bei Frost gelesen und gekeltert (bei –7°C).

### Federweißer

In den letzten Jahren wird der Federweiße immer beliebter. Federweißer ist noch kein Wein, weshalb er noch milchig und trübe im Glas erscheint. Dies rührt daher, daß die Hefezellen gerade erst begonnen haben, den Zucker in Alkohol umzusetzen. Daher kann Federweißer von süß bis halbtrocken oder herb schmecken. In jedem Fall ist die Hefe noch enthalten, die sich beim Genuß vorteilhaft auf die Vedauungsorgane auswirken soll. Wer jedoch einen empfindlichen Magen hat, sollte vorsichtig damit umgehen.

Ein typisches Gericht zum Federweißen ist der Zwiebelkuchen. Federroter ist ähnlich wie Federweißer, wird nur aus roten Trauben hergestellt und ist in seinem Geschmack etwas kräftiger.

## WEINKULTUR

### Wein und Temperatur

*Wann trinke ich welchen Wein*, das ist oft die Frage. Manche Weintrinker machen es sich einfach und trinken im Frühling und Sommer Weißwein, Weißherbst oder Rosé, im Herbst und Winter dagegen die Rotweine.

Aber es ist eine Frage des Geschmacks, wer wann welchen Wein genießen möchte. Zum Essen werden gern trockene Weine genommen, und die Regel „zu hellem Fleisch helle Weine und zu dunklem Fleisch dunkle Weine" hat auch heute immer noch Gültigkeit.

Rotwein trinkt man am besten bei einer Temperatur zwischen 17°C und 20°C, Weißwein, Weißherbst und Rosé dagegen zwischen 12°C und 14°C.

### Weintrinken

Weintrinken will gelernt sein – besonders, wenn man den Wein in seiner ganzen Vielfalt genießen möchte. Am besten nimmt man klare und durchsichtige Gläser. In einem durchsichtigen, ungeschliffenen Glas erkennt das Auge sofort die Farbe und die Klarheit des Weines.

Mit den Fingern umschließt man nur den Stiel des Glases, um eventuelle fremde Duftstoffe von der Hand nicht mit den Aromen des Weines zu vermischen.

Der Wein wird nur bis zur Hälfte des Glases eingeschenkt und entfaltet durch leichte, kreisende Bewegungen jene emporsteigenden Wohlgerüche (sein Bukett), die man durchaus als die „Seele des Weines" bezeichnen kann.

Was dann die Nase von all den Düften wahrnimmt, sagt vieles über Charakter und Qualität des Weines aus. Hierbei können schon Fehler, Kanten und Ecken des Weines erkannt werden. Nun nimmt man den ersten Schluck – nicht zu groß – und läßt ihn über die Zunge rinnen. Man nimmt den Wein auf und drückt ihn gegen den Gaumen, damit er sich über der Zunge ausbreitet.

Nach dem ersten, fast zeremoniellen folgt der zweite und entscheidende Schluck. Der Mund mit gespitzten Lippen macht dabei die Bewegungen, als kaue man den Wein, und die Zunge wird in dem Wein gebadet. Nun haben alle Sinne mit dem Wein Kontakt gehabt, und man kann nun entscheiden, ob es ein Hochgenuß war oder ob man einen weiteren Schluck besser unterläßt.

### Straußwirtschaften

Die Straußwirtschaften haben ihren Ursprung in einer Anweisung, die Karl der Große im Jahre 813 erließ, in der er als Verkaufsmöglichkeit für Winzer die Straußwirtschaft schuf. So bedient man sich heute des alten Gewohnheitsrechts, das den Winzern erlaubt, ohne Konzession in Gasträumen ihre Weine anzubieten. Daneben dürfen sie auch Speisen anbieten, die meist einfach und traditionell sind.

Allerdings ist der Betrieb einer Straußwirtschaft auf insgesamt vier Monate im Jahr beschränkt und diese darf nur eine begrenzte Anzahl an Plätzen haben. Zu finden sind die familiären Lokale überall in den Weinorten des Siebengebirges.

### Geschmacksrichtungen

Im Volksmund heißt es: „Geschmäcker sind verschieden" oder „über Ge-

*Weinberg am Fuße des Drachenfels*

schmack läßt sich streiten"; das gilt auch für Wein. Deutsche Weine werden nach den Geschmacksrichtungen „trocken", „halbtrocken" und „mild" unterschieden. Bei manchen Weinflaschen sind die Geschmackstypen schon am Weinsiegel erkennbar: für trocken das gelbe, für halbtrocken das grüne und für mild das rote Siegel. Auf dem Weinetikett findet sich zusätzlich noch ein entsprechender Vermerk. Ist weder „trocken" noch „halbtrocken" zu lesen, kann man von einem milden Wein ausgehen.

**Trockene** Weine sind Weine mit einer geringen Restsüße, sie haben nur bis zu 4 g Restzucker je Liter und sind für Diabetiker geeignet. Bei trockenen Weinen gilt folgende Formel: Säuregrad + 2 g. Das bedeutet, daß z. B. bei einer Säure von 5 Prom. + 2 g bei diesem Wein die Obergrenze der Restzuckermenge nicht über 7 g/Liter liegen dürfte.

**Halbtrockene** Weine dürfen maximal bis 18 g Restzucker pro Liter aufweisen. Die Formel lautet: Säuregrad + 10 g. So darf z. B. bei einem Wein mit 5 Prom. Säure die Restsüße 15 g je Liter nicht übersteigen.

**Milde** Weine haben keine Einschränkungen in der Restsüße. Der Wein erhält die Restsüße durch Zugabe von Traubensaft nach der Gärung.

## Weinprobe

*Probieren geht über Studieren.* Es gibt viele Möglichkeiten, den Wein zu genießen, ob in einer gemütlichen Weinstube, in den Straußwirtschaften oder den Weinbrunnen der Wein- und Heimatfeste der Region.

Ein Erlebnis ist jedoch eine zünftige Weinprobe bei einem der Winzer, von denen manche regelmäßig Weinproben durchführen. Die richtige Umgebung und Atmosphäre bietet ein Gewölbekeller mit alten Holzfässern und dem typischen Kellergeruch sowie einer spärlichen Kerzenbeleuchtung.

Die Möglichkeiten, an Weinproben auf einem der Weingüter teilzunehmen, und die Anzahl der Personen sind verschieden, der Ablauf ist aber fast immer gleich. Nach der Begrüßung durch den Kellermeister wird jedem Gast ein erster Schluck Wein von der ersten Probe in das Probierglas gegossen. In der Regel werden mehrere Weine ohne Hast probiert, die Auswahl und Anzahl bleiben dem Kellermeister überlassen. Die Probe beginnt meistens beim Weißwein und geht über Weißherbst oder Rosé zum Rotwein.

Weitere Reihungen sind von trocken über halbtrocken zu mild und vom Tafelwein über Qualitätswein zu den Prädikatsweinen. Außer dem obligatorischen Stangenweißbrot stehen in der Regel auch offene Glasgefäße auf dem Tisch, in die man bei Bedarf den übriggebliebenen Wein zurückgießen kann.

Um den Geschmack zu neutralisieren, sollte man zwischen jeder einzelnen Probe etwas Weißbrot zu sich nehmen. Bei einer Weinprobe stellt der Winzer seinen Wein vor, gibt Informationen über sein Weingut, die Rebsorten, das Siebengebirge sowie zum Wein und Weinbau, und er beantwortet auch Fragen aus der Runde.

Dabei liegt es an den Teilnehmern und dem Vortragenden, ob die Weinprobe lustig und feucht-fröhlich endet und ob man dabei noch etwas dazulernen kann.

# WEINGÜTER IM SIEBENGEBIRGE

**Weingut A. Pieper**
Hauptstraße 458, 53639 Königswinter,
☎02223/22650
Wer durch die Stadt Königswinter am Fuße des Drachenfels wandert, kommt sicher auch an dem 300 Jahre alten Gebäude des Jesuiterhofs vorbei. Das heute zu Gaststätte und Weingut ausgebaute Haus war im 17. Jh. eine Niederlassung der Kölner Jesuiten. An der Stelle des 1689 zerstörten Gebäudes wurde der Hof in der jetzigen Form mit Weinkeller errichtet.

Nach mehrfachem Wechsel des Besitzers wurde der Hof im Jahre 1958 renoviert und als Weingut genutzt. Heute betreibt die Familie Pieper dort ein Familienweingut und bewirtschaftet ca. 9 ha Rebfläche rund um den Drachenfels. In dem Familienbetrieb werden alle Qualitätsstufen produziert, und viele Weine sind mit Preisen der Landwirtschaftskammer sowie der DLG prämiert.
Weintip: – *1995er Drachenfelser Rivaner* und *Riesling* trocken, 6 DM.
– *1995er Drachenfelser Kerner Spätlese* (Silberne Prämie und Großer Preis DLG), 8 DM;
– *1994er Drachenfelser Riesling Auslese* (Goldene Prämie), 10 DM.

**Weingut Broel-Blöser**
Bachstraße 112, 53639 Königswinter-Oberdollendorf,
☎02223/3322
Die Familie Broel-Blöser ist in Oberdollendorf seit 1696 mit den Reben und dem Weinbau verbunden. Mit den Winzermeistern Josef und Laurenz Blöser besteht die Weintradition bereits in der vierten Generation.

Die Rebfläche beträgt 7,2 ha. Den Hauptanteil des Rebanbaus bilden die klassischen Weißweinsorten: Riesling (37%) und Müller-Thurgau (34%), mit 11% sind die weißen Traubensorten Scheurebe, Optima, Kerner und Gewürztraminer zu finden. Rund 9% macht der Rotwein aus. Dazu zählen Dornfelder, Portugieser und Spätburgunder.

Die Weine aus dem Gut Broel-Blöser umfassen alle Qualitätsstufen vom QbA bis zum Prädikat Trockenbeerenauslese. Viele der jährlich angestellten Weine erhalten Auszeichnungen bei der Landwirtschaftskammer und der DLG.
Weintip: – *1975er Oberdollendorfer Laurentiusberg Riesling*, 7,30 DM.
– *1998er Traminer Optima Spätlese* (Silberne Prämie der Dt. Landwirtschaftskammer), 15,70 DM.

## Weingut Broel

Karl-Broel-Str. 3, 53604 Rhöndorf, ☎02224/2655

Weinverkauf nach Vereinbarung

Rhöndorf ist eine kleine, aber standhafte Weinbastion. Das Weingut Broel umfaßt ca. 3 ha. Rebfläche und wird als altes Familienunternehmen geführt. Der Kellermeister Karl Heinz Broel legt Wert auf naturnahen Anbau. Die Betriebsphilosophie für das Unternehmen ist „Kraftvolle Weine mit viel Geschmack".

In dem Weingut gibt es folgenden Sortenspiegel: 40% Riesling, 30% Müller-Thurgau, 30% Scheurebe, Kerner, Optima und Rivaner.

Weintip: – *1995er Rhöndorfer Drachenfels Müller Thurgau* QbA trocken (Bronzene Prämie), 7 DM; – *1993er Röhndorfer Drachenfels Riesling* Spätlese, Silberne Prämie, 10 DM.

Weinproben sind ab 20 Personen mit Besichtigung des Weinkellers unter sachkundiger Führung bei Kerzenscheinatmosphäre nach vorheriger Anmeldung möglich.

Auf besonderen Wunsch können dabei auch Auftritte der Rhöndorfer Weinkönigin sowie Klavier- bzw. Akkordeonspieler unter o. a. Telefonnummer gebucht werden.

## Weinhaus Lichtenberg

Heisterbacher Straße 131, 53639 Königswinter-Oberdollendorf, ☎02223/21192

Das Weinhaus der Familie Lichtenberg in Oberdollendorf ist seit über 100 Jahren in Familienbesitz und dem Weinbau verbunden. Mit Heidi Lichtenberg besteht die Weintradition bereits in der 3. Generation in dem Haus, das einst eine Poststation beherbergte. Das von außen eher unscheinbare Weinhaus besitzt zwei Innenhöfe (einer mit einem lilablühenden Kaiserbaum) sowie mehrere gemütliche Weinstuben. Urig ist ein überdachter Innenhof mit offenem Kamin, der auch größeren Gesellschaften Platz bietet. Die Gerichte des kalten Buffets kosten zwischen 5 und 17 DM, ein Blick in die Küche wird jedem Gast gewährt.

Den Hauptanteil des Rebanbaus bilden die klassischen Weißweinsorten: Riesling und Müller-Thurgau.

Neben den Weinen aus dem eigenen Weinanbau werden Weine aus fast alle deutschen Weinanbaugebieten angeboten.

Weintip: – *1997er Oberdollendorfer Jungfernberg*, 16 DM.

– *1997er Oberdollendorfer Rosenhügel*, 17 DM.

# Praktische Hinweise

Im folgenden sind die wichtigsten Adressen, Telefonnummern und Informationen für eine Reise ins Siebengebirge und den Aufenthalt vor Ort angegeben. Die genauen Angaben zu den einzelnen Punkten (Unterkunftsadressen, Sportstätten usw.) sind unter den Ortsbeschreibungen detailliert aufgeführt.

# WICHTIGE ADRESSEN UND RUFNUMMERN

**Tourismus Siebengebirge GmbH**
Drachenfelsstr. 11
53639 Königswinter
☎02223/917711, Fax: 917720

Hauptstr. 30
53604 Bad Honnef
☎02224/900636, Fax: 79687

**Landesverkehrsverband Rheinland e. V.**
Rheinallee 69
53173 Bonn
☎0228/363921, Fax: 0228/363929

## Notrufe und Rettungsdienste

Für den Notfall stehen folgende Rufnummern zur Verfügung:

| | |
|---|---|
| – *Polizei-Notruf* | ☎110 |
| – *Feuerwehr* | ☎112 |
| – *Rettungsdienst - Notarzt* | ☎112 |
| – *Arztrufzentrale* | ☎19292 |
| – *Zahnärztlicher Notdienst* | ☎011500 |
| – *Infozentrale Gift* | ☎0228/2873211 |

Der *tägliche Apothekendienst* steht in den lokalen Tageszeitungen oder ist unter ☎11500 zu erfragen.

## Familien

– *Zentrum für Kinderheilkunde der Universität Bonn*, Adenauerallee 119, 53113 Bonn, ☎0228/287-0.
– *Kinderkrankenhaus*, Robert-Koch-Str. 1, Bonn, Notruf ☎0228/505-2910.
– *Amt für Kinder, Jugend und Familie*, Bottlerplatz 1, 53103 Bonn, ☎0228 773141/42.

## Flughafen

Informationen über die An- und Abflüge am *Konrad-Adenauer-Flughafen*, Köln/Bonn, sind über ☎02203/40-4001/2 oder 40-2229 zu bekommen.

## Frauen

– *Bausteine für das Leben e.V.*, Haus Heisterbach, ☎02223/9236-0, Hilfetelefon 02223/9236-25.
– *Frauen für Frauen e.V.*, Rhöndorfer Str. 29, Bad Honnef, ☎02224/10548.

## Krankenhäuser

– *Kath. Krankenhaus St. Josef*, Bismarckstr. 2, Königswinter, ☎02223/794-0, Fax: 794-359.
– *Krankenhaus St. Johannes*, Schülgenstr. 15, Bad Honnef, ☎02244/772-0, Fax: 772-112.

## Senioren

– *Hausnotruf* des Malteser Hilfsdienstes, ☎0228/658 005.
– *Hausnotruf* des Arbeiter-Samariter-Bundes, ☎0228/66300-0.
– *Seniorenruf* der Stadt Bonn, ☎0228/97 98 218.

## Telefonseelsorge

Seelischen Beistand erhält man bei der Telefonfürsorge unter ☎11101/11102.

# ANREISE

**Anreise mit der Bahn:** Die Region ist ein Verkehrsknotenpunkt des Bahnverkehrs am Mittelrhein, wobei etwa 100 Fernzüge in Nord-Süd-Richtung täglich das nahegelegene Bonn anfahren. Hier halten alle InterRegio- und Nahverkehrszüge sowie zahlreiche IC-/ICE-Züge der Deutschen Bahn AG.

Von Bonn aus bestehen weitere Bus- und Bahnverbindungen in die benachbarten Städte und Gemeinden. Bei den teilweise kostengünstigen Bahnverbindungen von und nach Bonn lohnt es sich, die verschiedenen Angebote zu vergleichen.

Für Bahnvielfahrer bietet sich eine der BahnCards an, so z. B. die *BahnCard*, die *BahnCard First*, die *BahnCard Familie* oder die *BahnCard Senior*. Die Karten sind 1 Jahr lang gültig und halbieren den normalen Fahrpreis auf allen Bahnstrecken.

Wer nicht so oft mit dem Zug unterwegs ist, dem ist zum Beispiel das Guten-Abend-Ticket zu empfehlen. Es ist zwischen 19 und 2 Uhr morgens in allen Zügen im Bundesgebiet gültig, ausgenommen Sonder- und InterCity-Night-Züge.

Ein günstiges Angebot für Jugendliche zwischen 12 und 25 Jahren ist das Twen Ticket, mit dem eine Preisermäßigung von 25% gewährt wird, wobei jedoch ein Mindestpreis von 10 DM zu zahlen ist. Der maximale Fahrpreis beträgt 203 DM.

Jugendliche dieser Altersgruppe können auch das Guten-Abend-Ticket mit Euro 26 in Anspruch nehmen. Es gilt 1 Jahr lang in Deutschland und kostet in der 2. Klasse 55 DM.

Die Sondertarife der Bahn sind ebenso für Gruppenreisende interessant. Für Schulklassen gibt es z. B. je nach Angebot bis zu 70% Preisnachlaß. Danach sollte man sich jedoch schon einige Tage vor Fahrtantritt erkundigen.

Wer die Angebote der Bahn nicht nutzt, der muß z. B. für eine Hin- und Rückfahrt 2. Klasse von München bis Bonn als Erwachsener im Normaltarif 318 DM zahlen, Kinder und Jugendliche zahlen 250 DM. Von Hamburg nach Bonn und zurück kostet es für einen Erwachsenen 280 DM, für Kinder und Jugendliche 220 DM. Eine Hin- und Rückfahrt von Leipzig nach Bonn kostet für einen Erwachsenen 320 DM und für Jugendliche 250 DM.

**Anreise mit dem Auto:** Das Siebengebirge ist durch die Bundesautobahn A 565 mit der linksrheinischen A 61 und über die A 59/A 560 mit der rechtsrheinischen A 3 verbunden, die in Nord-Süd-Richtung verlaufen. Bei einer Anreise über die Autobahn aus nördlicher wie auch aus südlicher Richtung ist der Naturpark von jeder Abfahrt zwischen Bonn/Siegburg und Bad Honnef/Linz zu erreichen.

**Anreise mit dem Flugzeug:** Rund 25 km nordöstlich von Königswinter liegt der Konrad-Adenauer-Flughafen, von dem man über die A 565 und A 59 nach Königswinter oder Bonn gelangt.

Am Airport befinden sich Niederlassungen verschiedener Autovermietungen. Die Fahrt vom Flughafen ins Zentrum dauert rund 30 Minuten, es muß aber häufig mit Verkehrsstaus gerechnet werden.

Die internationalen Flughäfen Frankfurt und Düsseldorf sind von Bonn aus mit der Bahn erreichbar, wobei die Fahrzeit von Bonn nach Frankfurt ca. 1 Stunde 50 Min. und nach Düsseldorf rund 1 Stunde 10 Minuten beträgt.

**Mitfahrzentrale:** Besonders für Reisende mit schmalem Budget sind die Mitfahrzentralen eine Alternative zu den öffentlichen Verkehrsmitteln. Wie in vielen anderen Städten der Bundesrepublik gibt es in Bonn – nur wenige Meter hinter dem Hauptbahnhof in der Herwarthstraße 11 – eine Mitfahrzentrale, das **Citynetz.** Die Zentrale ist von Montag bis Freitag zwischen 10 Uhr und 18 Uhr, Samstag von 10 bis 14 Uhr und Sonntag von 11 bis 14 Uhr unter der Rufnummer ☎0228/693030 oder 19440 erreichbar. An Feiertagen ist sie geschlossen.

Die Mitfahrzentrale des **ASTA** (Allgemeiner Studentenausschuß) von Bonn befindet sich in der Nassestr. 11 und ist unter ☎0228/737034 oder 737036 erreichbar.

## Reisen vor Ort

**Öffentliche Verkehrsmittel:** Neben den Stadt- und Straßenbahnen erweitern viele Buslinien das Angebot im öffentlichen Personennahverkehr. Die Stadtwerke Bonn (SWB) und der Verkehrsverbund Rhein-Sieg (VRS) erstreckt sich auf den gesamten Bereich des Siebengebirges und es gelten einheitliche Tarife sowie Fahrausweise.

Informationen zu Tarifen sind unter ☎0228/711-2312 oder ☎02241/499-244 erhältlich.

**Schiffahrtsgesellschaften:** Mit zu den bekanntesten Schiffslinien gehört die der *Köln-Düsseldorfer Rheinschiffahrt*, oder kurz KD genannt, deren 16 Ausflugsschiffe flußauf und flußab verkehren. Das Angebot der KD ist vielfältig und reicht von Ereignisfahrten, Panorama-Rundfahrten oder Extratouren bis hin zu Wander- und Radfahrtouren. Auch ein Besuch der Sehenswürdigkeiten von Köln, Düsseldorf oder Koblenz empfiehlt sich im Rahmen eines Schiffsausfluges. Neben Gruppenermäßigungen für Erwachsene gibt es Kindertarife. Kinder unter 4 Jahren fahren kostenlos, von 4 bis einschließlich 13 Jahren für 3 DM. Geburtstagskinder – gleich welchen Alters – fahren an ihrem Ehrentag auf den KD-Schiffen zum Nulltarif.

Ausgenommen von den genannten Tarifen ist das Schnellboot „RHEINJET". Wer häufiger die Schiffe der KD nutzen möchte, sollte sich nach der KD-Rhein-Card erkundigen, die 45 DM kostet, 12 Monate gültig ist und neben den Ermäßigungen auf allen Schiffsfahrten der KD von Montag bis Freitag um 50% bzw. Samstag und Sonntag 25% noch weitere Extras enthält.

Auskünfte und Informationen sind an der Verkaufsstelle in Königswinter, Rheinallee oder unter ☎02223/21638 sowie in Bad Honnef, Insel Grafenwerth, ☎02224/71366 oder 2372 und bei der Köln-Düsseldorfer Rheinschiffahrt in Köln ☎0221/2088-318, Fax: 0221/2088-345, erhältlich.

Neben den Linienschiffen der KD erweitern kleinere ortsansässige Unternehmen mit ihren Ausflugsschiffen die Angebotspalette der Rund- und Charterfahrten auf dem Rhein. Die Schiffstouren sind von unterschiedlicher Gestaltung,

Preis und Dauer. Fast alle Unternehmen bieten Abendfahrten an, bei denen das musikalische Angebot von Walzer bis Pop-Musik reicht. Die Anlegestellen befinden sich in Königswinter an der Rheinpromenade, in Bad Honnef auf der Insel Grafenwerth.

**Autovermietungen:** Im Bereich des Siebengebirges sowie im linksrheinischen Bonn gibt es Niederlassungen verschiedener Autovermietungen. Ein Mittelklassewagen kostet pro Tag etwa 120 DM, für einen Wagen der kleinen Wagenklasse werden rund 90 DM verlangt zzgl. Nebenkosten.

**Banken**

Die Geschäftszeiten der Banken und Sparkassen sind von Montag bis Freitag zwischen 8.30 und 16 Uhr, donnerstags bis 18 Uhr. Wer außerhalb der üblichen Geschäftszeiten dringend Geld benötigt, findet an jedem Geldinstitut einen Geldautomaten, der im Normalfall 24 Stunden lang zugänglich ist.

# FÜR BEHINDERTE

Die Entwicklung des Tourismus hat fast überall im Siebengebirge dazu geführt, daß man sich auf die Bedürfnisse von Behinderten eingestellt hat. Einrichtungen wie Rampen oder Zufahrten für Gehbehinderte und Rollstuhlfahrer bei Banken, Museen und Behörden sind immer häufiger anzutreffen, und die neuen Telefonzellen sind ebenfalls behindertengerecht.

Hingegen sind behindertengerechte Einrichtungen in Hotels und Restaurants eher noch die Ausnahme, und viele Behinderte sind auf Hilfestellung angewiesen.

Schwieriger ist die Benutzung der öffentlichen Verkehrsmittel. Der Einstieg in Busse ist für Rollstuhlfahrer nicht immer problemlos möglich. Dies zeigt sich auch bei alle Zugängen zu den Bahngleisen auf den Bahnhöfen. Der Zugang zu den Bahnsteigen sowie in die Züge ist nur mit Hilfe des Bahnpersonals bzw. mit fremder Hilfe möglich. Das Personal der Bahn AG ist jedoch nicht durchgehend erreichbar.

Viele Verkehrsampeln sind mit einem akustischen Signal ausgerüstet, in verkehrsberuhigten Bereichen sind die Bordsteinkanten weitgehend abgeflacht.

**Informationen**

– *Beratungsstelle für Behinderte*, Stadtverwaltung Königswinter, ☎ 02223/889-0, Sprechstunden der VDK: jeden 2. Mittwoch im Monat zwischen 15 und 16 Uhr.

– *Beratungsstelle für Behinderte*, Stadtverwaltung Bad Honnef, ☎ 02224/184-0, Sprechstunden: Montag bis Freitag von 8 bis 12 Uhr, Donnerstag zusätzlich zwischen 14 und 17.30 Uhr.

– *Behinderten-Sportgemeinschaft*, Berghausener Str. 86, ☎ 02244/3867.

– *Allgemeiner Sportverein Bonn (ASVB)*, ☎ 0228/6683112.

Für die Betreuung von Behinderten während einer Reise bieten verschiedene Organisationen in Deutschland ihre Dienste an. Deshalb seien an dieser Stelle nur einige Informationsstellen und -quellen genannt, wo sich behinderte

Reisende Infos und Materialien für ihre Ferien besorgen können.

– *Bundesarbeitsgemeinschaft der Clubs Behinderter und ihre Freunde e.V.*, Eupener Straße 5, 55131 Mainz, ☎06131/225514. Ansprechpartner für geeignete Begleitpersonen, praktische Hilfsmittel, Finanzierungshilfen, rollstuhlgerechte Unterkünfte.

– *Bundesarbeitsgemeinschaft Hilfe für Behinderte*, Kirchfeldstr. 149, 40215 Düsseldorf, ☎0211/3440085. Die Gemeinschaft gibt einen Ferienführer und eine Liste der Mitgliedsverbände heraus.

– *Arbeitsgemeinschaft Deutscher Verkehrsflughäfen* (ADV), Stuttgart, ☎0711/9480. Erhältlich sind Informationen für behinderte Fluggäste.

– Die Lufthansa-Broschüre *Reisetips für behinderte Fluggäste* gibt es kostenlos in allen Stadtbüros der Lufthansa.

– *Zentrale Verkaufsleitung der Deutschen Bahn*, Rhabanusstraße 3, 55118 Mainz, ☎06131/155624. Dies ist die Behinderten-Kontaktstelle der Deutschen Bahn AG.

Die Broschüre *Reiseführer für behinderte Fahrgäste* ist kostenlos bei der Bahn erhältlich. Sie enthält Tips, Adressen und Telefonnummern, die hilfreich bei der Reisevorbereitung sein können.

# FÜR FAMILIEN

Für Familien bietet das Siebengebirge Raum für allerlei Aktivitäten, die Eltern mit ihren Kindern in gemeinsamer Urlaubsstimmung genießen können. Das Spektrum reicht vom Naturerleben bis zu kulturellen und geschichtlichen Erlebnissen.

## Kinder

Für Kinder gibt es im Siebengebirge zu jeder Jahreszeit vielerlei Möglichkeiten etwas zu erleben. Spiel- und Abenteuerspielplätze, Frei- und Hallenbäder bieten sich ebenso an, wie Theater- und Filmvorführungen oder Museumsbesuche Vorort oder im benachbarten Bonn. Um die Natur zu erleben sind die Flußufer oder die Wälder ein großes Entdeckungsfeld.

Ruhiger für die Eltern und spannend für den Nachwuchs kann eine **Schifffahrt** auf dem Rhein sein. Die KD-Armada beispielsweise ist familien- und kinderfreundlich und die meisten der kleinen oder großen Schiffe sind mit Spielplätzen ausgestattet.

Rund 150 Tiere leben im **Reptilienzoo** in Königswinter. In dem privat geführten Zoo sind neben Schlangen, Krokodilen, Alligatoren und anderen Echsen auch Schildkröten, Spinnen und Skorpione zu sehen. Geöffnet ist der Zoo in der Nibelungenhalle von Anfang März bis Ende Oktober täglich, von November bis Februar samstags sowie sonn- und feiertages bzw. je nach Wetterlage.

Der Eintritt kostet für Erwachsene 5 DM, für Behinderte 4,50 DM, für Kinder 4 DM, bei Gruppen ab 15 Personen werden 3 DM pro Person verlangt. Auskünfte sind unter ☎02223/24150, Fax: 24150 zu bekommen.

Regelmäßig finden **Theateraufführungen** für Kinder in der Aula des Schulzentrums Oberpleis statt, so z. B.

in der Weihnachtszeit. Die Aufführungen werden in Zusammenarbeit mit dem *Kleinen Theater Bad Godesberg* durchgeführt. Kindertheater wird des weiteren vom Stadtjugendring veranstaltet. Informationen sowie Termin sind unter ☎02244/3925 zu erfragen.

Eine weitere Adresse für interessante Theateraufführungen ist die Jugenddorf-Christophorus-Schule in Königswinter. Allgemeine Auskünfte sowie Informationen zu Veranstaltungsterminen sind telefonisch unter ☎02223/92220 zu bekommen.

## FÜR SENIOREN

**Schiffsfahrten:** Bei einer Schiffahrt auf dem Rhein die wunderbare Rheinlandschaft genießen, kann ebenso zu einem wunderbaren Erlebnis werden wie eine Wanderung durch die Hügellandschaft oder ein Spaziergang entlang des Rheinufers. Diese Unternehmungen sind äußerst erholsam, lediglich während der Schulferien kann es recht voll werden.

Schiffsfahrten für Senioren werden von verschiedenen ortsansässigen Unternehmen mit Seniorentarifen angeboten. Sie finden freitags statt und dauern zwischen einer und vier Stunden.

Ebenso fahren Senioren bei der *Köln-Düsseldorfer Rheinschiffahrt*, kurz KD genannt, zum Seniorentarif. Dieser ermöglicht es Fahrgästen ab 60 Jahren, von Montag bis Freitag auf allen Strekken zum halben Preis zu fahren. Ausgenommen von den Sondertarifen ist der „RHEINJET" (s. auch *Reisen vor Ort*).

**Wanderungen:** Regelmäßig führt der Bonner Eifelverein Spaziergänge durch die Bundesstadt oder Wanderungen in die nähere Umgebung durch. Auskünfte über das aktuelle Programm sind unter ☎0228/470772 erhältlich.

**Busausflüge** für Senioren werden vom Bonner BTS-Bus-Touristik-Service angeboten, wobei interessante Reiseziele in Deutschland und im südlichen Europa angefahren werden. Die Preise bewegen sich je nach Reiseziel und -dauer zwischen 600 und 2000 DM. Informationen sind erhältlich unter ☎0228/9818112.

Mit dem Bonner **Senioren-Radio** bietet die Region einen besonderen Service für Senioren, die ihren Sender liebevoll „Herbst-Radio" nennen. Mit einer Sinfonie von Beethoven als Erkennungsmelodie gehen jeden 2. und 4. Montag im Monat zwischen 15 und 17 Uhr Nachrichten, Informationen sowie Vergnügliches und Besinnliches über den Äther. Zu empfangen sind die Sendungen auf der Frequenz UKW 91,2; 98,9 und 107,0 kHz.

**Seniorensport** bietet der Turnverein Bad Honnef-Selhof an. Auskünfte und Informationen sind unter ☎02224/931127 zu bekommen.

### Pflegedienste

Verschiedene Pflegedienste kümmern sich um das Wohl von Senioren. So haben die Malteser einen **Hausnotruf** eingerichtet, der täglich 24 Stunden lang unter ☎0228/658 005 zu erreichen ist. Einen 24-Stunden-Service bietet auch die Caritas-Pflege-Station, die in Bonn-Beuel unter ☎0228/473782 erreichbar ist.

# WICHTIGES FÜR UNTERWEGS

## Hörfunk

Einer der bekanntesten lokalen **Radiosender** ist *Radio Bonn/Rhein-Sieg*, ein Rundfunksender, der seit Mai 1992 täglich auf der Antennenfrequenz 98,9 kHz bzw. Kabelfrequenz 99,5 kHz im UKW-Band seine Sendungen 8 Stunden lang ausstrahlt.

Im Anschluß an die tägliche Sendezeit von *Radio Bonn/Rhein-Sieg* wird das Programm von Radio NRW übernommen.

Zu den Themenbereichen gehören lokale, regionale und internationale Themen aus Politik, Wirtschaft und Allgemeines sowie der Verkehrsfunk und die Nachrichten. Die lokalen Nachrichten werden zwischen 6.30 und 17.30 Uhr zu jeder halben Stunde, die internationalen Nachrichten zur vollen Stunde gesendet.

Eine feste Einrichtung ist der *Regionalreport* geworden, der um 15.30 Uhr ausgestrahlt wird, sowie der *Flughafenservice* für den Konrad-Adenauer-Flugplatz mit Informationen zu Ankunfts- und Abflugzeiten.

Das Musikprogramm des Radiosenders Radio Bonn/Rhein-Sieg wird vorwiegend von Pop-Musik bestimmt, wobei auch Oldies durchaus ihren Platz haben.

## Informationen

Eine der wichtigsten Informationsstellen ist die *Tourist-Information* in den verschiedenen Orten. Hier sind kostenlose Merkblätter, Fahrpläne, Stadtpläne und einiges mehr erhältlich. Die Adressen finden Sie in den jeweiligen Ortsbeschreibungen.

## Karten

Die Auswahl an guten und empfehlenswerten **Stadtkarten** ist sehr gering. Gut sind die Karten:

– *Bonn, Groß-Bonn, Königswinter*; Falk, Preis: 10,80 DM.
– *Großraum Köln-Bonn*; Maßstab: 1:150.000, Falk, Preis: 29,80 DM.
– *Großraum Bonn*, Maßstab: 1:20.000, ADAC, Preis: 10,80 DM.

**Empfehlenswerte Wanderkarten:**

– *Naturpark Siebengebirge*, Maßstab: 1:25.000, LVermA Nordrhein-Westfalen, Preis: 11,80 DM.
– *Naturpark Rhein-Westerwald*, Maßstab: 1:50.000, LVermA Rheinland Pfalz, Preis: 12,80 DM.
– *Topographische Karten*, LVermA Rheinland Pfalz, Preis: 12,80 DM.
– *Stadt- und Wanderkarte*, Maßstab 1:20.000, Städte Verlag, Preis: 6,80 DM.
– *Stadtplan Königswinter*, Maßstab 1:20.000, Städte-Verlag, Preis 5,80 DM.
– *Stadtplan Bad Honnef*, Maßstab 1:20.000, Städte-Verlag, Preis 5,80 DM.

## Telefonieren

Das Telefonieren in Königswinter ist durch zwei unterschiedliche Vorwahlnummern innerhalb des Stadtgebietes etwas verwirrend. So haben die Stadtteile Alt-Königswinter, Nieder- und Oberdollendorf und teilweise die Stadtteile Heisterbacherrott, Vinxel und Ittenbach die Telefonvorwahl **02223.**

Für die Stadtteile Oberpleis, Stieldorf, Thomasberg, Rauschendorf und Eudenbach gilt die Vorwahl **02244,** die auch teilweise für die Stadtteile Ittenbach und Heisterbacherrott gilt.

## Zeitungen

Die überregionale Zeitungslandschaft wird vom Bonner **General Anzeiger** (GA) bestimmt. Mit täglich 90.000 Exemplaren ist er die auflagenstärkste regionale Tageszeitung. Politik, Wirtschaft, internationaler Sport gehören ebenso zu den Themen der Zeitung wie die lokalen und regionalen Belange. Einen festen Platz haben der tägliche Kinospiegel, die Notrufnummern und die Apothekendienste.

Das Verbreitungsgebiet des GA erstreckt sich auf die Stadt Bonn, den Rhein-Sieg-Kreis, den Kreis Ahrweiler und den nördlichen Kreis Neuwied. Der GA kostet wochentags 1,30 DM, die Wochenendausgabe 1,80 DM.

Eine weitere große Tageszeitung ist die **Bonner Rundschau** mit einer Auflage von 20.000 Exemplaren. Zu den Themenbereichen gehören Politik, Wirtschaft, Sport und andere internationale Themen sowie das lokale Geschehen in Kultur und Sport. Der tägliche Kinospiegel und der Veranstaltungskalender haben ebenso ihren festen Platz wie die Notrufnummern der Stadt. Die Zeitung kostet von Montag bis Freitag 1,30 DM, die Wochenendausgabe 1,60 DM.

Des weiteren gehört die **Honnefer Volkszeitung** zu den Lokalzeitungen. Ihren Ursprung hat die Tageszeitung in der *Honnefer Zeitung*, die 1881 von dem Hotelier H. de Berghes gegründet wurde und am 24. Dezember des Jahres erstmals erschien. Ab 1. Januar 1882 erschien die neue Zeitung zweimal wöchentlich.

Ebenfalls zweimal wöchentlich erschien ab 1883 die neugegründete Honnefer Volkszeitung. Nach dem im Jahre 1886 das Blatt von dem Badener Karl Werber übernommen worden war, war die Zeitung täglich zu lesen. Rund vier Jahre bestanden die beiden Zeitungen, bis 1890 die *Honnefer Zeitung* von der *Honnefer Volkszeitung* übernommen wurde.

Die politischen Wirren der 20er Jahre sowie die nationalsozialistische Diktatur überstand die Honnefer Volkszeitung ohne größeren Schaden, auch wenn die Zeitung ihr Erscheinen im Zweiten Weltkrieg einstellen mußte.

Erst 1949 erschien die Honnefer Volkszeitung wieder auf dem Markt und ist heute – laut Bundesverband Deutscher Zeitungsverleger – die kleinste deutsche Tageszeitung, die sich ihre wirtschaftliche und redaktionelle Selbständigkeit bewahrt hat. 1954 kam aus Düsseldorf der Redakteur und Korrespondent Franz Josef Kayser nach Bad Honnef, um hier für ein Jahr lang das Lokale kennenzulernen. Aus dem ursprünglichen Vorhaben sind einige Jahre mehr geworden, denn 1969 übernahm er die Verantwortung und wurde Verleger und Herausgeber der Honnefer Volkszeitung.

Das Verbreitungsgebiet der Tageszeitung, mit einer Auflage von 6000 Exemplaren erstreckt sich auf die Städte Bad Honnef, Rheinbreitbach und Königswinter. Bemerkenswert ist dabei, daß die Boten die Zeitung selbst bei der Druckerei abholen.

Zu den inhaltlichen Themen der kleinen Tageszeitung gehören aktuelle Tagesthemen aus der Region, Lokales, Servicethemen sowie hin und wieder Heimatgeschichten. Die Wochenendausgabe enthält zusätzlich einen Veranstaltungskalender. Die Honnefer Volkszeitung kostet 0,60 DM.

Aktuell und mit vielen interessanten Berichten versehen ist die Regionalillustrierte **Rheinkiesel,** die monatlich erscheint und kostenlos erhältlich ist. Das Vertriebsgebiet der rund 15.000 Exemplare liegt zwischen Oberpleis und Linz. Inhaltlich enthält die Publikation Kulturhistorisches, Naturkundliches und Geschichtliches aus dem Siebengebirge. Porträts von Vereinen und Menschen gehören ebenso zum Inhalt wie der monatliche Veranstaltungskalender, der Termine der Region und die wichtigsten Veranstaltungen in Bonn nennt.

Einen Überblick über das kulturelle Angebot der Region vermitteln das monatlich erscheinende Kulturmagazin **Datas** sowie **Picture,** die kostenlos in Geschäften und an zentralen Orten ausliegen.

Wöchentlich erscheinen die lokalen Blätter **Schaufenster** und **Blickpunkt,** die kostenlos an die Haushalte im Bonner Raum und in der Region Siebengebirge verteilt werden. Der Inhalt wird durch lokale, aktuelle Themen sowie durch Werbung ortsansässiger Unternehmen bestimmt.

# KULTURELLES

## MUSEEN

### Drachenburg

Königswinter, ☎02223/901970

*Ständige Ausstellung*: Neugotisches Schloß, im ausklingenden 19. Jh. erbaut und oft als das „Neuschwanstein am Rhein" bezeichnet. Bemerkenswerte, monumentale Wandgemälde aus der Nibelungensage zieren das Innere des Schlosses, in dem jährlich verschiedene Konzerte veranstaltet werden. Ein Archiv zur Geschichte des Naturschutzes in Deutschland soll im Frühjahr 2000 eröffnet werden.

*Öffnungszeiten:* Vom 1. April bis 31. Oktober täglich außer montags zwischen 11 und 18 Uhr. Der Eintritt kostet für einen Erwachsenen 4 DM, Jugendliche zahlen 3 DM, eine Familienkarte kostet 8 DM inkl. Schloßführung, der Eintritt für Kleinkinder ist frei.

*Verkehrsanbindung*: Buslinie 520/521; Haltestelle „Bahnhof" und ca. ½ Stunde Fußweg.

### Haus Schlesien

**Deutsches Kultur- und Bildungszentrum e.V.**

Dollendorfer Straße 412, 53639 Heisterbacherrott, ☎02244/886-0.

*Ständige Ausstellung*: Heimatkundliches Museum mit umfangreicher Bibliothek zu schlesischen Themen aller Art und einer Sammlung von Gemälden und Grafiken, die einen Einblick in die schlesische Kultur ermöglicht.

Weitere Schwerpunkte bilden: schlesische Kunst und Kunsthandwerk, Porzellan, Glas, Silber, Keramik und Skulpturen. Das kulturelle Angebot ergänzen regelmäßige Wechselausstellungen, Vorträge und Konzerte.

*Öffnungszeiten des Museums:* täglich außer montags 10 bis 12 und zwischen 13 und 17 Uhr.

*Eintritt*: Erwachsene 2 DM, mit Führung 3 DM, Kinder 1 DM.

*Verkehrsanbindung*: Buslinie 520 / 521; Haltestelle „Haus Schlesien" in Heisterbacherrott.

## Heimatmuseum Beuel

Steinerstraße 34–36, 53225 Bonn-Beuel, ☎0228/472391/463074.
Im Jahre 1986 wurde aus privater Initiative das erste lokalhistorische Museum im ältesten Fachwerkhaus Beuels eröffnet. In dem Museum, zu dem auch ein Backsteinhaus gehört, wird die Geschichte Beuels von der Steinzeit bis zur Gebietsreform im Jahre 1969 dargestellt. Hierzu gehört u. a. die Entwicklung des Beueler Gewerbes wie der Fischerei, der Schiffahrt, der Wäscherei und des alten Handwerks. Die eingerichteten Räume veranschaulichen das Leben und Arbeiten jener Zeit. Im schönen Innenhof des Museums ist u. a. Kriegsmaterial aus dem Zweiten Weltkrieg zusehen.
*Öffnungszeiten*: Mittwoch, Samstag und Sonntag von 15 bis 18 Uhr und nach Vereinbarung.
*Eintritt*: frei
*Verkehrsanbindung*: Buslinien 529, 537, 622; Haltestelle „Krankenhaus".

## Heimatmuseum Brückenhof

Bachstraße 93, 53639 Königswinter-Oberdollendorf, ☎02223/912623, Fax: 912624.
*Ständige Ausstellung*: Dokumentationen aus der Region sowie eine alte Küche, eine Schusterwerkstatt und Gebrauchsgegenstände aus dem 19. und 20. Jh. Das Museum ist in einem Fachwerkhaus rheinisch-fränkischer Bauweise untergebracht.
*Öffnungszeiten:* 1. Sonntag im Monat zwischen 15 und 17 Uhr.
*Eintritt*: frei
*Verkehrsanbindung*: Buslinie 520; Haltestelle „Oberdollendorf Mitte" und ca. 250 m Fußweg.

## Siebengebirgsmuseum

Kellerstraße 16, 53639 Königswinter, ☎02223/3703.
*Ständige Ausstellung*: Sammlung zur Geschichte, Geologie und Kultur der Region. Aquarelle und Zeichnungen mit Rheinansichten.

Zu den Exponaten gehören Dokumente und Zeugnisse aus der Geschichte der Burgen, Klöster und „historischer Persönlichkeiten" und wichtiger Berufszweige. Ein Museumsbesuch empfiehlt sich als idealer Einstieg zum Verständnis der Besonderheiten und kulturgeschichtlichen Bedeutung des Siebengebirges. Interessant kann die Teilnahme an einer Führungen sowie an einer Historischen Wanderungen sein.

Ständig wechselnde Sonderausstellungen ergänzen das Angebot, welches durch museumspädagogische Angebote erweitert wird. Es reicht vom Museumsquiz über Führungen oder Aktionen bis zu speziellen Themen und naturkundlichen Führungen.

Die Sonderausstellungen und ebenerdige Bereiche des Museums der Dau-

*Siebengebirgsmuseum Königswinter*

erausstellung sind für Rollstuhlfahrer geeignet.
*Öffnungszeiten:* Vom 1. April bis 15. Oktober täglich zwischen 14 und 17 Uhr, Mittwoch von 14 bis 19 Uhr; Montags geschlossen. Von Mitte Oktober bis 31. März Mittwoch von 14 bis 19 Uhr, Samstag/Sonntag zwischen 14 und 17 Uhr.
*Eintritt*: Erwachsene 2 DM, Jugendliche 1 DM.
*Verkehrsanbindung*: Stadtbahn Linie 66; Haltestelle „Königswinterer Fähre"; Buslinie 520, 521; Haltestelle „Königswinterer Clemens-Aug.-Str." oder „Hauptstraße" und ca. 5 Minuten Gehzeit.

### Gedenkstätte Stiftung Bundeskanzler-Adenauer-Haus

Konrad-Adenauer-Str. 8c, Bad Honnef-Rhöndorf, ☎02224/921-0.
*Ständige Ausstellung*: Dokumentation über das Wirken und Schaffen des ersten deutschen Bundeskanzlers der Bundesrepublik Deutschland. Des weiteren gibt es Dokumente über die wechselvolle Geschichte der Deutschen vom Kaiserreich bis zum letzten Drittel des 20. Jahrhunderts.

Oberhalb der modern eingerichteten Gedenkstätte steht in Hanglage das einstige Wohnhaus von Konrad Adenauer, das in seinem Originalzustand erhalten ist, es kann ebenso besichtigt werden wie der Garten. Allein der Garten ist durch seine südländisch anmutende Vielfalt von Pflanzen, Plastiken und Brunnen eine Sehenswürdigkeit und einen Besuch wert.
*Öffnungszeiten:* Dienstag bis Sonntag von 10 bis 16.30 Uhr. Für Gruppen Anmeldung erforderlich.
*Eintritt*: frei
*Verkehrsanbindung*: Stadtbahn Linie 66; Haltestelle „Rhöndorf"; Buslinie 566, 66; Haltestelle „Rhöndorf Kapelle".

## LITERATUR

Zur Einstimmung auf eine Reise ins Siebengebirge steht eine große Auswahl an Literatur zur Verfügung, die von Reise- und Kulturführern über Bildbände bis hin zur Geschichte reicht. Daher möchten wir an dieser Stelle keine Bücher nennen.
Buchhandlungen: Eine umfangreiche Auswahl an Büchern über die Region gibt es bei
– *Buchhandlung Bouvier* – Rheinlandabteilung –, Am Hof 32 (Universität), 53113 Bonn, ☎0228/72901-46.
– *Buchhandlung Bockholt*, Rommersdorfer Str. 7a, 53604 Bad Honnef, ☎02224/4257.
– *Buchhandlung Jansen*, Bahnhofstraße 1a, 53604 Bad Honnef, ☎02224/71784, Fax: 78392.
– *Buchhandlung Karl Werber*, Hauptstraße 40, 53604 Bad Honnef, ☎022-24/2601, Fax: 4700.
– *Buchhandlung Kratz*, Hauptstraße 481, 53639 Königswinter, ☎02223/1534.
– *Buchhandlung Otto Riscop – Schacher Buchhandlung* –, Hauptstraße 378, 53639 Königswinter, ☎02223/24174.
– *Buchhandlung Seidel & Millinger*, Dollendorfer Str. 28, 53639 Königswinter, ☎02244/81189.
– *Dollendorfer Bücherstube*, Heisterbacher Str. 43, 53639 Königswinter, ☎02223/912630, Fax: 912631.
– *Hell-Bücher*, Hauptstraße 354, 53639 Königswinter, ☎02223/23026, Fax: 26667.

# UNTERKUNFT

Eine Vielzahl von Unterbringungsmöglichkeiten verschiedener Kategorien stehen in den Städten und Dörfern im Siebengebirge fast überall zur Verfügung.

Die Zimmersuche kann sich jedoch in der Ferienzeit im Sommer und während der Wanderzeit im Herbst als schwierig erweisen. Daher sollte man nach Möglichkeit rechtzeitig eine Unterkunft buchen. Bei der Suche nach einer geeigneten Bleibe sind die Tourist-Informationen oder die Gemeinde- bzw. Stadtverwaltung behilflich.

Wer mit der Hilfe der *Tourist-Information* rechnet, sollte beachten, daß diese vielerorts bereits am späten Nachmittag schließen und an Wochenenden geschlossen bleiben. Bei einem Wochenendbesuch ist es daher ratsam, schon vor der Anreise eine Unterkunft zu buchen. Außerhalb der Ferienzeit gibt es in der Regel keine Probleme, eine geeignete Übernachtungsmöglichkeit zu finden.

Die Preise für eine Übernachtung variieren je nach Saison. In der Ferienzeit im Sommer sowie in der Zeit der Weinlese im Herbst sind sie höher als in der übrigen Jahreszeit. Unabhängig von saisonbedingten Preisänderungen können jedoch die Übernachtungspreise auch aufgrund einer steigenden Nachfrage außerhalb der Urlaubszeit schwanken.

## First-Class-Hotels

Vorwiegend in Königswinter und in Bad Honnef gibt es einige „First-Class-Hotels". Zu ihnen gehört das *Maritim* in Königswinter und nahe der Stadtmitte gelegen. Idyllisch im Kurpark liegt das *Hotel Avendi* in Bad Honnef, das zu derselben Hotelkategorie gezählt werden kann. Die Zimmer verfügen über eine exzellente Ausstattung und Telefon, Farbfernseher, Anschluß moderner Kommunikationsmittel, Minibar und einiges mehr. Die Übernachtung im Einzelzimmer kostet in beiden Hotels zwischen 140 und 300 DM, im Doppelzimmer zwischen 230 und 380 DM. Schwimmbad, Saunen und andere Einrichtungen zur Entspannung hat diese Hotelklasse ebenfalls zu bieten.

### Mittelklasse-Hotels

In die Kategorie „Mittelklasse" fallen die Unterkünfte, die sich weitgehend an dem internationalen Standard orientieren. Zur Grundausstattung der Zimmer gehören z. B. Bad/Dusche, Telefon, Farbfernseher. Zu finden sind die Hotels überwiegend in Bad Honnef und Königswinter. Die Übernachtung im Einzelzimmer kostet in den Hotels zwischen 80 und 150 DM, im Doppelzimmer zwischen 120 und 200 DM.

### Einfache Hotels

In die Kategorie „einfache Hotels" fallen die Unterkünfte, die weitgehend zweckmäßig ausgestattet sind. Zur Grundausstattung der Zimmer gehören Bad/Dusche, hin und wieder ein Farbfernseher. Die Übernachtung im Einzelzimmer kostet in den Hotels zwischen 60 und 90 DM, im Doppelzimmer zwischen 70 und 120 DM.

### Privatunterkünfte

Eine weitverbreitete und oft genutzte Übernachtungsmöglichkeit sind die Privatunterkünfte. Sie sind sowohl in Reisekatalogen als auch auf Schildern an der Straße zu finden. Diese preiswerten Übernachtungen werden mit Frühstück für etwa 45 DM angeboten.

In fast jedem Dorf gibt es Familien, die so ihr Haushaltsgeld aufbessern. Im allgemeinen besteht in der Hauptsaison vielerorts ein Engpaß in der Unterbringung, so auch bei den Privatunterkünften. Ein rechtzeitiges Buchen ist daher zu empfehlen.

Informationen zu Unterkünften sowie ein Gastgeberverzeichnis sind erhältlich bei:

– *Tourismus Siebengebirge GmbH Bad Honnef-Königswinter*, Hauptstr. 30, 53604 Bad Honnef, ☎02224/900-636, Fax 79687 oder in der Drachenfelsstraße 11, 53639 Königswinter, ☎02223/9177-11, Fax: 9177-20.

### Jugendherberge

Im Einzugsbereich des Siebengebirges befindet sich die Jugendherberge von Bad Honnef, Selhofer Str. 106, (☎022 24/71300), die etwas außerhalb der Stadt idyllisch im Naturschutzgebiet liegt. Die Herberge wird vom Jugendherbergswerk betrieben und für die Unterbringung ist ein Jugendherbergsausweis erforderlich.

Eine weitere gute Adresse für Gruppen ist der Malteserhof in Königswinter-Römlinghoven, Malteserstraße 52, ☎02223/3606. In dörflicher Idylle liegt der historische Hof an der Grenze zum Naturschutzgebiet Siebengebirge und zur Bonner Stadtgrenze. Ein Jugendherbergsausweis ist nicht erforderlich.

### Campingplätze

Im Siebengebirge gibt es einige Campingplätze, von denen sich jedoch keine in Rheinnähe befinden. Die Ausstattung ist meist einfach, zweckmäßig und vorwiegend von Dauercampern belegt. Dem internationalen Standard entspricht keiner der Campingplätze.

# ESSEN UND TRINKEN

Es gibt eine Vielzahl von kleinen, gemütlichen Lokalen mit guter Küche, die das kulinarische Angebot der Region bereichern. Wer jedoch die **typische Küche** des Siebengebirges kennenlernen möchte, der wird enttäuscht sein, denn es gibt nur wenige typische Rheinische Spezialitäten. So z. B. *Himmel und Ääd,* das aus Kartoffelbrei und Äpfel hergestellt wird und zu dem gebratene Blutwurst serviert wird. Den *Rheinischen Sauerbraten* gibt es in verschiedenen Variationen.

Neben den Weinen aus der Region bieten sich als Getränk ein Pils – ein untergäriges, helles Vollbier oder ein Kölsch (typisches obergäriges Bier) – an. Eine Besonderheit der Region bietet das Weingut Domstein in Rhöndorf mit seinem „Drachenblut". Der bekannte Wein wird aus der Portugieser- und Spätburgunderrebe erzeugt und ist um den Drachenfels gesetzlich geschützt. Erhältlich ist das Getränk außer im Weingut Domstein in verschiedenen Lebensmittelmärkten im Stadtgebiet von Bad Honnef und Königswinter.

So groß wie die Anzahl und Ausstattung der Lokalitäten, so unterschiedlich ist auch das Preisniveau. Gutbürgerliches Essen ist schon ab 8 DM erhältlich, für ein Essen in einem Luxus- und Feinschmecker-Restaurant zahlt man schon einmal ab 120 DM pro Person.

Die Lokale sind in den Ortsbeschreibungen nach folgenden Kategorien geordnet:

Kategorie 1, ab 35 DM
Kategorie 2, 25–35 DM
Kategorie 3, 10–25 DM
Kategorie 4, unter 10 DM

In den Beschreibungen ist jeweils eine Auswahl an Lokalen getroffen, die keinen Anspruch auf Vollständigkeit erhebt, sondern ein hilfreicher Wegweiser durch die Lokalitäten sein soll.

## Kneipen, Pubs & Cafés

Die Kneipenlandschaft in der Region ist so unterschiedlich wie die Hügel des Siebengebirges selbst. Dies spiegelt sich im Charakter der unzähligen Kneipen, Weinstuben und Cafés wider.

Von April bis Oktober empfiehlt sich bei schönem Wetter der Besuch eines Biergartens. Dabei ist Biergarten ein dehnbarer Begriff, denn für die Wirte gehören eine lauschige Laube im Hinterhof, einige Stühle auf dem Bürgersteig ebenso dazu wie der Garten oder die große Terrasse eines idyllischen Lokals im Wald oder direkt am Rhein. Alles wird man in der Region finden, und jeder wird für sich selber den Begriff definieren.

# FREIZEITAKTIVITÄTEN

Das Siebengebirge ist ein Naherholungsgebiet und in den Orten ist ein vielseitiges Freizeitangebot vorhanden, wo für jede Altersgruppe etwas Passendes dabei ist. Über 100 Sportvereine in der Region bieten mehr als 50 verschiedene Sportarten an. Etwa zwei Drittel aller Vereinsmitglieder sind Jugendliche bis zu 18 Jahren.

Ein Verzeichnis mit allen Sportvereinen ist erhältlich bei den verschiedenen Stadtverwaltungen während den üblichen Geschäftszeiten. Aus dem großen Freizeit- und Sportangebot in der Region können nachfolgend nur ausgewählte Möglichkeiten in alphabetischer Reihenfolge aufgeführt werden:

### Angeln

Das Angeln im Rhein und Altwasser ist mit einer entsprechenden Genehmigung fast überall erlaubt. Erhältlich ist die Genehmigung beim *Angelsportverein Bad Honnef e.V.*, Aegidienberger Str. 79, 53604 Bad Honnef, ☎02224/80273 sowie bei *Chr. Giesen*, Pfefferstr. 1, 53639 Königswinter, ☎02223/23183.

Ein Angelschein mit einer Gültigkeitsdauer von 1 Jahr kostet 60 DM, der Jugendfischereischein kostet 30 DM. Er ist im Bundesland Nordrhein-Westfalen sowohl rechts- wie auch linksrheinisch gültig.

### Badminton

Badminton erfreut sich großer und steigender Beliebtheit, so daß die Sportanlagen sowie die kommerziell geführten Hallen gut ausgelastet sind. Daher ist eine rechtzeitige Anmeldung zu empfehlen. Unter anderem gibt es in Bonn, Eitorf, Hennef und Siegburg Badmintonplätze. Ein Verzeichnis der Sporthallen, in denen meist auch Squash oder Tennis angeboten wird, ist bei den Stadtverwaltungen erhältlich.

### Ballonfahren

Eine Ballonfahrt ist eine interessante Möglichkeit, die Mittelgebirgslandschaft aus einer anderen Perspektive zu betrachten. Die Startplätze befinden sich, je nach Windverhältnissen, an verschiedenen Standorten. Informationen sind beim *Bonner Ballon-Team* unter ☎022-25/18884 sowie beim der *Hot-Air-Ballooning*, Im Kleefeld 42, Königswinter ☎02223/28024 Fax: 02223/23805 erhältlich.

### Basketball

Durch die Erfolge der Rhöndorfer sowie der Bonner Basketballspieler in der 1. Bundesliga erfreut sich diese Sportart großer Beliebtheit. Das Angebot der Vereine wird ergänzt durch Basketballkörbe in den Außensportanlagen, die besonders von Jugendlichen angenommen werden. Erfolgreich im Bereich des Behindertensports ist die **Rollstuhlgruppe** im Basketball des Allgemeinen Sportvereins Bonn (ASVB). Informationen sind unter ☎0228/6683112 erhältlich.

### Bootssport

Die Mitglieder der Ruder- und Bootsvereine üben ihren Sport in der Regel auf dem Rhein aus. Ruhiges Wasser finden weniger geübte Bootssportler auf den Nebenflüssen des Rheins, wie z. B.

der nahe gelegenen Sieg oder der südlich gelegenen Ahr. Allerdings haben beide Flüsse oftmals Niedrigwasser, so daß ein durchgehendes Bootfahren nicht immer gewährleistet ist.

Ein Bootshafen im alten Seitenarm des Rheines befindet sich in Bad Honnef.

***Kanusport:*** Ein geeignetes Revier für den Kanusport sind Sieg und Agger. Interessenten können zwischen April und September beim *Kanu-Club Delphin*, An der Aggerbrücke 2, St. Augustin, ☎02241/62708, beim „Schnupperpaddeln" (nach Vereinbarung) ihre Liebe zu dieser Wassersportart entdecken.

## Golf

Golf wird auf dem 18-Loch-Platz des *Golfclubs Waldbrunnen,* ☎026455/8041, Fax: 02645/8042 in Windhagen angeboten. Die Anlage liegt an den Ausläufern des Siebengebirges in einer hügligen Landschaft.

Eine weitere Golfanlage befindet sich im linksrheinischen Wachtberg-Niederbachem und ist unter ☎0228/344003, Fax 340820 erreichbar. Telefonische Anfragen bezüglich Öffnungszeiten und Platzbelegung sind empfehlenswert.

## Kart-Fahren

Dem schnellen Vergnügen kann man auf der *Kart-In-Bahn* in Troisdorf, Uckendorfer Straße, ☎02241/946710 nachgehen. Eine 8-Minuten-Fahrt auf der 300 m langen Bahn kostet 12 DM.

In jeder Hinsicht professionell geht es im *MS Kart Center* in Kerpen-Sindorf, Chryslerstr. 5, ☎02273/955540, zu. Auf der rund 600 m langen Kart-Indoor-Bahn, die täglich von 10 bis 22 Uhr geöffnet ist, kostet eine 10-Minuten-Fahrt 20 DM.

## Kegeln und Bowling

Kegeln ist auch im Siebengebirge eine beliebte Freizeitbeschäftigung, und daher gibt es in vielen Gaststätten Kegelbahnen, die gemietet werden können. Fürs Bowlen hingegen stehen weniger Möglichkeiten zur Verfügung. Das derzeit bekannteste ist das *Burg-Bowling-Center*, Michaelsplatz 4, 53177 Bonn-Bad Godesberg, ☎0228/353638.

## Klettern

Das Klettern ist am Stenzelberg eine beliebte Sportart. Unter den Kletterern der Siegburger AV-Sektion ist der Berg ein magischer Anziehungspunkt, wo sie Freitag von 12 bis 18 Uhr und Samstag von 8 bis 18 Uhr ihrem Freizeitvergnügen nachgehen können. Sportler anderer Sektionen erhalten Auskünfte bei der DAV-Sektion Siegburg, ☎02206/83545.

## Laufen

In Bonn finden jedes Jahr mehrere Laufwettbewerbe statt, von denen der *3-Brücken-Lauf* einer der bekanntesten ist. Er findet meist am 3. Wochenende im Oktober statt und wird vom TUS Pützchen organisiert. Mit Start an der Kennedybrücke verläuft die Strecke über die Süd- und weiter über die Nordbrücke. Von den Teilnehmern wird zwar kein Startgeld erhoben, doch eine Spende, die einem karitativen Zweck zugeführt wird, ist gern gesehen. Anmeldungen sind an den TUS Pützchen, Abteilung Freizeitsport, Postfach 330109, Bonn, ☎0228/485172, zu richten.

**Frauen** auch wettkampfsportlich zu fördern, ist das Ziel des *Sportvereins Melpomene Bonn e.V.* Jedes Jahr wird von dem Frauen-Laufclub am letzten oder vorletzten Sonntag im Mai ein 10-km-Straßenlauf organisiert, bei dem auch die Bonner Universitätsmeisterschaft ausgetragen wird. Zusätzlich gibt es einen *Fun Run* für weniger Trainierte über ca. 4 km ohne Zeitmessung.

Informationen und Anmeldungen sind an Stefanie Klee, ☎0228/223527, oder Ilona Schlegel, ☎0228/95582-15, zu richten. Das wöchentliche Lauftraining findet dienstags ab 18 Uhr in drei bis vier Leistungsstufen statt. Treffpunkt ist der Parkplatz Waldau, Haager Weg. Für die Kinderbetreuung während des Lauftrainings ist gesorgt. Der Lauftreff Königswinter startet bei jeder Witterung montags und mittwochs um 18.30 Uhr, samstags um 16 Uhr und sonntags um 8 Uhr. Treffpunkt ist der untere städtische Parkplatz Margarethenhöhe, Ittenbach. Auskunft unter ☎02223/80371.

## Minigolf

Geschick, Geduld und ein gutes Ballgefühl sind erforderlich, um den kleinen Ball ins Ziel zu bringen. Diesem Freizeitvergnügen können jung und alt ohne große Ausrüstung nachgehen. Eine Minigolfanlage, umgeben von altem Baumbestand, befindet sich am Haus *Hohenhonnef* in Bad Honnef, Bergstraße 111.

## Radfahren

Radfahren ist eine Sportart, die im Siebengebirge von jung und alt betrieben wird. Wenn man das ausgedehnte Waldgebiet des Siebengebirges mit dem Fahrrad durchfahren möchte, sollten die Bestimmungen in einem Naturschutzgebiet, in dem man sich befindet, nie vergessen werden.

Die Radwanderwege entlang des Rheines laden zum geruhsamen Radfahren ein. Die relativ flachen Radwege gestatten es Kindern und Senioren ebenso einen Ausflug zu unternehmen und dabei die Schönheit der Landschaft zu genießen, wie auch den weniger trainierten Radfahrern. In fast allen Orten und in vielen Hotels können Fahrräder gemietet werden. Die Preise sind recht unterschiedlich und belaufen sich je nach Fahrradtyp auf 7 bis 15 DM/Tag.

## Reiten

Für Reiter gibt es mehrfach Gelegenheit, die Mittelgebirgslandschaft auf dem Rücken eines Pferdes über ausgewiesene Wege zu erkunden. Einige der Reitsportvereine bieten Schnupperkurse für Kinder und Erwachsene an, die erst einmal Probereiten möchten.

Eine Besonderheit ist die **Gangpferderasse,** die im Siebengebirge beheimatet ist. Sie ist eine Kreuzung aus dem Paso Peruano und dem Islandpferd. Die Rasse zeichnet sich durch ihr feinfühliges Verhalten gegenüber Menschen und durch ihre Ausgeglichenheit aus. Im Stadtteil Aegidienberg liegt in der Peter-Staffel-Straße das Gangpferd–Zentrum (☎02224/89637, Fax: 89548), in dem sich u.a. eine Reitschule befindet.

## Schwimmen

Das Schwimmen im Rhein ist zwar nicht verboten, doch kann es gefährlich werden, wenn es durch vorbeifahrende Schiffe zu Sogwirkungen kommt. Nicht zuletzt wegen der Wasserqualität des Rheins sollte man die Frei- und Hallenbäder von Königswinter, Bad Honnef oder dem benachbarten Bonn vorziehen, wie zum Beispiel:

– *Hallenfreizeitbad Schwimmtreff*, Cleethorpeser Platz 10, Königswinter, ☎022 23/9136.
– *Lemmerz Freibad*, Oberweingartenweg, Königswinter, ☎02223/21296.
– *Freibad Insel Grafenwerth*, Bad Honnef, ☎02224/17-108.
– *Hallenbad Insel Grafenwerth*, Bad Honnef, ☎02224/17-108.

## Bonn/rechtsrheinisch

- *Ennertbad* (Freibad), Holtdorfer Str. 40, Beuel, ☎0228/482764.
*Öffnungszeit*: Mitte Mai bis Anfang September, montags bis freitags von 6.30 bis 19.30 Uhr (bis 10 Uhr nur Sportbecken), samstags, sonn- und feiertags von 9.30 bis 19.30 Uhr.

## Segelfliegen

Rund 20 km nördlich von Königswinter sind in Hangelar das Segelfliegen sowie das Fliegen mit Motorflugzeugen möglich. Vom Flugplatz aus werden an Wochenenden Rundflüge über die Region durchgeführt.

Für einen rund 20minütigen Rundflug zahlen bis zu 3 Personen mit einem Motorflugzeug oder Motorsegler 100 DM, jede weitere 10 Minuten kosten 50 DM.

Auskünfte sind bei der *Interessengemeinschaft Motor-Sportflieger Bonn-Hangelar e.V.* unter ☎02205/2738 oder 02241/592720 erhältlich.

## Tennis

Im Bereich des Siebengebirges besteht vielerorts die Möglichkeit, Tennis zu spielen. So beispielsweise in Oberpleis, Thomasberg und Oberdollendorf. Die Benutzung der Plätze ist je nach Nutzung durch Clubmitglieder auch für Nichtmitglieder möglich, die ihre Ausrüstung am besten von zu Hause mitbringen.

## Wandern

Besonders auf den weiten Wanderwegen im Siebengebirge sowie im angrenzenden Pleiser Hügelland ist das Wandern ein beliebtes Freizeitvergnügen. Insgesamt 200 km Wanderwege in verschiedenen Schwierigkeitsgraden stehen den Wanderern alleine im Siebengebirge sowohl im Sommer wie auch im Winter zur Verfügung.

Die meisten Wanderwege sind für Familien mit Kindern und für größere Gruppen geeignet. Teilweise sind sie gar mit Kinderwagen zu befahren.

Im Kapitel „Wandertouren" sind in diesem Buch einige Wanderwege beschrieben. Bei der Tourismus Siebengebirge GmbH ist außerdem die Karte „7 auf einen Streich" erhältlich, in der 7 Rundwanderwege im Gebiet Königswinter – Siebengebirge enthalten sind (weitere Wanderkarten s. „Wichtiges für unterwegs", Karten).

## Sport- und Ausrüstungsläden

– *Tropex*, Lohfelder Str. 12, 53604 Bad Honnef, ☎ 02224/941000, Fax: 941001, Internet: www.tropex.de. Gute Beratung und umfangreiches Angebot verschiedener namhafter Markenhersteller.
– *Jack Wolfskin Shop*, Remigiusplatz 1, 53111 Bonn, ☎0228/9636920, Fax: 9636921. Internet: www.wolfskin.de; e-mail:store.bonn@wolfskin.de.
– *Steppenwolf*, Oxfordstr. 4, 53111 Bonn, ☎0228/658071, Fax: 658073. Internet: www.steppenwolf.de.; e-mail: info@steppenwolf.de.

*Im Kurpark von Bad Honnef*

# Ortsbeschreibungen

# DIE BERGE DES SIEBENGEBIRGES

Im Siebengebirge erheben sich mehr als 40 Berge und Hügel, von denen die bekanntesten nachfolgend beschrieben sind. Sie liegen hufeisenförmig mit der offenen Seite zum Rhein hin und überwiegend im Stadtgebiet von Königswinter.

## Drachenfels

Der weit über die Stadtgrenzen hinaus bekannteste der „sieben Berge" ist der 321 m hohe Drachenfels, dem man nachsagt, daß er der meistbestiegene Berg Deutschlands sei. Früher wie heute bilden die alte Burgruine *Drachenfels* auf dem Trachytkegel sowie das *Schloß Drachenburg* eine romantische Kulisse in der Rheinlandschaft.

Zur Gewinnung von Baumaterial wurde das Trachytgestein des Drachenfels schon von den Römern abgebaut, im 13. und 14. Jh. auch für den Bau des Kölner Doms.

Um den Drachenfels ranken sich viele Sagen. So soll einst ein Drache in dem Felsen gehaust haben, der die Schiffe auf dem Rhein mit seinem Feuerstrahl versenkte. Es ist nicht ganz sicher, ob der Name vom gleichnamigen Rittergeschlecht oder von dem Gestein Trachyt herrührt.

Die Burg wurde 1140 von dem Kölner Erzbischof Arnold I. erbaut und dem Bonner Cassiusstift als Lehen gegeben. Als erster Burggraf wurde Gottfried von Drachenfels 1176 urkundlich erwähnt, der letzte aus dem Geschlecht war Claus von Drachenfels, der 1530 starb und in Heisterbach begraben wurde. Der Grabstein des Ritters befindet sich heute in der Pfarrkirche von Rhöndorf.

Im Dreißigjährigen Krieg wurde die Trutzburg von schwedischen Truppen unter Baudissin erobert. Von den Spaniern wieder zurückerobert ließ Kurfürst Ferdinand die Burg schleifen, um nicht eine kostspielige Besatzung bezahlen zu müssen.

Der Drachenfels wurde in weiblicher Linie weitervererbt und schließlich vom letzten Burggraf, dem Freiherrn Max Friedrich von Vorst-Lombeck-Gudenau, samt den Steinbrüchen an den Königswinterer Bürgermeister Schäfer verkauft. 1827 erwarb die Steinhauer-Gesellschaft den Berg und die Steinbrüche. Die wirtschaftliche Nutzung führte dazu, daß die Ruine Drachenfels einzustürzen drohte, worauf die preußische Regierung 1829 die Steinbrüche schließen ließ. Im Jahre 1835 erwarb der Staat den Drachenfels.

Heute gehört die mittelalterliche Ruine, das Wahrzeichen der Stadt Königswinter, zu den meist besuchten Aussichtspunkten der Region. Dementsprechend herrscht je nach Tageszeit reges Gedränge an der Ruine. Vom Drachenfels aus hat man einen wunderbaren und abwechslungsreichen Panoramablick über den Rhein, die Berge der Eifel und des Siebengebirges bis weit in die Kölner Bucht und die reizvoll im Rhein liegenden Inseln Nonnenwerth und Grafenwerth.

## Lohrberg

Nördlich der Löwenburg erstreckt sich der langgestreckte Lohrberg. Der Name des 432 m hohen Berges stammt aus dem althochdeutschen „Loh", was soviel wie bewachsene Lichtung bedeutet.

*Burgruine Drachenfels*

Auch wenn der Berg selbst keine besonderen Merkmale aufzuweisen hat, so sind es sieben kleinere Berge, die ihn umgeben und ein eigenes kleines Siebengebirge darstellen.

## Löwenburg

Zu den bekannten Erhebungen des Siebengebirges gehört auch die 455 m hohe Löwenburg. Vermutlich erhielt sie ihren Namen von dem Geschlecht von Sayn, deren Wappentier der Löwe war. Die Grafen von Sayn errichteten die Löwenburg, um ihr westliches Herrschaftsgebiet, zu dem u. a. die Vogtei von Honnef sowie die Dörfer Limperich, Ramersdorf, Nieder- und Oberholtdorf, Niederkassel und Dollendorf gehörten, gegen die Grafen von Berg und das Kölner Erzbistum abzusichern.

Vermutlich entstand um 1200 die Höhenburg, doch genaue Angaben über die Erbauung und den Erbauer sind nicht bekannt. Erstmals urkundlich erwähnt wurde 1247 ein Castrum Lewinberg mit dem letzten Grafen aus dem Hause Sayn, es ist jedoch wahrscheinlich, daß es die Löwenburg schon länger gab.

Zwischen dem freien Rittergeschlecht auf der Löwenburg und den benachbarten Herrschern kam es immer wieder zu Gebietsstreitigkeiten. Besonders häufig kam es zu Grenzfehden mit dem Klerus von Köln.

Nachdem das Geschlecht mit dem Tot von Graf Heinrich III. im Januar 1247 ausgestorben war, traten nach mehreren Erbteilungen schließlich die Grafen von Heinsberg das Erbe an. 1484 übernahmen die Herzöge von Jülich-Berg die Herrschaftsnachfolge am rechten Rheinufer. Es entstand ein selbständiges Amt des Herzogtums, das von Amtmännern geführt wurde. Diese lebten nur selten auf der Löwenburg und bevorzugten Wohnungen in Honnef.

Im 15. und 16. Jh. war die Burganlage kaum noch befestigt und diente 1585 schließlich nur noch als Gefängnis von Freibeutern.

Nach der schwedischen Besetzung im Dreißigjährigen Krieg verfiel die Burg. 1832 wurde der obere Teil des Turmes, 1882 der Rest der Burg im Siebengebirge abgerissen.

Im Jahre 1980 begann man mit der Freilegung der Grundmauern, die heute einen Eindruck der einstigen Festungsanlage vermitteln. Mit zwei Schautafeln versucht man dem Betrachter die Baugeschichte und das einstige Aussehen der Löwenburg näherzubringen.

Idyllisch gelegen bietet die Burgruine den Besuchern Platz zum Rasten und der Blick über das Siebengebirge, in die Honnefer Bucht und über Rhein und Eifelberge ist unbeschreiblich schön.

## Nonnenstromberg

Zwischen Heisterbacherrott und Königswinter erhebt sich der 335 m hohe Nonnenstromberg. Seinen Namen erhielt der Berg durch den benachbarten Petersberg, der ursprünglich Stromberg hieß.

Der Nonnenstromberg wurde durch seine Lage „Unterer Stromberg", im Dialekt *Onnestromberg*, genannt. Durch sprachliche Abwandlungen entstand die heutige Bezeichnung des Berges, auf dem nie ein Kloster gestanden hat und auch keine Spuren anderer baulicher Tätigkeit zu finden sind.

Markantes Merkmal des Berges ist der flache und langgestreckte Basaltrücken, auf dem der Wald sich aus ökologischen und forstwirtschaftlichen Gründen möglichst ohne menschliche Eingriffe weiterentwickeln soll.

Vom Gipfel des Nonnenstromberges hat man freie Sicht auf die Hügellandschaft des Siebengebirges mit Blick auf Ölberg und Drachenfels, in dessen Hintergrund man den Rhein sehen kann.

## Ölberg

Die höchste Erhebung des Siebengebirges ist der nördlich gelegene 468 m hohe Große Ölberg (=Auelberg), der durch die Rundfunk- und Fernsehantenne auf dem Gipfel erkennbar ist.

Der Name geht auf den Malberg zurück, der ein Markstein zwischen Kurköln und Berg war. Im Laufe der Jahrhunderte entwickelte sich aus der Verschmelzung verschiedener Dialekt das Mal (*Mol*) zur heutigen Bezeichnung.

Ein beliebtes Ausflugsziel ist das Gasthaus auf dem Ölberg, von dem man eine schöne Aussicht auf das Siebengebirge, bis in die Eifel und das Pleiser Land hat.

## Petersberg

Der 336 m hohe Petersberg gehört neben dem Drachenfels zu den markantesten Bergen des Siebengebirges. Schon von weitem ist der Berg mit dem Restaurant/Hotel Petersberg, besonders am Abend wenn er hell erleuchtet ist, zu sehen.

Vom Petersberg hat man nicht nur eine wunderbare Aussicht auf die Rheinebene und über die Eifelberge, sondern man kann eine Reise in die geschichtliche Vergangenheit unternehmen. Vermutlich war der Petersberg schon 400 v. Chr. besiedelt, aus der Zeit von 100 v. Chr. stammen die Teile eines keltischen Ringwalles, die in den 1930er Jahren freigelegt wurden.

Im östlichen Teil der Parkanlage sind die Grundmauern einer fünfschiffigen Kirche aus dem 12. Jh. sowie drei Gräber zu sehen, die 1980 von Archäologen freigelegt wurden. Um 1135 ließ sich Ritter Walther als Einsiedler auf dem Petersberg nieder, der zu jener Zeit wegen seiner Nähe zum Rhein noch Stromberg genannt wurde. Der Klausner legte somit den Grundstein für das erste Kloster auf dem Petersberg. 1142 kamen Zisterziensermönche aus der Eifel auf den Berg, doch wegen den schlechten klimatischen Verhältnissen zog es die Mönche 1193 in das schützende Tal am Heisterbach.

Eine touristische Nutzung erfuhr der Petersberg zu Beginn des 19. Jhs., als 1834 der Staat die Domäne Petersberg an Joseph Ludwig Mertens verkauft, dessen Frau Sybille auf dem Berg einen Sommersitz errichten ließ. Dies brachte ihr den Namen „Rheingräfin" ein und das Haus wurde Treffpunkt von zahlreichen Persönlichkeiten jener Zeit. Einen touristischen Boom erlebte der Petersberg, dessen touristische Nutzung eng mit der Rheinromantik verbunden ist, im Jahre 1888 mit der Errichtung der Zahnradbahn und dem Bau des ersten Hotels.

1892 wurde erstmals ein Hotel auf dem Petersberg eröffnet, das vor dem 1. Weltkrieg zu einem Kurhotel umgebaut und erweitert wurde. Nach dem Zweiten Weltkrieg dienten die Gebäude auf dem Petersberg bis 1972 den Alliierten Hochkommissaren als Sitz. Doch wurde auf dem Petersberg auch deutsche Geschichte geschrieben, als

Ruine Löwenburg

Bild auf den Petersberg

am 22. November 1949 Bundeskanzler Adenauer das „Petersberger Abkommen" unterzeichnete.

Von 1955–1969 diente das Hotel als Residenz von hohen Staatsgästen, wie z. B. dem Schah von Persien mit Frau Soraya, Königin Elisabeth II., Breschnew (1973).

In der Mitte der 70er Jahren stellte das Hotel seinen Betrieb ein und 1978 wurde der Petersberg nebst Gebäude von der Bundesrepublik Deutschland erworben. Mit großem finanziellem Aufwand wurde Ende der 80er Jahre das alte Hotel zum Gästehaus der Bundesregierung umgebaut und 1990 seiner Bestimmung übergeben.

Die Parkanlage des Petersberges ist auf jeden Fall einen Besuch wert. Die untere Terrasse des Plateaus gehörte zu den Steinbrüchen, die sich im 19. Jh. an der Nord-, West- und Ostseite des Berges befanden, jedoch 1889 stillgelegt wurden. Eine weitere Sehenswürdigkeit ist die barocke **Peterskapelle,** die mehrmals zerstört und wieder aufgebaut wurde. Die heutige Kapelle wurde zwischen 1763–68 unter Abt Hermann Kneusgen erbaut. Die barocke Innenausstattung wurde zum größten Teil aus dem Vorgängerbau übernommen, die barocken Dachreiter 1936 erneuert und die Ausmalung der Spiegeldecke erfolgte 1939.

Auch als die Mönche ins Heisterbachertal zogen, blieb die Kapelle neben der Marienkapelle im Peterstal für einige Jahrhunderte eine der meistbesuchten Pilgerstätten. Viele Bischöfe zeigten ihr Interesse an der ehrwürdigen Kapelle und forderten die Pilger zu Spenden auf, um das Gotteshaus auszubauen. Der Klerus versuchte dabei mit Urängsten von Verdammnis und mit göttlichem Lohn zu Reichtum zu gelangen. Den opferbereiten Pilgern wurde ein Ablaß gewährt.

Heute ist die Kapelle für den Besucher täglich geöffnet. Zwischen Mai und Ende September findet jeden Sonntag um 10.15 Uhr ein Gottesdienst statt.

Von der Kapelle aus führt der sogenannte Bittweg nach Königswinter. Nach dem Dreißigjährigen Krieg entstanden die Kreuzwegstationen entlang des Weges, die nach umfangreichen Renovierungen erhalten blieben. Der Bittweg, wie auch die Peterskapelle, stehen wegen ihrer religiösen Tradition unter Denkmalschutz.

## Stenzelberg

Westlich von Heisterbacherrott erhebt sich der Stenzelberg. Mit 287 m zählt er zu den „niedrigen Bergen" des Siebengebirges. Seit 1922 steht das gesamte Gebiet des Stenzelberges unter besonderem Schutz, denn die Vegetation wie auch die Gesteinsformationen (Latit) sind einzigartig.

Bemerkenswert sind die sogenannten Umläufer auf dem Bergplateau, die zum Wahrzeichen des Stenzelberges geworden sind. Es sind 10–20 m hohe, schlanke Gesteinssäulen, die bei der Steingewinnung wegen ihrer Einschlüsse von Quarz-Latit für die industrielle Verwertung unbrauchbar waren und somit nicht abgebaut wurden. Einige dieser Umläufe sind als Kletterzonen ausgewiesen.

## Wolkenburg

Nordöstlich vom Drachenfels erhebt sich die 324 m hohe Wolkenburg. Einst war er der höchste Berg der Gegend, woher auch der Name abgeleitet werden kann. Doch der Steinabbau ließ die Wolkenburg auf ihre heutige Größe schrumpfen.

Anfang des 12. Jhs. ließ der Erzbischof Friedrich I. von Schwarzenburg eine Festung errichten, die wie die Burg Drachenfels die südliche Grenze des kurkölnischen Territoriums absichern sollte. Die Wolkenburg war die größte der vier Höhenburgen im Siebengebirge. Mitte des 14. Jhs. starb das Rittergeschlecht der Wolkenburger aus, und 1425 wurde die Burg an den Burgherren Gottfried von Drachenfels verpfändet.

Durch Erzbischof Konrad von Hochstaden wurde die Burg Wolkenburg neu befestigt, doch schon während des Truchsessischen Krieges war die Burg nicht mehr von den Burggrafen bewohnt, zu denen auch Ministeriale des Erzstifts gehörten.

Ab dem frühen 16. Jh. war die Burg dem Verfall preisgegeben und 1740 wurde die Hauptwarte durch die Steingewinnung zerstört.

Die Wolkenburg war von dem Raubbau an der Natur besonders betroffen. Schon 1509 wurde ein Steinbruch urkundlich erwähnt. Nach dem Dreißigjährigen Krieg verlagerte sich der Steinabbau von anderen Bergen im Siebengebirge auf den Berg Wolkenburg. Besonders für den Bau der zahlreichen Schlösser der Kölner Kurfürsten im 18. Jh. wurde der Wolkenburger Latit verwendet.

*Blick auf das Siebengebirge*

# BONN (RECHTSRHEINISCH)

Bonn ist die Stadt, von der nach dem 2. Weltkrieg entscheidende Impulse für die Entwicklung Deutschlands ausgingen und deren Gesicht sich heute in das einer modernen Stadt wandelt.

Die meisten Stadtteile Bonns waren im letzten Jahrhundert selbständige Gemeinden, teilweise noch bis ins Jahr 1969. Sie waren von alters her gewachsene Dörfer mit eigenständiger Tradition und ländlich geprägt. Einige Bonner Stadtteile entstanden jedoch erst durch den Wohnungsbedarf, den die Wahl Bonns zur Bundeshauptstadt mit sich brachte.

Durch die zum Teil dörfliche Prägung einiger am Stadtrand gelegener Stadtteile ist Bonn nach wie vor ein beliebter Wohnort, denn einerseits gibt es ruhige Wohngegenden, andererseits kann man durch das gut erschlossene Verkehrsnetz alle Einrichtungen schnell erreichen.

Das Wappen der Stadt Bonn besteht aus zwei Teilen und verweist auf die historische Entwicklung. Im oberen Bereich des Schildes ist ein schwarzes Kreuz auf silbernem Untergrund zu sehen. Dieses Zeichen war einst das Wappen des Kölner Kurfürstentums, dem Bonn über Jahrhunderte angehörte. Später wurde Bonn sogar Residenzstadt der Kurfürsten.

Im unteren Teil des Wappens befindet sich das alte Wahrzeichen Bonns, ein goldener Löwe auf rotem Feld. Eine original römische Steinfigur in Form eines Löwen stand dafür Pate – sie befindet sich heute noch im Bonner Rathaus – und weist auf den Ursprung Bonns als römisches Legionslager hin.

Bonn, das sich zu beiden Seiten des Rheines ausbreitet, reicht mit seinen rechtsrheinischen Stadtteilen bis an die Grenzen des Naturparks Siebengebirge. Nachfolgend sind diese Bonner Stadtteile in alphabetischer Reihenfolge beschrieben.

## Holtorf

Umgeben von Wäldern und Feldern, liegt im Nordosten des Siebengebirges der Bonner Stadtteil Holtorf. Zu dem Stadtteil, der 1080 zum ersten Mal im Zusammenhang mit einer Wunderheilung schriftlich erwähnt wurde, zählen die Ortsteile Niederholtorf, Oberholtorf und Ungarten.

Im Jahre 1333 schenkte Heinrich von Löwenburg den Burghof in Oberholtdorf dem Kloster Heisterbach.

Bis ins 20. Jh. war für Holtorf das Pfarramt Küdinghoven zuständig. Doch der Weg dorthin war weit, und der Ruf nach einer eigenen Kirche wurde immer lauter, bis 1926 die Pfarrkirche St. Antonius erbaut wurde.

Nach der Eingemeindung nach Bonn im Jahre 1969 folgte ein Jahr später ein Kirchenneubau, nachdem der Zustand der alten Kirche als „unbefriedigend" eingestuft worden war. Stücke der Innenausstattung aus der alten, abgerissenen Kirche wurden in den Neubau übernommen.

## Holzlar

Nördlich des Naturparks Siebengebirge liegt der Stadtteil Holzlar. Erstmals wurde er 1291 als „Lare" urkundlich erwähnt und die Endung „lar" (Gatter/

Pferch) läßt auf eine frühe fränkische Siedlung schließen.

Schon 1436 war „Hultzelar" zu lesen, und bis ins 19. Jh. bestand der Ort nur aus wenigen Häusern. Da er für eine eigene Kirchengemeinde zu klein war, gehörte Holzlar von alters her zur Pfarrei Vilich, bis er 1906 der Adelheidis-Pfarrei in Pützchen angeschlossen wurde. Der Bau einer eigenen Kirche, der Christ König Pfarrkirche, erfolgte 1953 in zweijähriger Bauzeit.

Schon um das Jahr 1700 war die Region von Interesse, als man am Berg **Ennert** Braunkohle fand, die bis in die 30er Jahre abgebaut und als Brennmaterial verwendet wurde. Als das linksrheinische Bonn 1949 Bundeshauptstadt wurde, fiel auch Holzlar eine größere Bedeutung als Siedlungsgebiet zu.

Heute ist die Gegend um den Ennert, der mit rund 160 m zu den „kleineren Berge" des Siebengebirges gehört, ein beliebtes Erholungsgebiet. Das Waldgebiet des Ennerts ist von vielen Wanderwegen durchzogen, die u. a. zu den markantesten Aussichtspunkten wie *Kuckstein*, *Finkenberg* und *Röckesberg* führen. Von ihnen aus hat man einen weiten Blick über die einstige Bundeshauptstadt Bonn und die sich anschließende Voreifel.

Am Fuße des *Röckesberges* (165 m) liegt westlich von ihm der **Dornheckensee,** ein künstlich entstandener See in einem ehemaligen Steinbruch, dessen weiträumiges Ostufer im Sommer viele Sonnenanbeter nutzen, auch wenn das Baden verboten ist. Nur wenige Meter weiter südlich liegt mit dem **Blauen See** ein weiterer kleiner See in einem Steinbruch, in dem das Baden ebenfalls verboten ist.

## Limperich

Am Fuße des Finkenberges südlich von Beuel liegt der Stadtteil Limperich, der 1969 nach Bonn eingemeindet wurde. Limperich wurde 992 zum ersten Mal in Urkunden als „Lintperge" erwähnt. Auf dem Finkenberg entstand um 1250 eine gleichnamige Burganlage, von der heute nur noch Ruinen übrig sind.

Die Bevölkerungszahlen stiegen in den folgenden Jahrhunderten nur langsam an, so daß erst nach dem 2. Weltkrieg die Gründung einer eigenen Pfarrgemeinde erwogen wurde. 1968 konnte die Pfarrkirche Heilig Kreuz eingeweiht werden, zuvor gehörte Limperich der Pfarrei des benachbarten Küdinghoven an. Neben der katholischen Kirche gibt es in Limperich die evangelische Nacht-Christi-Kirche sowie eine griechisch-orthodoxe Metropolitankirche, die im Innern wunderbare Gemälde hat.

## Oberkassel

Oberkassel ist mit Abstand der älteste Stadtteil Bonns und grenzt im Süden an den Königswinterer Stadtteil Römlinghoven.

Am Fuße der Rabenley, einem ehemaligen Basaltsteinbruch, wurde 1914 ein Doppelgrab der Altsteinzeit gefunden. Die Skelette des Menschenpaares und des in der Nähe gefundenen Hundes datieren die Archäologen auf die Zeit um 12.000 v. Chr. Des weiteren wurde neben der Bonner Zementfabrik im Jahre 1875 ein fränkischer Friedhof mit Plattengräbern entdeckt.

Die urkundlich Erwähnung einer St.-Cäcilia-Kirche zu „Cassela" stammt aus dem Jahr 1144. Die heutige Pfarrkirche St. Cäcilia ist ein neuromanischer

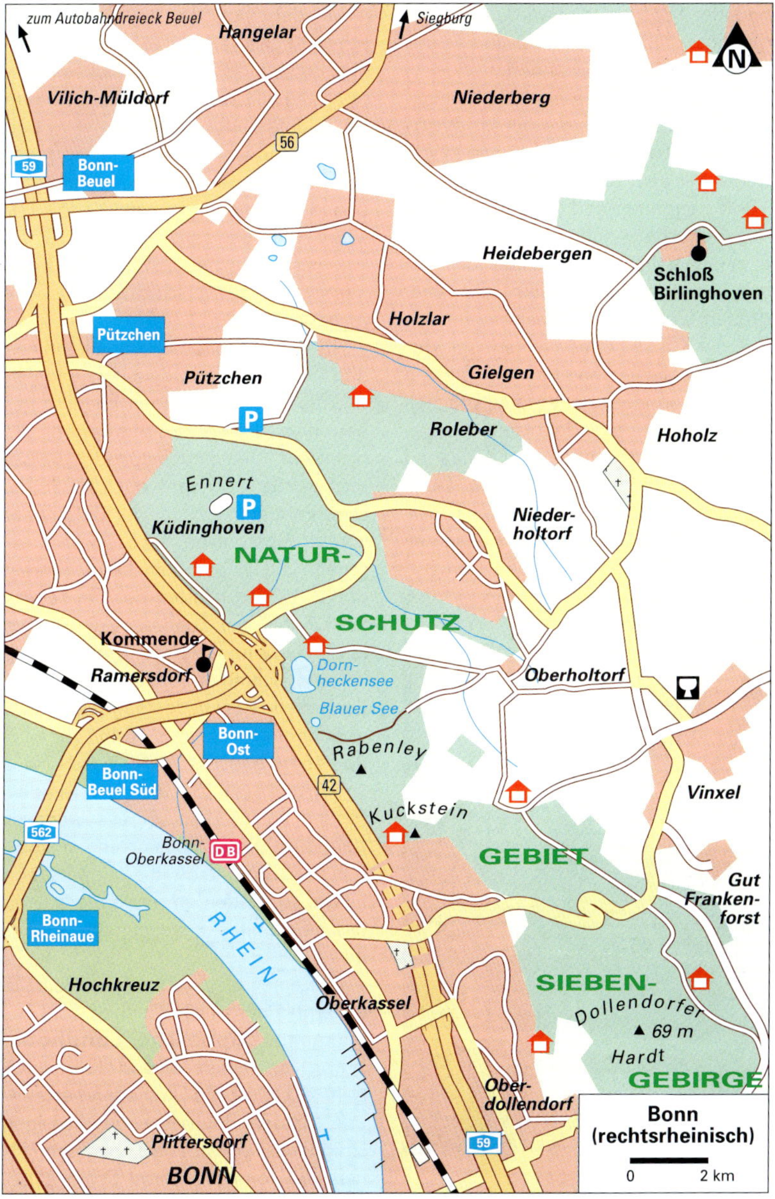


**Bonn (rechtsrheinisch)**

0 2 km

Bau, der 1865 errichtet wurde. Der viergeschossige Bruchsteinturm stammt aus dem frühen 13. Jahrhundert.

An der Ecke Zipperstraße/Königswinterer Straße steht die älteste **evangelische Kapelle** im Stadtbereich von Bonn. Mit dem Bau der Kapelle wurde 1683 begonnen und zu jener Zeit lag das Gotteshaus außerhalb des Dorfes. Die evangelische Gemeinde bestand aus nur etwa 15 Familien, die unter großen Opfern und Entbehrungen den Bau der Kapelle ermöglichten. Sie wurde als schlichter Saalbau mit Steinen aus den nahegelegenen Steinbrüchen erbaut und war eine der ersten evangelischen Kirchenneubauten im Rheinland nach dem Dreißigjährigen Krieg. Doch schon 1689 fiel die Kapelle sowie Oberkassel, von dem nur 4 Häuser verschont blieben, der Brandschatzung französischer Truppen zum Opfer.

*Alte Kapelle*

Mit dem Bau der neuen evangelischen Kirche verlor die kleine Kapelle ihre Bedeutung und fand vielerlei Verwendung wie z. B. als Lager, Leseraum für Soldaten und Turnhalle.

Umfangreiche Sanierungsmaßnahmen in den 60er und 70er Jahren haben die Kapelle vor dem Verfall bewahrt und zum Zeitzeugen der Oberkasseler Geschichte gemacht. Leider ist die Kirche meist verschlossen und nicht zu besichtigen.

An der Südseite der Kapelle stehen alte Grabsteine aus dem 17. und 18. Jh., die auf den einstigen Friedhof neben dem Gotteshaus hinweisen, wo nicht nur Gemeindemitglieder beigesetzt wurden, sondern auch Soldaten, Durchreisende und gar der Botschafter von Großbritannien, Johann von Kressener (1781), aus dem benachbarten Bonn. An den meisten der Grabsteine nagt jedoch der Zahn der Zeit und die Inschriften sind weitgehend verwittert.

In der schmalen Zipperstraße neben der Kapelle steht in der Nähe der Bahnüberführung das Haus Adrian. Es wurde 1464 erbaut und ist das älteste Haus von Oberkassel. So wie viele wunderschöne Fachwerkhäuser des Stadtteils steht auch dieses Haus unter Denkmalschutz. Schaut man die Zipperstraße hinab, so werden am Ende die Spuren des Steinabbaus im Siebengebirge sichtbar.

Nur einen Steinwurf von der Kapelle entfernt in nördlicher Richtung steht das ehemalige **Lippesche Landhaus.** Schon von weitem ist das Haus durch seine ockerfarbene Umfriedung erkennbar. Mit dem Bau des eingeschossigen Landhauses wurde 1750 nach den Plänen von Johann Conrad Schlaun begonnen und nach 10jähriger Bauzeit konnte die Kölner Familie von Meinertzhagen es beziehen. Doch schon 10 Jahre später ging das Landhaus in den Besitz der Grafen und Fürsten zu Lippe über, in deren Besitz es bis 1979 blieb.

Zwischen 1980 und 1982 wurde das renovierungsbedürftige Lippesche Landhaus durch die Bundesarchitektenkammer wieder instandgesetzt und dient ihr heute als Sitz. Von dem einst großen Park, der das Gut umgab, ist heute nur wenig übrig geblieben.

Gleich gegenüber der Einfahrt zum Lippeschen Landhaus steht das **Denkmal** des Dichters Gottfried Kinkel, dem wohl bekanntesten Bürger von Oberkassel, der 1815 hier geboren wurde. Das Denkmal besteht aus einer Säule, die die Büste des Dichters trägt und 1906 errichtet wurde. Unterhalb der Büste ist das Konterfei von Johanna Kinkel zu sehen, der Ehefrau des Dichters. Der Sockel ist geziert von drei Darstellungen, die mit Zitaten von Kinkel versehen sind.

Gleich hinter dem Denkmal breitet sich ein kleiner Park aus, an dessen Ende die neue evangelische Kirche steht, die zwischen 1907 und 1908 nach den Plänen des Berliners Otto March erbaut wurde. Die äußere Länge der Kirche beträgt rund 35 m, die Breite 14,80 m und der Turm hat eine Höhe von 46 Meter.

Über den Eingangslauben der Kirche, die aus Pfälzer Sandstein errichtet wurden, steht die Inschrift (Luc.21,33 und Kol.3,16) *Lasset das Wort Christ unter Euch reichlich wohnen in allen Weisheiten*. Diesen Spruch findet man auch an der alten evangelischen Kapelle wieder.

## Unterkunft & Essen

(Tel.-Vorwahl 0228; Preise pro Zimmer/Tag)

– ***Schloßhotel Kommende***, Oberkasseler Str. 10, BN-Beuel; ☎440734, Fax: 444400; *Preise*: EZ: 90–140 DM, DZ: 150–190 DM; *Lage:* außerhalb der Stadt; *Ausstattung*: 28 Zimmer mit Tel., TV, Radio. Bar, hunde- u. katzenfreundlich, Parkplatz.

## Essen

– ***Weinhaus Kinkel-Stuben***, Kinkelstraße 1, geöffnet von 17 bis 24 Uhr, Dienstag Ruhetag, ☎441558, Fax 443917. In der geschmackvoll eingerichteten Weinstube werden ausschließlich deutsche Weine angeboten. Neben den etwa 25 offenen Weinen gibt es rund 400 Flaschenweine, von denen die preiswertesten bei rund 5,50 DM und die teuersten bei 2000 DM liegen. Angenehm ist es im Sommer auf der schönen Terrasse zu sitzen.

– ***Oberkasseler Bahnhof***, Kalkuhlstr. 26, ☎445369, Fax: 445376; geöffnet täglich von 11 bis 1 Uhr. Sonntags von 11 bis 14 Uhr Brunch. Der Biergarten ist im Sommer der Treffpunkt von jung und alt, auch wenn die Züge auf der nahegelegenen Bahnlinie öfters die Ruhe stören.

– ***Weinhaus Buchner***, Kastellstraße 27, ☎0228/443250; geöffnet: Freitag bis Mittwoch von 16 bis 24 Uhr, Donnerstag Ruhetag; Kategorie 2–3; gemütliches Weinlokal mit über 200 Weinen aus zehn deutschen Anbaugebieten.

– ***Bundeshäuschen***, Oberkasseler Ufer 4, ☎0228/441103; geöffnet: täglich von 10 bis 22 Uhr; Kategorie 2–4; Lokal am Rheinufer mit gutbürgerlicher Küche.

## Pützchen

Der Bonner Stadtteil Pützchen, der 1969 eingemeindet wurde, breitet sich östlich der Autobahn A59 aus und reicht mit seinem südlichen Ortsrand bis an das Naturschutzgebiet Siebengebirge. Das Bild des Stadtteils zeigt sich im Zentrum in einer Mischung aus alten und neuen Baugebieten, wohingegen die Randgebiete durch Industrie- und Einkaufs-

*Blick auf das Siebengebirge*

*Der Große Ölberg aus Richtung Osten*

*Museum Alexander Koenig in Bonn*

*Bonner Universität mit Hofgarten*

*Kommende Ramersdorf*

*Dach des Kunstmuseums Bonn*

flächen geprägt sind. Mit dem Bonner Zentrum ist der Stadtteil durch die *Pützchens Chaussee* verbunden.

Mit zu den Sehenswürdigkeiten von Pützchen gehört die **Pfarrkirche St. Adelheidis** am Adelheidisplatz, die nach einem Brand 1942 im Jahre 1959 im Stil des späten 19. Jhs. neu erbaut und ausgestattet wurde. Meist ist der Innenraum der hellen und freundlichen Kirche verschlossen und kann nur von einem kleinen Vorraum aus besichtigt werden.

Ab 1688 gab es in der Nähe des Bächleins eine Kapelle. Ein anderes Gotteshaus ist die **St.-Josef-Kapelle** in der Karmeliterstraße, die am 16. Mai 1967 der Kölner Erzbischof Kardinal Frings einweihte. Weitere Kirchen in Pützchen sind die Kapelle Herz Jesu und die Nommensenkirche am Weidenbach.

Markant ist in dem weiträumigen Stadtteil das zentral gelegene Festgelände an der Marktstraße, wo jährlich im September an zwei Wochenenden **Pützchens Markt** stattfindet, einer der größten Volks- und Jahrmärkte des Rheinlandes. Auf einer Fläche von 40.000 $m^2$ stellen rund 500 Schausteller aus, womit Pützchens Markt die drittgrößte Kirmes Deutschlands ist. Das Vergnügungsangebot reicht von traditionellen Buden, Karussells, Autoscootern und Geisterbahnen bis hin zu modernen Kirmes-High-Tech-Anlagen.

Biergärten, Imbißbuden, Cafés und Stände mit Leckereien runden die Volksfeststimmung ab.

Heute ist das Volksfest am besten mit einem der Busse zu erreichen, die während der Spitzenzeiten im ständigen Pendelverkehr vom Hauptbahnhof in Bonn und aus der Koblenzer Straße in Bad Godesberg zum Jahrmarkt fahren. Das Festgelände erreicht man von Königswinter aus mit der Linie 66 der Stadtbahn. Informationen über Sonderfahrten und Sondertarife erhält man bei den Stadtwerken Bonn.

Bei einer Anreise mit dem Auto steht zwar Parkraum zur Verfügung, doch meist ist nach langer Suche der Parkplatz so weit vom Geschehen entfernt, daß man dennoch einen langen Fußmarsch in Kauf nehmen muß.

## Ramersdorf

Unmittelbar am rechtsrheinischen Autobahnkreuz Bonn-Ost liegt der Stadtteil Ramersdorf, der erstmals um 900 erwähnt wurde. Der Name kommt vermutlich von dem lateinischen Wort *ramus* = der Ast, denn die Römer benötigten für ihre Weinberge das sogenannte Ramholz. Der selbe Wortstamm erscheint im Ortsnamen Ramersdorf. Als Ramholz bezeichnete man die Pfähle zum Anbinden der Rebstöcke in den Weinbergen. Bis um die Jahrhundertwende wurde die Ramholzgewinnung im Siebengebirge noch betrieben.

Am Fuße des Siebengebirges mit seinen vielen Wanderwegen und Ausflugsplätzen gelegen, ist Ramersdorf ein geeigneter Ausgangspunkt für Wanderungen.

Eines der sehenswerten Gebäude in diesem Stadtteil ist die ehemalige **Kommende** des Deutschen Ritterordens. Sie entstand um 1220, doch ab dem 16. Jh. begann der Niedergang der ehemals reichen Kommende. Die endgültige Auflösung erfolgte 1803. Seitdem ist das Gebäude in Privatbesitz. Die aus der Gründerzeit der Kommende stammende Kapelle wurde 1847 abgerissen und ohne Turm auf dem Alten Bonner Friedhof an der Bornheimer Straße wieder aufgebaut.

In Ramersdorf gab es ein Richthaus, in dem Franziskanerinnen nach dem 1. Weltkrieg das Herz-Jesu-Kloster einrichteten. 1957 wurde ein Fachwerkhaus, das dem Kloster als Kelterplatz und Scheune gedient hatte, zu einer Kapelle ausgebaut.

Alte Bräuche werden heute noch in Ramersdorf gepflegt, wie beispielsweise das „Schürreskarrenrennen", das alljährlich zur Gallus-Kirmes vom Junggesellenverein organisiert wird. Die Statue des „Schürreskarren-Mannes" auf dem Dorfplatz an der Linde erinnert an diese Tradition.

Ein weiterer Brauch ist die „Eierkrone", die im Mai über dem Dorfplatz schwebt und aus bis zu 5000 Eiern besteht, die die Bürger mit viel Energie selber ausblasen.

## UNTERKUNFT & ESSEN

(Tel.-Vorwahl 0228; Preise pro Zimmer/Tag)

***Linksrheinisch***

– ***Bristol***, Prinz-Albert-Str.1; ☎26980, Fax: 2698222; *Preise*: EZ: 295–350 DM, DZ: 370–450 DM; *Lage*: Zentrumsnähe; *Ausstattung*: 165 Zimmer mit Tel., TV. Bar, Schwimmbad, Sauna, Garage.

– ***Holyday Inn***, Berliner Freiheit 2; ☎72690, Fax: 7269700; *Preise*: EZ: 170–250 DM, DZ: 280–330 DM; *Lage*: zentral am Rheinufer; *Ausstattung*: 504 Zimmer mit Tel., TV. Behindertengerechte Einrichtung, Bar, Sauna, Schwimmbad, Garage.

– ***Maritim Hotel***, Godesberger Allee1; ☎810-80, Fax: 8108811; *Preise*: EZ: 250–450 DM, DZ: 300–500 DM; *Lage*: zwischen Bonn und Bad Godesberg; *Ausstattung*: 723 Zimmer mit Tel., TV. Bar, behindertengerechte Einrichtung, Schwimmbad, Sauna, Garage/Parkplatz.

– ***Residence***, Kaiserplatz 11; ☎26970, Fax: 2697777; *Preise*: EZ: 236–315 DM, DZ: 300–375 DM; *Lage:* Zentrumsnähe; *Ausstattung*: 258 Zimmer mit Tel., TV. Bar, Schwimmbad, Sauna, Garage.

– ***Steigenberger Hotel***, An der Casselruhe 1; ☎2880, Fax: 288–288; *Preise*: EZ: 250–290 DM, DZ: 320–360 DM; *Lage*: Richtung Venusberg, ca. 2 km bis ins Zentrum; *Ausstattung*: 125 Zimmer mit Tel., TV. Bar, Schwimmbad, Sauna, Garage/Parkplatz.

– ***Continental***, Am Hauptbahnhof 1-4; ☎635360, Fax: 631190; *Preise*: EZ: 150–200 DM, DZ: 220–300 DM; *Lage*: zentral; *Ausstattung*: 60 Zimmer mit Tel., TV. Bar, behindertengerechte Einrichtung.

– ***Kaiser Karl Hotel***, Vorgebirgsstr. 56; ☎650-933, Fax: 637899; *Preise*: EZ:170–270 DM, DZ: 270–360 DM; *Lage*: 10 min. zur Innenstadt; *Ausstattung*: 66 Zimmer mit Tel., TV. Bar, Schwimmbad, Sauna, Garage.

### Essen

– ***Aennchen***, Aennchenplatz 2, Bad Godesberg, ☎312051; geöffnet: täglich 17–24 Uhr; Kategorie 3.

Traditionelles Fachwerkhaus und empfehlenswert für italienische, französische und deutsche Gerichte.

– ***Anno Tubac***, Kölnstr. 47, ☎654074; geöffnet: so. bis do. von 18 bis 1 Uhr, fr. und sa. bis 3 Uhr; Kategorie 3–4.

Rustikal eingerichtetes Lokal, in dem internationale Gerichte angeboten werden. Regelmäßig Kleinkunst-Veranstaltungen.

– ***Bärwinkel***, Ecke Heerstr./Maxstr., ☎690-971; geöffnet: täglich ab 18 Uhr, Küche geöffnet bis 23 Uhr; Kategorie: 3–4

Gemütliches Restaurant mit freundlicher Bedienung, Kindergerichte und -stühle. Außentische im Sommer.

– ***Klein Bon(n)um***, Paulstr.5, ☎694365; geöffnet: täglich von 18 bis 1 Uhr, so. von 10 bis 14 Uhr; Kategorie 4.

Gemütliches und kinderfreundliches Lokal mit Außenterrasse. Sehr gutes Essen, besonders schmackhafte Nudelgerichte, Salate, guter Service.

– ***Wintergarten***, Maxstr. 30, ☎637755; geöffnet: mo. bis fr. von 16–1 Uhr, sa. und so. zwischen 10 und 1 Uhr; Kategorie 3.

Rustikal eingerichtetes Restaurant, internationale Gerichte.

Niederdollendorf
Klosterruine Heisterbach
Weilberg
NATUR-
SCHUTZGEBIET
Jugendhof Rheinland
Petersberg
331 m
Hotel
Gästehaus der Bundesrepublik Deutschland
Nonnenstromberg
335 m
Siebengebirge
Wintermühlenhof
Bonn
42
DB
Ofen-
Königswinter
Nachtigallental
Hirschberg
255 m
ZAHNRADBAHN
DETAILKARTE
RHEIN
Wolkenburg
324 m
Drachenburg
Drachenfels
Bad Honnef
Mehlem

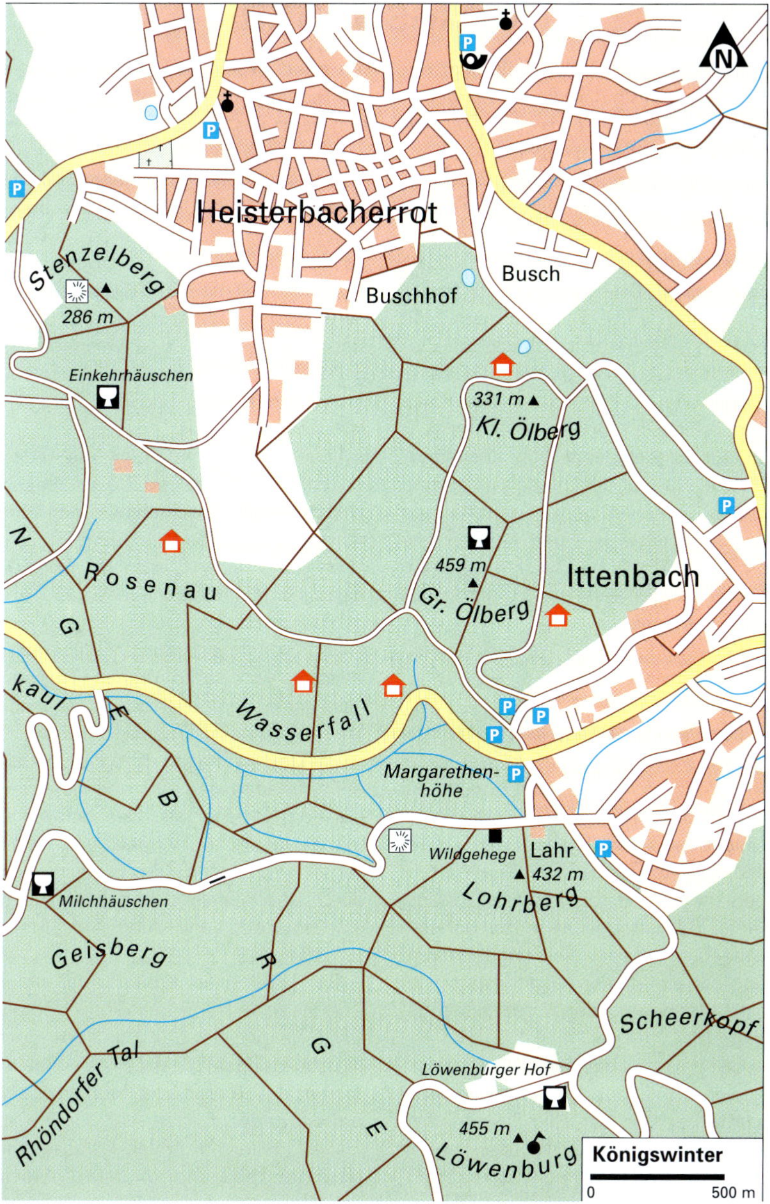
N
Heisterbacherrot
Stenzelberg
286 m
Buschhof
Busch
Einkehrhäuschen
331 m
Kl. Ölberg
Rosenau
459 m
Gr. Ölberg
Ittenbach
Wasserfall
Margarethen-
höhe
Wildgehege
Lahr
432 m
Lohrberg
Milchhäuschen
Geisberg
Scheerkopf
Löwenburger Hof
455 m
Löwenburg
Rhöndorfer Tal
Königswinter
0
500 m

# KÖNIGSWINTER

Im Schatten des Drachenfels liegt am westlichen Ausläufer des Siebengebirges auf einer 500 m breiten Terrasse die Kleinstadt Königswinter.

Zu der Flächengemeinde, die durch die kommunale Neuordnung im Jahre 1969 durch die Zusammenlegung von 7 Gemeinden entstand, zählen 50 kleinere und größere Stadtteile mit insgesamt rund 38.000 Einwohnern. Mit 7619 ha Fläche erstreckt sich die Gemeinde in Ost-West-Richtung über eine Länge von rund 14,5 km zwischen Rhein und östlich der Bundesautobahn A 3 bis zur Landesgrenze von Rheinland-Pfalz, in Nord-Süd-Richtung sind es rund 10 km zwischen Sankt Augustin und der Stadtgrenze von Bad Honnef. Die größten Stadtteile sind Heisterbacherrott, Thomasberg, Nieder- und Oberdollendorf und Ittenbach.

Verwaltungsmäßig gehört Königswinter zum Kreis Siegburg (Autokennzeichen „SU").

Der Name „Königswinter" stammt vom lateinischen *Vinitiorium*, was soviel wie „Winzerort" bedeutet. Er deutet auf einen frühen Königshof hin, in dessen Umgebung Wein angebaut wurde. Einst ließ Karl der Große hier seine Weinreben anpflanzen. Bis heute ist Königswinter der einzige Ort in der näheren Umgebung, in dem Wein angebaut wird und der ein idealer Ausgangspunkt für eine Wanderung durch das Siebengebirge ist.

Erstmals tauchte der Name „vintre" im Jahre 893 auf. Urkundlich erwähnt wurde der Ort als „villa vinetre" erstmals 1015, als er unter der Regentschaft der niederlothringischen Pfalzgrafen stand. Nach dem Tode des letzten Pfalzgrafen ging die Ortschaft 1073 in den Besitz des Kölner Erzstifts über.

1342 erhielt Königswinter seinen heutigen Namen und war zu jener Zeit von einer Stadtmauer umgeben. Die Befestigung erstreckte sich auf ca. 100 ha im Bereich der heutigen Hauptstraße mit ihren Seitengassen. Dem Landesherrn, dem Kölner Erzbischof, unterstand das Hochgericht, die niedere Gerichtsbarkeit oblag den Pfandherren des Amtes Wolkenburg und den Burggrafen von Drachenfels.

Der Klerus nahm durch die Güter verschiedener Stifte und Klöster starken Einfluß auf das Geschehen in den Ortschaften und deren Umgebung.

Im Laufe seiner Geschichte war Königswinter mehrmals kriegerischem Treiben ausgesetzt. Im Truchsessischen Krieg (1583) konnte sich der Ort mit Unterstützung von kurkölnischen Truppen nicht immer erfolgreich gegen die feindlichen Angriffe zu Wehr setzen.

Im Dreißigjährigen Krieg eroberten die Schweden den Ort und besetzten die Burg Drachenfels. Den Schweden folgten hessische Truppen, und 1689 zogen französische Revolutionstruppen durch das Rheinland und hinterließen eine Spur der Verwüstung und Brandschatzung.

Bis 1803 blieb Königswinter unter Kurkölnischer Herrschaft. Von 1803 bis 1806 gehörte der Ort zum Herzogtum Nassau-Usingen, bis es 1816 der Rheinprovinz des Königreichs Preußen zugeordnet wurde.

Die Stadtrechte erhielt Königswinter im Jahre 1889 und mit dem Abbruch der Stadtmauern in der Mitte des 19. Jhs. begann die flächenmäßige Ausbreitung. Dies war erforderlich, da mit Beginn der Industrialisierung im 19. Jh. auch in Königswinter ein wirtschaftlicher Aufschwung begann. Prachtvolle Hotels, klassizistische Bürgerhäuser und die Uferpromenade entstanden. Der Bau der Eisenbahnstrecke Köln–Niederlahnstein im Jahre 1869, brachte nach deren Fertigstellung auch den Fremdenverkehr ans Siebengebirge. Zuvor hatte die Rheinromantik vor allem Engländer an den Mittelrhein und auch ins Siebengebirge gezogen.

Aber auch der Weinbau, die Schifffahrt und der Steinbruchbetrieb waren bedeutende Säulen des wirtschaftlichen Aufschwungs der Stadt. Anteil daran hatte auch das Unternehmen der Gebrüder Lemmerz, das 1904 mit dem Automobil- und später mit dem Bootsbau den Grundstein für ein heute weltweit agierendes Unternehmen legten. Nach dem Ersten Weltkrieg begannen sie für die vielen ausländischen Militärfahrzeuge Felgen zu bauen. Mit der ersten Felgenfertigung wurde 1919 begonnen und seit jener Zeit kamen viele Neuentwicklungen aus dem Unternehmen.

Zweifelsohne gehören die **Altstadt** von Königswinter und die Rheinpromenade zu den Sehenswürdigkeiten. Das historische Stadtzentrum ist durch die engen Gassen mit ihren alten Fachwerkhäusern geprägt.

Besonders an Wochenenden und während der Weinlese im Herbst drängen sich viele Besucher durch die Straßen der Stadt, in der rund 50 Hotels mit etwa 2000 Gästebetten zur Verfügung stehen. Diverse Lokale mit Live-Musik, Souvenirläden und Restaurants haben sich besonders in der Drachenfelsstraße auf den Tourismus eingestellt. Ruhiger geht es in den heimeligen Lokalen abseits der Touristenströme zu.

Für einen Stadtrundgang benötigt man rund 45 Minuten reine Gehzeit.

Ein guter Ausgangspunkt, um zu den Sehenswürdigkeiten zu gelangen ist der **Marktplatz (1)** in der Drachenfelsstraße. In der Mitte des Platzes steht der sogenannte Weinbrunnen, der zum ersten Winzerfest in Königswinter 1933 errichtet wurde. Der Weinbrunnen steht auf einem gestuften runden Sockel, die Brunnenschale hat Vierpaßform, in deren Mitte ein quadratischer Trachytpfeiler steht. Die Ecken sind mit expressionistischen Reliefplatten (1939) verziert.

An der Ostseite wird der Marktplatz durch das **Rathaus (2)** begrenzt. Das Wohnhaus wurde von der Familie Bachem erbaut, die einst zu den Steinbaronen von Königswinter zählte. Die Familie war durch den Steinabbau im Siebengebirge zu Reichtum gelangt. Bemerkenswert an der unregelmäßigen Fassade des zweigeschossigen Putzbaus ist die turmartig vorgezogene Eingangsachse mit Dachpavillon. Seitlich begrenzen aufwendige Scheingiebel im Stil der Neorenaissance die Giebelfront. 1891 wurde das Haus zum Rathaus umgebaut und seit 1892 ist es Sitz der Ratsherren.

Gegenüber dem Rathaus steht an der Südseite des Marktplatzes das **Haus Bachem (3),** das 1825 als repräsentatives Wohnhaus erbaut wurde. Der zweigeschossige Putzbau mit sieben Achsen und Mitteleingang wurde zwischen 1880 und 1890 erweitert und erfuhr 1910 erneut größere bauliche Veränderungen. Heute dient es als Sitz des Bürgermeisters und Stadtdirektors.

Nur wenige Meter vom Marktplatz entfernt befindet sich in der Drachenfelsstraße 11 die **Tourist-Information (4),** bei der man neben allen nützlichen Informationen, Literatur und Broschüren auch einen Stadtplan von Königswinter bekommt. Des weiteren bietet die *Tourismus Siebengebirge GmbH Bad Honnef-Königswinter,* ☎ 02223/917711, Fax: 917720, organisierte Stadtführungen und Wanderungen an.

Wer seinen Rundgang auf eigene Faust fortsetzen möchte, geht durch die kleine Gasse an der Nordseite des Marktplatzes zum **Siebengebirgsmuseum (5),** das in einem klassizistischen Bürgerhaus (1732) mit einer durch Steinhauerarbeiten verzierten Fassade untergebracht ist. Seit 1934 befindet sich das Museum in dem Haus in der *Kellerstraße 16*, das nach dem Zweiten Weltkrieg als Notunterkunft diente. Nach der Wiedereröffnung im Jahre 1956 fanden einige Erweiterungen und Umbauten statt.

Das Museum unweit der Uferpromenade beherbergt über drei Etagen wertvolle Sammlungen, die einen Einblick in Geologie, Geschichte und Kultur sowie in die touristische Entwicklung des Siebengebirges ermöglichen.

Des weiteren gehören Dokumente und Zeugnisse aus der Geschichte der Burgen, Klöster und von Persönlichkeiten der Region zu den Exponaten. Weiten Raum nimmt die Steingewinnung mit Fotos, Dokumenten sowie Werkzeugen ein und in einem Diorama wird der Steinabbau am Drachenfels in römischer Zeit veranschaulicht. Des weiteren ist die Rheinschiffahrt und der Weinbau im Siebengebirge dokumentiert. Das Museum vermittelt aber auch einen sehr schönen Einblick in das einfache Leben der Menschen sowie den Wandel der Lebensgewohnheiten in dieser Gegend. Neben verschiedenen Sonderausstellungen bietet das Museum auch museumspädagogische Angebote sowie Nachmittage für Kinder und Jugendliche. Ein ruhiger und schöner Platz ist der kleine Innenhof mit seinen Sitzgelegenheiten.

Geöffnet ist das Museum Dienstag, Donnerstag bis Samstag von 14 bis 17 Uhr, Mittwoch von 14 bis 19 Uhr, Sonntag von 11 bis 17 Uhr; Montag geschlossen. Von Mitte Oktober bis 31. März Mittwoch 14–19 Uhr, Samstag/ Sonntag 14–17 Uhr. Gruppen können nach Anmeldung (☎ 02223/3703) auch außerhalb dieser Öffnungszeiten das Museum besichtigen. Der Eintritt für Erwachsene beträgt 2 DM, für Schüler und Behinderte 1 DM. Für Jugendgruppen ist der Eintritt frei.

1. **Marktplatz mit Weinbrunnen**
2. **Rathaus**
3. **Haus Bachem**
4. **Tourist Information**
5. **Siebengebirgsmuseum**
6. **Lord-Byron-Platz**
7. **Tomberger Hof**
8. **Geburtshaus Franz Ittenbach**
9. **Jüdischer Friedhof**
10. **Pfarrkirche St. Remigius**
11. **Altes Kelterhaus**
12. **Ehem. Rathaus**

nach Niederdollendorf
Königswinter
DB
Hauptstraße
Kaiser-
straße
Brandstraße
Bahnhofsallee
Ladestraße
Ferdinand- Mülhens- Straße
N
Nachtigallental
Kronprinzenstraße
42
W.-Müller-Straße
P
Bahnhofstraße
Oberweingartenweg
Lemmerz-Freibad Drachenfels
Clemens-August-Straße
9
B
Generalkonsul-v.-Weiß-Straße
Wilhelmstraße
Am Palastweiher
Winzerstraße
a
Bismarckstr.
g
b
h
Pfefferstraße
Grabenstraße
Kleiner Graben
Altenberger Gasse
8
7
Tombergerstraße
Schützenstr.
c
d
f
straße
Talstation Drachenfelsbahn
Klotzstraße
Rheinallee
5
Kellerstraße
6
2
4
i
1
Drachenfels-
10
e
Küfer-
weg
3
11
Ev. Kirche
Bungertstraße
chen
Wallgäß-
Fußweg Drachenfels
In der Gaus
S
Meerkatzstraße
Remigiusstraße
Haupt-
12
Altes Brauhaus
42n
Jesuiterhof
Altes Fährhaus
Jakob-Kaiser-Str.
H
Am Stadtgarten
straße
Am Stadtgraben
RHEIN
"Maritim"
nach Bad Honnef
Königswinter Altstadt
0
200 m
a Franz-Ittenbach-Platz
b Schmiedegäßchen
c Petersgäßchen
d Bollsgäßchen
e Sterngäßchen
f Hermannshof
g Karolinenstraße
h Aberfelds Gäßchen

Gegenüber des Museums liegt der kleine **Lord-Byron-Platz (6),** der nach dem englischen Dichter George Gordon Noël, dem sechsten Baron Byron, besser bekannt als Lord Byron, benannt wurde. Der Dichter der Romantik machte zum Anfang des 19. Jhs. mit seinem Gedicht „The Casteled Crag of Drachenfels" das Siebengebirge weit über die Grenzen bekannt.

Von dem kleinen Platz geht es in Richtung **Uferpromenade,** die die längste Promenade am Rhein sein soll. Sie wird von schattenspendenden Bäumen und Straßencafés gesäumt und auch wenn neue Häuser gebaut wurden, wird die Promenade von klassizistischen Bürgerhäusern dominiert.

Die Rheinuferstraße ist ein Ort, von dem aus man das Geschehen auf dem Strom oder das An- und Ablegen der Schiffe beobachten kann. Besonders bei schönem Wetter bestimmen hektisches Treiben, Besuchergruppen, Busse und parkplatzsuchende Autofahrer die Szenerie.

Setzt man seinen Weg weiter stromabwärts fort, passiert man die kleinen Gassen, die von der Promenade zur Altstadt führen. So auch die Tomberger Straße, in der sich der **Tomberger Hof (7)** befindet. Schon von weitem fällt der Gutshof auf, dessen Kern noch aus spätmittelalterlicher Zeit stammt. Auffallend ist der große Torbogen zum Keller, der auf eine Nutzung als Winzerhof hinweist.

Die Grundmauern sind aus massivem Bruchstein erbaut, der barocke Fachwerkaufbau hebt sich dagegen stark ab. Er entstand im 18. Jh. mit der turmartigen Erhöhung, mit der auch die geschweifte Haube mit offener Laterne errichtet wurde, in der sich eine kleine Glocke befindet.

Erstmals urkundlich erwähnt wurde der Gutshof 1407, er befand sich im Besitz der Burggrafen von Drachenfels. Zwischen 1844 und 1910 fand das Gebäude Verwendung als Krankenhaus, heute ist es in Privatbesitz.

Weiter geht es auf dem Rundgang durch die schmale Gasse, bis man zur Hauptstraße gelangt, auf der man nach links geht und nach wenigen Metern wieder nach links in die *Altenberger Gasse* einbiegt. Hier passiert man eines der ursprünglichen **Häuser** (Nr. 8.) aus dem Jahre 1665, die von der verheerenden Brandkatastrophe 1689 verschont geblieben sind.

Wie die meisten der Fachwerkhäuser in Königswinter wurde auch das Erdgeschoß dieses Hauses aus massivem Mauerwerk errichtet, auf das ein solides Fachwerk aufgesetzt wurde. Ein Grund mag darin liegen, daß viel Hausbesitzer Steinhauer waren oder im Steinbruch arbeiteten. Nicht zuletzt schützte das erhöhte Erdgeschoß und die hochliegenden Fenster vor Hochwasser.

Am Ende der Gasse steht auf der rechten Seite das **Geburtshaus (8)** des Nazarener-Malers Franz Ittenbach. Das Fachwerkhaus wurde 1739 erbaut und hat einen nach Westen ausgerichteten bemerkenswerten Treppengiebel. Ittenbach gehörte zu den Malern des Lukasbundes, der 1809 in Wien gegründet wurde. Zu seinem bekanntesten Werk in der näheren Umgebung zählt das Fresko in der Wallfahrtskirche St. Apollinaris in Remagen.

Vom Ittenbach-Haus sind es nur wenige Meter, bis man wieder die Uferstraße erreicht und nach rechts abbiegt.

Am Ende der Rheinallee liegt der mittelalterliche **Jüdische Friedhof (9),** der als einziges Zeugnis jüdischen Lebens in Königswinter gilt. Der Friedhof mit altem Baumbestand und Resten einer Lindenallee wurde erstmals 1768 urkundlich erwähnt und lag zu jener Zeit außerhalb der Stadt.

Heute sind die rund 70 Grabsteine mit verwitterten bzw. zerstörten Inschriften Zeugen einer kleinen jüdischen Gemeinde in Königswinter. Der Anteil der jüdischen Bevölkerung lag zwischen 1854 und 1933 unter einem Prozent. Seit dem Mittelalter lebten im heutigen Königswinterer Gebiet nur wenige Juden, auch wenn es in der 2. Hälfte des 18. Jhs. drei Betsäle in Königswinter, Oberdollendorf und Oberpleis gab. Besichtigt werden kann der Friedhof von Mai bis September täglich zwischen 9 und 20 Uhr, von Oktober bis April zwischen 10 und 17 Uhr.

Vom Friedhof geht es durch die leicht ansteigende *Clemens-August-Straße* bis zur Straßenkreuzung. Auf der rechten Straßenseite breitet sich eine kleine Parkanlage mit altem Baumbestand aus, die zu einem ehemaligen Gutshaus (1893) gehörte. Derzeit ist das Haus die Residenz des pakistanischen Botschafters.

Biegt man rechts in die *Hauptstraße* ein, gelangt man nach wenigen Metern in die kleine **Fußgängerzone.** In ihr stehen einige wunderschöne alte Fachwerkhäuser neben Geschäften des Einzelhandels, gemütlichen Restaurants, Kneipen und Weinlokalen. Die Fußgängerzone liegt auch in der Fahrstrecke des sogenannten „Lokomobil", mit dem die Gäste eine Stadtrundfahrt unternehmen können.

Am Ende der ausgewiesenen Fußgängerzone steht an der Ecke *Drachenfelsstr./Hauptstr.* die **Kath. Pfarrkirche St. Remigius (10).** Das Gotteshaus wurde 1144 erstmals urkundlich erwähnt. Vermutlich existierte jedoch schon in Karolinger Zeit eine Kapelle, die zu einem Gut oder Hof gehörte. Die heutige Kirche entstand 1779 an der Stelle, an der ein romanisches Gotteshaus gestanden hatte.

Die Apsis sowie der viergeschossige Westturm ist nach Westen ausgerichtet. Über dem schlichten Hauptportal der dreischiffigen Hallenkirche befindet sich ein Dreiecksgiebel, ein ovales Fenster unterhalb eines Rundbogens. Drei weitere Fenster befinden sich in jedem Seitenschiff.

Rechts neben dem Haupteingang der Pfarrkirche steht eine etwas verblaßte Erinnerungstafel der Familie de Claer, die den größten Teil der Baukosten der Kirche übernommen hat. Bemerkenswert ist das Sebastianus-Kreuz an der Westseite der Kirche. Das Kreuz aus dem Jahre 1695 wurde von der Bruderschaft einst auf dem Marktplatz aufgestellt, bis es 1938 an seinen heutigen Standort umgesetzt wurde.

Im Innern wird die Pfarrkirche durch das Kreuzgratgewölbe bestimmt, das von schlanken Pfeilern getragen ein harmonisches Gesamtbild verleiht. In der halbrunden Apsis erhebt sich der barocke Hochaltar, aus der Vorgängerkirche stammen die beiden Seitenaltäre. Aus dem Kloster Heisterbach sind u. a. die Kanzel und die Kirchenbänke.

Setzt man den Rundgang über die Hauptstraße fort, gelangt man zum **Alten Kelterhaus (11).** Von dem ehemaligen Weinhof (1760) des kur-

*Abteilung Schiffahrt*

*Siebengebirgsmuseum (Hauptgebäude)*

*Abteilung Weinbau*

*„Kuriosa"*

*Mittelalterliche Werksteine vom Kölner Dom*

kölnischen Kanzleidirektors ist heute nur noch die Fassade erhalten. Der zweigeschossige Bau mit 8 Achsen besitzt zwei breite Eingangsportale, über dem linken Tor ist noch das Familienwappen des Bauherren von Kempis-Frankenstein-Siersdorf zu sehen. In späteren Jahren fand der Hof Verwendung als Höhere Töchterschule, nach umfangreichen Umbaumaßnahmen im Jahre 1970 befindet sich heute ein sehr gemütliches Restaurant hinter der historischen Fassade.

Rund 100 m weiter steht auf der gleichen Straßenseite das ehemaligen **Rathaus (12).** Das Haus wurde in der 2. Hälfte des 19. Jhs. im spätklassizistischen Stil erbaut. Bauliche Veränderungen wurden 1933 durchgeführt. Heute ist das Haus ein Hotel.

Vis-à-vis befindet sich das **Weingut Jesuiter Hof.** Im 17. Jh. wurde das Anwesen von den Kölner Jesuiten erworben, jedoch in den Kriegswirren von 1689 zerstört. In dem Gutshof verbrachten einst die Kölner Patres aus Köln und deren Schüler ihre Feiertage. Im Jahre 1695 wurde das Haus als Hof mit Weinkeller wieder aufgebaut und als preußisches Domänengut 1826 versteigert.

Seit dieser Zeit wird der 1958 renovierte Hof als Weingut genutzt. Mit seinem schönen Innenhof ist es ein Ort der Entspannung, an dem man die heimischen Weine genießen kann.

Gegenüber des Jesuiter Hofes breitet sich der Hotelkomplex des Maritims aus. Für den Bau des Hotels mußte das 1680 erbaute **Alte Fährhaus** versetzt werden, das sich in Richtung Rhein an den Jesuiter Hof anschließt. 1966 wurde das Fährhaus an seine heutige Stelle verbracht und ist mit der schönen Gartenterrasse mit Blick auf den Rhein und das andere Rheinufer ein beliebter Treffpunkt.

Rund 300 m stromaufwärts steht in Richtung Rhöndorf das **Wolfgang-Müller-Denkmal.** Der spätromanische Dichter und Arzt Wolfgang Müller prägte mit seinen Gedichten seine rheinische Heimat. Zu seinen Werken gehören die „Rheinfahrt" (1846) und das Sagenbuch „Lorelei" (1851), das er Ludwig Uhland widmete. Im gestuften und profilierten Sockel, der vermutlich aus Quarzit errichtet ist, sind vaterländische Inschriften zu sehen und im Schaft sind vier Bronzereliefplatten eingelassen, die von Jugendstil-Ornamenten eingerahmt sind. An der Südseite ist Jan van Werth als Reiter, im Osten ist Vater Rhein, im Norden ist Siegfried als Drachentöter dargestellt und das Ornament an der Westseite des Denkmals zeigt die Loreley mit Harfe.

Über die Uferpromenade geht es zurück zum Ausgangspunkt. Vorbei an der Autofähre, die zwischen Bad Godesberg und Königswinter pendelt, geht es bis zu den Anlegebrücken. Hier steht in der Verlängerung des Marktplatzes der sogenannte **Eselsbrunnen.** Mit der Mitte der 80er Jahre errichteten Skulptur erinnert man an die Tiere, mit denen die Menschen früher wie heute auf den Drachenfels, das Wahrzeichen der Stadt reiten können.

Nur wenige Meter vom Eselsbrunnen entfernt erhebt sich das *Hotel Loreley*, das zwischen 1892–94 als Hotel *Monopol* erbaut wurde. Der fünfgeschossige Hotelbau mit seinen historisierenden Formen war ein Zeugnis des aufkommenden Tourismus im ausklingenden 19. Jahrhundert.

## Außerhalb des Zentrums

Die bekanntesten Sehenswürdigkeiten der Stadt liegen außerhalb der Altstadt. Geht man vom Marktplatz durch die Drachenfelsstraße und biegt nach rechts in die Grabenstraße ein, so erreicht man nach rund 200 m die evangelische Christuskirche. Die im neugotischen Stil errichtete Kirche wurde 1863/64 erbaut und erhielt ihren heutigen Namen zu ihrem 100jährigen Bestehen. Für den Bau der einschiffigen Hallenkirche mit vorgesetztem Westturm wurde vorwiegend roter Backstein verwendet. Ihren ursprünglichen farblichen Zustand erhielt sie jedoch erst wieder bei einer Renovierung im Jahre 1986.

Das Innere der Kirche wird durch den neugotischen, dreiteiligen Holzaltar im Chor bestimmt. Das Kreuzigungsbild in Öl wurde von Sinkel signiert, einem Schüler des Nazarener-Malers Franz Ittenbach. Das Sternrippengewölbe, das die vierjochige Kirche überspannt und das auf schlanken Wandpfeilern ruht, verleiht der neugotischen Innenausstattung ein harmonisches Gesamtbild.

Geht man zurück bis zum kleinen Küferweg und folgt diesem über die Bahnlinie, so kommt man nach rund 100 m zur Talstation der **Drachenfelsbahn.** In einer 20minütigen Fahrt bringt sie Besucher zum Gipfel des Drachenfels. Die Zahnradbahn wurde im Juli 1883 in Betrieb genommen und ist eine der ältesten Zahnradbahnen Deutschlands. Ein Exemplar dieser Dampflok, an der der Zahn der Zeit nagt, steht an der Talstation. Das 450 PS-starke Gefährt wurde 1927 gebaut und fuhr bis 1958 mit einer Geschwindigkeit von 10 km/h zum Gipfel. Die ursprünglichen Dampflokomotiven ersetzten später elektrische Triebwagen.

Früher wie heute hat man auf der Fahrt über die rund 1,5 km lange Strekke mit einer Steigung von 22% zeitweise einen wunderbaren Blick auf die Stadt und den Rhein bis zu den auf der anderen Seite des Flusses liegenden Villen von Bad Godesberg.

Die Bahn fährt von März bis September halbstündlich, im Winter nur bei Bedarf bzw. sonn- und feiertags stündlich. Für eine Bergfahrt bezahlen Erwachsene 10 DM, Kinder zwischen 4 und 10 Jahren 6 DM; die Talfahrt kostet für Erwachsene 9 DM, für Kinder 5 DM. Für die kombinierte Berg- und Talfahrt werden von Erwachsenen 13 DM und von Kindern 7 DM verlangt. Auskunft erteilt ☎02223/92090.

Eine der besten Besuchszeiten des legendären Felsen ist der frühe Morgen, wenn die Sonne über der Hügellandschaft aufsteigt und die Sicht noch klar ist.

Eine andere Art, den Gipfel des 321m hohen **Drachenfels** mit seiner Burgruine (siehe Beschreibung *Drachenfels*) zu erreichen, ist eine Fahrt mit einer Pferdedroschke oder ein Ritt auf dem Rücken eines Esels. Die Pferdedroschken haben ihren Standort in der Drachenfelsstraße an der Talstation der Drachenfelsbahn.

Nicht so bequem ist der steile Weg zum Wahrzeichen von Königswinter per pedes (45 Min.), doch hierbei hat man die Möglichkeit, zu weiteren interessanten Einrichtungen der Stadt zu gelangen.

**Abstecher:** Eine schöne Alternative zum Drachenfels ist der Weg durch das **Nachtigallental.** Es ist mit seinem tiefen Einschnitt (Siefen) typisch für das Siebengebirge. Das Tal verläuft nördlich und parallel zur Drachenfelsbahn und bietet in seinem Verlauf verschiedene Möglichkeiten, zum Gipfel zu gelangen.

Der Sage nach soll einst ein Mönch die Vögel aus dem Tal verbannt haben, weil sie ihn bei seiner Meditation störten. Die Vögel sind wieder da und begleiten die Besucher des Tales mit ihrem Gesang. Der Waldweg ist in seinem Verlauf nicht so steil ansteigend wie die asphaltierte Drachenfelsstraße, die von der Talstation der Drachenfelsbahn zum Gipfel des Drachenfels führt. Bänke ermöglichen immer wieder eine Rast, um auch das idyllische und romantische Tal zu betrachten.

Der Zugang zum Nachtigallental befindet sich nördlich der Talstation, in der Verlängerung der Bahnhofsstraße. Nach rund 200 m passiert man einen Weinkeller, der 1867 in den Berg eingelassen wurde. Einst war er der Kühlkeller des Winzervereins, heute ist der Zugang verschlossen. Nach rund 50 m erreicht man eine Weggabelung, an der man sich rechts hält und dem kleinen Bach am Wegesrand folgt. Nach weiteren 200 m passiert man das **Ostermann-Denkmal.** Die Basaltsäule wurde 1949 zum Gedenken an den rheinischen Dichter Willi Ostermann errichtet. Ostermann wurde 1876 im rheinischen Mühlheim geboren und später zog die Familie nach Köln um.

Nach einer Lehre in einem graphischen Betrieb waren Gedichte und deren Vertonung seine Leidenschaft. Bekannt wurde Ostermann im rheinischen Karneval mit seinen Liedern in Kölscher Mundart. Um den Gedenkstein stehen einige Bänke, die zum Verweilen einladen.

Setzt man seinen Weg fort, stößt man am Ende eines steilen Anstieges auf eine Weggabelung. Hier hat man die Möglichkeit, weiter zum Gipfel zu gehen oder dem Weg nach rechts zu folgen, um nach rund 100 m die Drachenfelsstraße zu erreichen, auf der man zum Schloß Drachenburg und zur Nibelungenhalle gelangt.

Diejenigen, die den Abstecher durch das Nachtigallental nicht unternehmen möchten, folgen der asphaltierten Drachenfelsstraße neben der Talstation der Zahnradbahn. Steil führt die Straße bergan und man erreicht nach rund 20minütigem Anstieg die **Nibelungenhalle.** Das Gebäude fällt durch sein dunkles Mauerwerk und seine Kuppel auf. Der Kuppelbau (erbaut 1913) enthält Gemälde mit Motiven aus der Siegfried-Sage. Ein großes Wandgemälde zeigt Wagners „Ring der Nibelungen" sowie einen Gemäldezyklus zum „Parseval".

Zudem beherbergt die Nibelungenhalle ein kleines Museum mit Exponaten aus der germanischen Sage.

In der sogenannten Drachenhöhle steht eine Nachbildung eines Drachens, dessen Ursprung ebenfalls in der Siegfried-Sage liegt. Danach soll der Recke Siegfried von Xanten einen Drachen getötet haben, der in einer Felsenhöhle hauste und dem immer wieder Menschen zum Opfer fielen. Siegfried tötete das Ungeheuer mit seinem Speer und badete sich im Drachenblut, was ihn unverletzbar machen sollte.

Lebendig sind die rund 150 Tiere im **Reptilienzoo** der Nibelungenhalle. In dem privat geführten Zoo sind neben

Ritt zum Drachenfels

Rheinpromenade Königswinter

Zahnradbahn zum Drachenfels

Tomberger Hof

Wanderwege rund um Königswinter

Uferpromenade

Schlangen, Krokodilen, Alligatoren und anderen Echsen, Schildkröten, Spinnen und Skorpione zu sehen.

Geöffnet ist die Nibelungenhalle von Anfang März bis Ende Oktober täglich 10 bis 19 Uhr, von November bis Februar Samstag sowie Sonn- und Feiertag 11 bis 16 Uhr bzw. je nach Wetterlage. Der Eintritt kostet für Erwachsene 5 DM, für Behinderte 4,50 DM, für Kinder 4 DM, bei Gruppen ab 15 Personen werden 3 DM pro Person verlangt. Auskünfte sind unter ☎02223/ 24150, Fax: 24150 zu bekommen.

*Nibelungenhalle*

Folgt man der Straße weiter bergauf, passiert man einige Lokalitäten mit Biergarten und Aussicht auf die Stadt und erreicht nach rund 350 m das **Schloß Drachenburg.** Das mächtige Schloß an der Nordseite des Drachenfels ist ein Dokument der Spätromantik, in dem sich der finanzielle Reichtum des gehobenen Bürgertums jener Zeit spiegelt. In exponierter Lage ließ Stephan Baron von Sarter zwischen 1882 und 1884 das neugotische Schloß von dem Kölner Architekten Wilhelm Hoffmann errichten. Die ursprünglichen Baupläne stammten von den Düsseldorfer Architekten Bernhard Tüsshaus und Leo von Abbema. Doch während der Bauphase änderte der in Paris lebende Kölner Architekt Wilhelm Hoffmann die Entwürfe, erweiterte sie um die langgestreckte Kunsthalle und verlieh dem Nordturm seine markante Gestaltung. Für den Bau des burgähnlichen Schlosses verbaute der Baumeister Hoffmann, der ein Schüler des Kölner Dombaumeisters Zwirner war, rund 2,3 Mio. Ziegelsteine. Wenn man bedenkt, daß nicht nur Baumaterial aus den Steinbrüchen des Siebengebirges, sondern auch aus der Eifel und dem Spessart herangeschafft wurde und dann die kurze Bauzeit bis zur Vollendung berücksichtigt, so war dies eine außergewöhnliche Leistung jener Zeit.

Der Bauherr wohnte nie in diesem Schloß. Mit dem Bauwerk wollte er wohl eher seinen gesellschaftlichen Status zum Ausdruck bringen. Der Bonner Gastwirtssohn war wie viele andere in der sogenannten Gründerzeit zu Wohlstand und Reichtum gekommen. Sater ließ sich 1881 durch einen sächsischen Herzog gar in den Freiherrenstand erheben und 1890 nahm er die französische Staatsbürgerschaft an.

Für seine neogotische Drachenburg setzte er einen Verwalter ein. Sarter starb 1803, ohne ein Testament zu hinterlassen und so kam die Drachenburg „unter den Hammer". Bei der Versteigerung fiel der Komplex an Jakob Biesenbach, einen Neffe von Sarter, der das Schloß der Öffentlichkeit zugänglich machte und einen Wildpark anlegte. 1910 fiel die Drachenburg an den Berliner Egbert von Simon und der plante, die touristische Vermarktung durch einen Vergnügungspark noch zu steigern. Durch den Widerstand des Vereins für

*Schloß Drachenburg*

Denkmalpflege und Heimatschutz konnte das Vorhaben verhindert werden.

In den nachfolgenden Jahren wechselten mehrmals die Besitzer und das Gebäude fand unterschiedliche Verwendung, unter anderem als Schule. Die schulische Nutzung wurde 1942 auch von den Nationalsozialisten beibehalten.

Im Krieg war die Drachenburg Ziel von amerikanischen Angriffen und wurde stark beschädigt, wobei wertvolle Kunstschätze unwiderbringbar verlorengingen.

Nach den Kriegswirren war die Drachenburg dem Verfall preisgegeben und gar ein Abriß wurde in Betracht gezogen, bis 1971 der Bonner Fabrikant Paul Spinat das Anwesen kaufte. Er ließ die Drachenburg renovieren, wobei einschneidende Veränderungen vorgenommen wurden. 1989 kaufte die NRW-Stiftung Kulturpflege die Drachenburg und führte weitere langjährige Renovierungsmaßnahmen durch. Nach Fertigstellung soll die Drachenburg als Museum der Gründerzeit dienen.

Des weiteren soll im Frühjahr 2000 ein Archiv zum Naturschutz in Deutschland eröffnet werden. Bundesweit ist es die erste zentrale Einrichtung dieser Art und dient der geschichtlichen Selbstbesinnung. Erweitert wird das Bundesarchiv durch ein Forum sowie durch Wechselausstellungen.

Im Innern gehört das über 20 m hohe Treppenhaus mit seiner Farbigkeit zu den interessantesten Bereichen des Schlosses. Neben barocken und gotischen Elementen zieren große Bilder mit Portraits von deutschen Herrschern die Wände des Treppenhauses. Durch die Instandsetzung in den 70er Jahren wurde der ursprüngliche Charakter einschneidend verändert, wie z. B. das eingezogene Zwischengeschoß mit Treppe.

Links neben dem Treppenhaus schließt sich der Speisesaal an, der teilweise mit kunstvoller Holzarbeit ausgestattet ist.

Bei einem Rundgang durch das Schloß gelangt man weiter ins Nibelungenzimmer. Die Wände des kleinen Zimmers sind geschmückt mit Motiven aus der Nibelungensage. Viele Motive aus der 2400 Strophen (39 sog. Aventiuren) umfassenden Dichtung findet man auch in anderen Räumen wieder.

Ein weiterer Höhepunkt einer Schloßbesichtigung ist die sogenannte Kunsthalle. Der Raum kommt eher einem Langhaus einer Kirche gleich, wobei die Wandgemälde nicht so recht hineinpassen.

Zu besichtigen ist das Schloß Drachenburg vom 1. April bis 31. Oktober täglich außer montags zwischen 11 und 18 Uhr. Der Eintritt kostet für einen Erwachsenen 4 DM, Jugendliche zahlen 3 DM, eine Familienkarte kostet 8 DM, der Eintritt für Kleinkinder ist frei. Im Eintritt ist eine rund 45minütige Schloßführung inbegriffen. Für größere Besuchergruppen ist eine telefonische Anmeldung zu empfehlen. Informationen sind unter ☎02223/901970 erhältlich.

*Blick auf die Insel Grafenwerth*

Vom Schloß Drachenburg geht es weiter entlang der Zahnradbahn in Richtung des Gipfels. Nur wenige Meter von dem Schloß entfernt mündet der Weg in den Wald und nach etwa weiteren 20 bis 30 Minuten hat man den Gipfel des Drachenfels, des Wahrzeichens von Königswinter erreicht. Der Blick auf das Rheintal, auf die Inseln Nonnen- und Grafenwerth, den Rolandsbogen und über die Stadt Bonn entschädigen für die Mühe des Aufstiegs.

An der Südwestseite der Aussichtsplattform erhebt sich das Denkmal, das zur Erinnerung an den Landsturm im Siebengebirge errichtet wurde.

Für die Rückkehr in die Stadt bietet sich die Rückfahrt mit der Drachenfelsbahn oder der Fußweg vom Denkmal aus an. Wer sich vor dem Rückweg noch stärken möchte, kann dies im Sommer unter den schattigen Bäumen einer Gartenwirtschaft oder in den Räumen des Restaurationsbetriebes tun.

Am Fuße des Petersberges liegt der **Wintermühlenhof,** der einst zum Kloster Heisterbach gehörte und im Laufe seines Bestehens vielerlei Verwendung fand. Er wurde erstmals 1403 erwähnt und diente in seinen Anfangsjahren als land- und forstwirtschaftlicher Hof. In der Mitte des 17. Jhs. wurde er zusätzlich Weingut und mit der kommerziellen Nutzung der Steinbrüche im Siebengebirge diente er als Steinbruchbetrieb.

Vermutlich in der 2. Hälfte des 19. Jhs. wurde die vierflügelige Hofanlage erbaut, weitere Umbauten und Erweiterungen folgten. Heute liegt der Wintermühlenhof in einem großzügigen, wunderschönen Landschaftspark und wird u. a. als Pferdegut genutzt.

## Unterkunft & Essen

(Tel.-Vorwahl 02223; Preise pro Zimmer/Tag)
– ***Maritim*****, Rheinallee 3, ☎7070, Fax: 707811; EZ: 149 bis 249 DM, DZ: 219 bis 399 DM; *Ausstattung*: 248 Zimmer mit Bad/WC, Radio, Telefon, Farb-TV; *Lage*: direkt am Rhein; *Sonstiges*: Hallenschwimmbad, Sauna, Solarium, Restaurant, behindertengerechte Einrichtung, Tagungsräume.
– ***Gästehaus Petersberg******, ☎74-0, Fax: 74443, Zimmerreservierungen: ☎74143; EZ: 163 bis 248 DM, DZ: 190 bis 375 DM; *Ausstattung:* 92 Zimmer mit Bad/WC, Radio, Telefon, Farb-TV; *Lage*: Hoch auf dem Petersberg inmitten eines Landschaftsschutzgebietes; *Sonstiges*: Hallenschwimmbad, Restaurant, behindertengerechte Einrichtung, Tagungsräume.
– ***Rheinhotel Loreley****, Rheinallee 12, ☎9250, Fax: 925100; EZ: 90 bis 110 DM, DZ: 140 bis 160 DM; *Ausstattung*: 52 Zimmer mit Bad/WC, Radio, Telefon, Farb-TV; *Lage*: direkt am Rhein; *Sonstiges*: Restaurant, Hotelbar, behindertengerechte Einrichtung, Tagungsräume.
– ***Hotel Rheingold****, Drachenfelsstraße 36; ☎902020, Fax: 920220; EZ: 50 bis 80 DM, DZ: 80 bis 100 DM; *Ausstattung*: 24 Zimmer mit Bad/WC, Radio, Farb-TV; *Lage*: Nähe der Drachenfelsbahn; *Sonstiges*: Restaurant, überdachter Biergarten.
– ***Rheinhotel****, Rheinallee 9, ☎24051, Fax: 26694; EZ: 145 bis 195 DM, DZ: 180 bis 235 DM; *Ausstattung*: 50 Zimmer mit Bad/WC, Telefon, Farb-TV; *Lage*: direkt am Rhein; *Sonstiges*: Restaurant, Schwimmbad, Sauna, Parkplatz und Hotelgarage.
– ***Altes Brauhaus***, Hauptstraße 454; ☎9179-00, Fax: 02241/47789; EZ: 125 DM, DZ: 185 DM; *Ausstattung*: 7 Zimmer mit Bad/WC, Radio, Telefon, Farb-TV; *Lage*: Fußgängerzone; *Sonstiges*: Biergarten, stilvolle Sommerterrasse, Restaurant, Parkplätze.
– ***Haus Hindenburg***, Hauptstraße 357; ☎90194-0, Fax: 24857; EZ: 120 DM, DZ: 180 DM; *Ausstattung*: 14 Zimmer mit Bad/WC, Radio, Telefon, Farb-TV; *Lage*: Fußgängerzone; *Sonstiges*: wenige Parkplätze im Innenhof.
– ***Hotel Siebengebirge***, Hauptstraße 342; ☎21359, Fax: 1803; EZ: 60 bis 65 DM, DZ: 80 bis 90 DM; *Ausstattung*: 10 Zimmer mit Bad/WC, Radio, Telefon, Farb-TV; *Lage*: Fußgängerzone; *Sonstiges*: bürgerliches Restaurant.
– ***Hotel Wenzel***, Hauptstraße 457; ☎21861, Fax: 26530; EZ: 50 bis 70 DM, DZ: 120 bis 140 DM; *Ausstattung*: 19 Zimmer mit Bad/WC; *Lage*: Zentrum; *Sonstiges*: bürgerliches Restaurant.
– ***Hotel Krone***, Hauptstraße 374; ☎22400, Fax:4804; EZ: 95 bis 105 DM, DZ: 150 bis 180 DM; *Ausstattung*: 18 Zimmer mit Bad/WC, Telefon, Farb-TV; *Lage*: Fußgängerzone.
– ***Königswinterer Stuben***, Hauptstraße 362; ☎23325, Fax: 27774; DZ: 70 DM, EZ: 90 DM; *Ausstattung*: 9 Zimmer mit Bad/WC; *Lage*: Fußgängerzone.
– ***Orangerie***, Hauptstraße 473; ☎917900, Fax: 916099; EZ: 125 DM, DZ:185 DM; *Ausstattung*: 7 Zimmer mit Bad/WC, Radio, Telefon, Farb-TV; *Lage*: Fußgängerzone; *Sonstiges*: Wintergarten.

### Essen

(Tel.-Vorwahl 02223, wenn nicht anders angegeben)
– ***Altdeutsche Weinstube***, Hauptstr. 408, ☎908246; geöffnet: täglich von 11 bis 14 Uhr und von 18 bis 22 Uhr, Mittwoch Ruhetag; Kategorie: 3–4; Rheinische Spezialitäten.
– ***En de Pan***, Hauptstr. 383; ☎904395; geöffnet: von 17 bis 24 Uhr, Samstag und Sonntag von 11 bis 24 Uhr, Montag Ruhetag; Kategorie 3–4; rustikales Restaurant, Grillgerichte.
– ***Gästehaus Petersberg***, ☎74-0; geöffnet: täglich von 11 bis 22 Uhr; Bistro-Café täglich von 11 bis 18.30 (Winter) bzw. 11 bis 22 Uhr (Sommer); Kategorie 1–3; Internationale Küche mit hohem Niveau.
– ***Kuckstein***, Drachenfelsstr. 90, ☎/Fax: 4455; geöffnet: Montag bis Freitag ab 17 Uhr, Samstag und Sonntag von 11 bis 23 Uhr, Dienstag Ruhetag; Kategorie 1–3; schönes rheinisches Fachwerkhaus mit stimmungsvollem Ambiente, Biergarten auf grüner Wiese mit Blick auf den Rhein.
– ***Taverna Olympia***, Hauptstr. 396; ☎21077; geöffnet: täglich von 11.30 bis 15 Uhr und zwischen 17.30 und 24 Uhr; Kategorie 3–4; griechische Küche.
– ***Tour de France***, Malteser Str. 19 (Römlinghoven), ☎24058; geöffnet: Dienstag bis Sonntag von 18.30 bis 24 Uhr; Kategorie 1–3; fran-

zösische Küche mit Gerichten aus verschiedenen Regionen Frankreichs, verschiedene Weine und Bier aus dem Elsaß, Terrasse.

– ***Weinhaus Winzerhäuschen***, Drachenfelsstr. 100, ☎21469, Fax 24110; geöffnet: ab 11 Uhr, Montag Ruhetag (außer in den Sommerferien in NRW); Kategorie 3–4; rustikale Einrichtung, bürgerliche Küche, Biergarten mit schöner Aussicht.

– ***Zur Barriere***, Küferweg 2, ☎21444; geöffnet: täglich außer dienstags, von 12 bis 14.30 Uhr und von 18 bis 24 Uhr; Kategorie 2–3; anspruchsvolle Küche, Biergarten.

– ***Altes Brauhaus***, Hauptstraße 454; ☎917900; geöffnet: Dienstag bis Samstag ab 17 Uhr, Sonntag ab 12 Uhr; Kategorie 3–4; stimmungsvolles Ambiente, gute internationale Küche, freundlicher Service.

– ***Altes Fährhaus***, Rheinallee 4; ☎24868; geöffnet: täglich außer montags von 11 bis 22.30 Uhr, Sonntag von 11 bis 20 Uhr; Kategorie 3–4; schöne Terrasse mit Aussicht auf den Rhein.

– ***Altes Kelterhaus***, Hauptstr. 455, ☎26047, Fax: 24595; geöffnet: Montag bis Freitag von 17 bis 24 Uhr, Sonntag von 11 bis 14.30 Uhr und zwischen 17 und 24 Uhr, Dienstag Ruhetag; Kategorie 3; historische Kelterei mit bürgerlicher Küche.

– ***Berghof,*** Löwenburger Str. (Margarethenhöhe), ☎23070; geöffnet: täglich außer montags von 8 bis 22 Uhr; Kategorie 1–4; deutsche Küche mit Wild- und Fischspezialitäten, im Sommer Außenterrasse, höchstgelegenes Restaurant im Siebengebirge.

– ***Bergischer Hof***, Drachenfelsstr. 33, ☎222-76, Fax 22463; geöffnet: täglich außer dienstags von 12 bis 14.30 Uhr und von 18 bis 24 Uhr; Kategorie 2–3; anspruchsvolle Küche, Biergarten.

– ***China-Restaurant May Flower***, Rheinallee, ☎21999; geöffnet: täglich von 11.30 bis 15 Uhr und von 17.30 bis 24 Uhr; Kategorie 2–3.

– ***Jesuiter-Hof***, Hauptstr. 458, ☎22650; geöffnet: Dienstag bis Freitag ab 16.30 Uhr, Samstag ab 16 Uhr, Sonntag ab 11 Uhr, Montag Ruhetag; Kategorie 3; bürgerliche und internationale Küche; schöner Innenhof mit Sitzgelegenheit.

– ***Königswinterer Stuben***, Hauptstr. 362, ☎23325, Fax 27774; geöffnet: von 10 bis 23 Uhr, Donnerstag Ruhetag; Kategorie 3–4.

– ***La Barca***, Rheinallee 10–11; ☎904936; geöffnet: täglich von 12 bis 22 Uhr; Kategorie 3–4; italienische Küche.

– ***Milchhäuschen***, ☎24446, Fax: 22837; geöffnet: täglich außer montags von 10 bis 18.30 Uhr und im Winter bis zur Dämmerung; Kategorie 3–4; gutbürgerliche Gerichte, regionale Spezialitäten.

– ***Orangerie,*** Hauptstr. 473, ☎91600; geöffnet: Montag bis Samstag von 8 bis 24 Uhr, Sonn- und Feiertage von 11 bis 23 Uhr; Kategorie 1–4; internationale Küche.

– ***Restaurant Royal***, Bahnhofstr. 1a, ☎266-87; geöffnet: von 11 bis 14.30 Uhr und von 17 bis 23 Uhr, Sa, So, Feiertage von 13 bis 23 Uhr; Kategorie 3–4; indische Küche.

– ***Rheingold***, Rheinpromenade 6, ☎969840; geöffnet: Dienstag bis Sonntag von 11.30 bis 15 Uhr und von 17.30 bis 23 Uhr, Montag Ruhetag; Kategorie 2–4; internationale Küche, Biergarten mit Blick auf den Rhein.

– ***Ristorante Franco***, Hauptstraße 387; ☎21971; geöffnet: von 11.45 bis 14.30 Uhr und von 17.30 bis 23.30 Uhr, Montag Ruhetag; Kategorie 3–4; italienische Küche.

– ***Ristorante Italia***, Hauptstraße 352; ☎275-99; geöffnet: von 11.30 bis 14.30 Uhr und von 17.30 bis 23.30 Uhr, Donnerstag Ruhetag; Kategorie 3-4; italienische Küche.

– ***Spanischer Garten***, Vinxel, Holtorfer Str. 1, ☎21869; geöffnet: Dienstag bis Samstag von 11 bis 24 Uhr, Sonntag von 11 bis 23 Uhr, Montag Ruhetag; Kategorie 1-4; kleine Terrasse mit Blick über das Pleiser Hügelland. Zu erreichen mit der Buslinie 537, 541.

Neben den genannten Restaurants gibt es eine Vielzahl von Imbißstuben, in denen man Döner und Kebab preiswert und in der Regel schnell bekommt.

## Weinhäuser, Pubs & Cafés

Die Kneipenkultur in Königswinter spiegelt sich in heimeligen Weinhäusern ebenso wider wie in den touristisch ausgerichteten Kneipen und Cafés. Nachfolgend ist nur eine Auswahl an Cafés, Bistros, Pubs und Kneipen genannt:

(Tel.-Vorwahl 02223, wenn nicht anders angegeben)

– ***Alte Liebe*** Schiffsgaststätte Rheinufer, ☎21818; geöffnet: täglich von 10 bis 24 Uhr. Das Schiff wurde 1906 in Koblenz gebaut. Essen für den Kleinen Hunger, Rheinische „Spezialitäten".

– ***Weinhaus Im Tubak***, Hauptstr. 390, ☎22266; geöffnet: ab 16 Uhr, Samstag ab 11 Uhr, Sonntag Ruhetag. Einfache Gerichte für den kleinen Hunger.

– ***Weinhaus Henseler***, Tomberger Str. 27, ☎22991; geöffnet: von 16 bis 24 Uhr, Dienstag Ruhetag. Gemütliches Weinhaus mit Weinen aus heimischem Anbau, Essen für den kleinen Hunger, überdachte Terrasse.

– ***Musik Café Tamam***, Hauptstr. 349, ☎1761; geöffnet: von 11.30 bis 1 Uhr, Sonntag Ruhetag; mittwochs Oldieabend, samstags Funk-Soul-Musik, in regelmäßigen Abständen Lifemusik.

– ***Im Schiffchen***, Hauptstr. 358, ☎22241; geöffnet: von 11 bis 14 Uhr und von 16 bis 1 Uhr, Montag Ruhetag.

– ***Café Berzen***, Rheinallee, ☎3345; geöffnet: täglich von 10 bis 20 Uhr. Frühstück, Suppe, Salate für den kleinen Hunger, Café direkt auf der Rheinpromenade.

## WICHTIGES FÜR UNTERWEGS

(Tel.-Vorwahl 02223, wenn nicht anders angegeben)

### Banken

Wer dringend „Bares" benötigt, wird an den Geldautomaten der Banken und Sparkassen fündig:

– Kreissparkasse Siegburg, Bahnhofsstraße 5–7, ☎791-0.

– Volksbank Siebengebirge, Drachenfelsstraße 18, ☎21702.

### Fahrradverleih/Reparatur

– *Fahrradverleih*, Rheinhotel Günnewig, Rheinallee 9, ☎24051, Tagesgebühr 25 DM.

– *Gambino*, Grabenstraße 62, ☎1265.

### Fundbüro

Das *Fundbüro der Stadt Königswinter* befindet sich in der Drachenfelsstraße 9, ☎02244/889-0; Öffnungszeit: Montag bis Freitag zwischen 8.30 und 12.30 Uhr, Donnerstag 14–18 Uhr.

### Informationen

Anlaufstelle für alle touristischen Fragen ist die *Tourismus Siebengebirge GmbH Bad Honnef-Königswinter*, Drachenfelsstraße 11, 53639 Königswinter, ☎917711, Fax: 917720.

### Post

– *Postamt*, Alt-Königswinter, Hauptstr. 310, ☎9161-0; Öffnungszeit: Montag

**Öffnungszeiten der Tourismus Siebengebirge GmbH:**

| Monat/Tag | Montag – Mittwoch | Donnerstag + Freitag | Samstag |
|---|---|---|---|
| Ostern – 31.10. | 10–13.30 Uhr | 10–13.30 Uhr | 11–13.30 Uhr |
| | 14.30–17 Uhr | 14.30–18 Uhr | 14.30–17 Uhr |
| 01.11. – Ostern | Montag – Donnerstag | Freitag | Samstag |
| | 11–13 Uhr | 10–13 Uhr | ———- |
| | 15–17 Uhr | ———- | ———- |

bis Freitag zwischen 8.30 und 12 Uhr und von 15 bis 17 Uhr. Samstags zwischen 8.30 und 12 Uhr.
– *Postamt*, Niederdollendorf, Heisterbacher Str. 53, ☎25610; Öffnungszeit: Montag bis Freitag zwischen 9 und 12 Uhr und von 15 bis 17 Uhr. Samstags zwischen 9 und 11.30 Uhr.

### Schiffahrtsgesellschaften

Wer möchte nicht einmal eine Fahrt auf dem oft besungenen „Vater Rhein" unternehmen.

Hierfür stehen in Königswinter nachfolgende Unternehmen zur Verfügung, die sich im Preis und Angebot kaum unterscheiden:

– *Käufer, Josef*, Hauptstr. 440, ☎22656.
– *Köln-Düsseldorfer*, Deutsche Rheinschiffahrt AG, KD-Anlegestelle, ☎/Fax 02223/21638, Rheinpromenade. KD in Köln ☎0221/2088-318.
– *Meyer, Heinz*, Hauptstr. 60, ☎911333.
– *Personenschiffahrt Bungartz*, ☎1583 und 22369, Fax: 27238.
– *Personen-Schiffahrt eG Bonner*, Rheinallee, ☎02223/26565.
– *Schmitz, Franz*, Hauptstr. 52, ☎22578.
– *Personenschiffahrt Siebengebirge*, Bad Godesberg, Rheinallee 59, ☎0228/363737, Fax: 364994.
– *Siebengebirgslinie*, Hauptstr. 52, ☎22578, Mobil 01617210235, Fax: 21200.

## STRASSENVERKEHR UND VERKEHRSMITTEL

### Fahren & Parken

**Taxifahren** ist in Königswinter problemlos möglich, denn 6 Taxistände befinden sich in Alt-Königswinter. Mit einem Grundpreis von 4 DM und 2,50 DM für jeden gefahrenen Kilometer zuzüglich einer einmaligen Gebühr von 2 DM bei einer Anfahrt von über 2 Kilometer kann eine Taxifahrt im Stadtgebiet recht teuer werden.
Fahrzeuge sind zu erreichen bei:
– Taxi Krahe, Alt-Königswinter, ☎4696
– Taxi Esser, Ittenbach, ☎22500
– Taxi Staak, ☎1808
– Taxi Ringen, ☎19410

Ein kleiner Teil der Innenstadt ist als Fußgängerzone, der übrige Teil als verkehrsberuhigte Zone ausgewiesen und somit weitgehend verkehrsfrei.

Im Stadtbereich von Königswinter stehen den Autofahrern rund 1300 Stellplätze für PKW's und 44 für Busse auf 8 **Parkplätzen** zur Verfügung. Obwohl die Anzahl der verfügbaren Stellplätze ausreichend erscheint, ist es an Wochenenden oftmals unmöglich, einen Parkplatz zu finden. Nur wenige ausgewiesene Abstellplätze für Motorräder befinden sich im Stadtbereich.

Der **innerstädtische Personennahverkehr** wird durch die Buslinie 520 und 521 der Verkehrsbetriebe gewährleistet. Sie verkehren an den Wochentagen von 6 Uhr bis 23 Uhr, an Sonn- und Feiertagen zwischen 8.20 und 23 Uhr. Auskünfte sind unter ☎02241/499-0 erhältlich.

In die entfernteren Stadtteile und Ortschaften bestehen folgende Verkehrsverbindungen:

**Linie 508** Oberpleis – Sankt Augustin – Troisdorf – Konrad-Adenauer-Flughafen

**512** Siegburg – Stieldorf – Thomasberg – Stöckerhof – Ittenbach (und Gegenrichtung)
**520** Oberpleis – Thomasberg – Heisterbacherrott – Ober- und Niederdollendorf – Rundverkehr innerhalb des Stadtbereichs von Königswinter – Ittenbach – Oberpleis.
**521** Gegenrichtung von Linie 520
**526** Ittenbach – Aegidienberg – und Gegenrichtung
**537** Oberpleis – Thomasberg – Heisterbacherrott – Stieldorf – Vinxel – Bonn-Beuel – Bonn
**541** Oberpleis – Bockroth – Stieldorf – Vinxel – Ramersdorf – Bad Godesberg (Hochkreuzallee) und Gegenrichtung.

Eine schnelle Verbindung zum nahegelegenen Bonn mit seinen Museen und anderen Sehenswürdigkeiten besteht mit der **Stadtbahn,** Linie 66, die zwischen Bad Honnef, Königswinter, Bonn und Siegburg sowie in Gegenrichtung im 20-Minuten-Takt fährt. Im Vergleich zu anderen Städten sind die Verkehrstarife in Königswinter noch relativ günstig. So kostet ein Fahrschein der Zone A für einen Erwachsenen 3,40 DM, für ein Kind 1,80 DM und für ein Fahrrad wird 1,80 DM verlangt. In der Tarifzone B kostet der Einzelfahrschein 5,10 DM. Fahrkartenautomatenn befinden sich an jeder S-Bahnhaltrestelle. Zwar nehmen die Automaten 10-Mark-Scheine an, besser ist es jedoch, passendes Kleingeld bereitzuhalten.

**Übrigens:** Schwarzfahren kostet im günstigsten Fall 60 DM, kann aber auch zu einer Strafanzeige führen.

Bequem gelangt man auch zum Gipfel des Drachenfels mit der gleichnamigen **Zahnradbahn.** Sie fährt zwischen März und Oktober alle 30 Minuten (bei Bedarf Zwischenfahrten) sowie von November bis Februar stündlich.

Weitere Auskünfte sind unter ☎02223/92090, Fax: 4734 erhältlich.

**Fahrplan** der Drachenfelsbahn

| Monat / Tag | Mo. – Fr. | Sa. / So. |
|---|---|---|
| Jan. – Feb. | 12–17 Uhr | 11–18 Uhr |
| März | 10–18 Uhr | 10–18 Uhr |
| April | 10–19 Uhr | 10–19 Uhr |
| Mai – Sept. | 9– 20 Uhr | 9– 20 Uhr |
| Okt. | 10–18 Uhr | 10–18 Uhr |
| Nov.-Dez. | 12–17 Uhr | 11–18 Uhr |

Für eine 20minütige Bergfahrt bezahlen Erwachsene 10 DM, Kinder zwischen 4 und 10 Jahren 6 DM; die Talfahrt kostet für Erwachsene 9 DM, für Kinder 5 DM. Für die kombinierte Berg- und Talfahrt werden von Erwachsenen 13 DM und von Kindern 7 DM verlangt.

***Autofähre*** nach Mehlem; ganzjährig von Montag bis Freitag zwischen 5.45 und 21.45 Uhr, Sonn- und Feiertage zwischen 8 und 21.45 Uhr, Fahrzeiten 4 mal stündlich. Eine einfache Fahrt kostet für ein Auto 4,20 DM, Erwachsene zahlen 1,50 DM, mit Fahrrad 2,80 DM, Fahrrad 1,40 DM, Kinder bis 4 Jahren zahlen 0,50 DM, Kinder bis zu 4 Jahren fahren kostenfrei. Auskünfte sind unter ☎21595, Fax: 25122 erhältlich.

## Autovermietungen

– *Europcar,* Siegburger Str. 54, ☎02244/2311.
– *ADAC Autovermietung,* Siegburger Str. 54, ☎02244/82127.

# FREIZEITAKTIVITÄTEN

Eine Broschüre mit den Adressen der ortsansässigen Sportvereine ist bei der *Schul-, Sport- und Kulturabteilung* der Stadtverwaltung, Dollendorfer Str. 39, ☎02244/889-0 erhältlich.

## Ballonfahren

Wer das Siebengebirge aus der Luft betrachten möchte, für den bietet sich eine Ballonfahrt an. Die Startplätze befinden sich, je nach Windverhältnissen, an verschiedenen Standorten im Großraum Siebengebirge. Schon die Startvorbereitungen können zu einem Erlebnis werden, wenn die bunten Ballons – oft in großer Anzahl – mit heißer Luft gefüllt werden. Bei gutem Fahrwetter, meist am Morgen oder abends, kann man eine Vielzahl der „Riesen" am Himmel beobachten. Denn das Ballonfahren erfreut sich großer Beliebtheit und die Zahl der Heißluftballons hat sich in den letzten 10 Jahren verdoppelt. Bei schönem Wetter gehen in Deutschland täglich rund 600 Ballons in die Luft.

Informationen sind bei der *Tourist-Information*, Drachenfelsstraße 9–11 in Königswinter ☎02244/889325 erhältlich. Für das Vergnügen, die Hügellandschaft aus der Luft zu betrachten, ist *Hot-Air-Ballooning*, Im Kleefeld 42, 53639 Königswinter, ☎02223/28024, eine gute Adresse.

Das *Bonner Ballon-Team* ist unter ☎02225/18884 und *Euroballooning*, Blücherstr. 26, 53115 Bonn unter ☎0228/9111050 zu erreichen.

## Einkaufen

In den Geschäften und Souvenierläden der Stadt werden die üblichen Andenken und Mitbringsel angeboten. Zwar nicht unbedingt typisch, doch interessant sind die formschönen Keramiken, Skulpturen und Töpfereien der *Töpferei Dietz*, Rheinallee 17, ☎23202, geöffnet Montag bis Freitag zwischen 9 und 12.30 Uhr und von 14.30 bis 18.30 Uhr sowie Samstag von 9 bis 13 Uhr. Wer den Töpfern einmal bei ihrer Arbeit über die Schulter schauen möchte, kann dies von Montag bis Freitag zwischen 10 und 12 Uhr sowie zwischen 15 und 16 Uhr tun; Kostenbeitrag für Erwachsene 3 DM, für Kinder bis zum 18. Lebensjahr ist der Besuch frei.

In der Klotzstraße 12 befindet sich das Geschäft *Wein Spiel* (☎904296), in dem das Angebot von schönem Holzspielzeug für die Kleinen bis zu Weinen aus der Region für die Erwachsenen reicht. Die Öffnungszeit ist von Dienstag bis Freitag zwischen 14.30 und 19 Uhr, Samstag von 10 bis 12 Uhr und von 14 bis 16 Uhr.

## Kutschen- und Planwagenfahrten

Kinder können den Weg zum Drachenfels auf dem Rücken von einem der zahlreichen Esel zurücklegen (15 DM/ Kind), die an der Talstation der Drachenfelsbahn ihren Standort haben.

Eine Planwagenfahrt um und eine Kutschenfahrt durch das Siebengebirge kann ebenso zu einem besonderen Ereignis werden. Im Stadtteil Thomasberg bietet der *Fahrstall Otto*, Hirschbergstraße 11, ☎02244/7814 Planwagen- und Kutschenfahrten an. Auf den ganzjährigen Fahrten mit dem Planwagen um das Siebengebirge wird ein Bauernfrühstück serviert. Eine Fahrt kostet bei min. 10 Teilnehmern 10 DM/Person und Stunde. Eine Kutschenfahrt durch das Siebengebirge kostet je nach Kutschengröße zwischen 75–90 DM/Stunde. Fahrziel sind unter anderem die Waldlokale *Milchhäuschen* und *Einkehrhaus*. Informationen sind unter ☎02244/7814, Fax: 5468 erhältlich.

Für Stadtfahrten mit einer Pferdekutsche steht an der Talstation der Drachenfelsbahn das Fahrunternehmen *Manfred Ohagen*, Am Kissel 22, ☎02223/23306 oder 22445 bereit.

## Sauna

Siehe Stadtteil Oberpleis

## Schwimmen

Sollte es regnen, sind Hallen- oder Erlebnisbäder eine willkommene Einrichtung.

– *Schwimmtreff*, Cleethorpeser Platz 10, Altstadt, ☎02223/9163-0, Fax: 9163-10. Neben verschiedenen Kursen, Schnuppertauchen und Kinderfeiern findet Donnerstag zwischen 13 und 16.30 Uhr Seniorenschwimmen statt.
*Öffnungszeiten*: Montag–Freitag von 6 bis 9 Uhr und von 13 bis 22 Uhr, Mittwoch bis 18 Uhr. Samstag von 7 bis 19 Uhr, Sonntag von 8 bis 17 Uhr. Eintritt: Erwachsene 6 DM, Kinder ab 6 Jahren 3 DM.
Verkehrsanbindung: Bus Linie 520, 521, Haltestelle „Schulzentrum"

Während der Freiluftsaison steht in Königswinter ein Freibad zur Verfügung. Es liegt außerhalb der Altstadt, auf halbem Weg zum Drachenfels.

– *Lemmerz Freibad*, Oberweingartenweg, ☎21296.
*Öffnungszeiten*: Montag bis Sonntag von 11 bis 19 Uhr. Eintritt: Erwachsene 5 DM, 10er Karte 40 DM, Kinder ab 6 Jahren 3 DM, 10er Karte 25 DM, ab 18 Uhr zahlen Berufstätige 3,50 DM.
Verkehrsanbindung: Bus Linie 520, 521, Haltestelle „Bahnhof"; von der Haltestelle noch rund ½ Stunde Fußweg.

## Stadtführungen

Für Besucher mit wenig Zeit im Reisegepäck bietet sich die Möglichkeit, eine **organisierte Stadtführung** zu unternehmen. Anfragen zu Stadtrundgängen und Wanderungen sowie Buchungen sollte man an die *Tourismus Siebengebirge GmbH*, ☎917711, Fax: 917720 etwa 10 bis 14 Tage vor dem gewünschten Termin richten. Treff- und Zeitpunkt kann individuell vereinbart werden.
Angeboten werden:

– *Stadtrundgang*, Dauer: 1 Std., 70 DM.
– *Weinwanderung*, Dauer: 2 Stunden, 120 DM.
– *Siebengebirgsrundfahrt* mit eigenem Bus, Dauer: 2 Stunden, 120 DM.
– Drachenfelswanderung, Dauer: 2 Stunden, 120 DM.

Des weiteren bietet die *Tourismus Siebengebirge GmbH geführte* **Besichtigungstouren** kombiniert mit einer Schiffsrundfahrt an. So z. B. die sogenannte *Ferienkiste*, die eine Berg- und Talfahrt der Drachenfelsbahn, einen Besuch der Nibelungenhalle, des Schlosses Drachenburg und des Siebengebirgsmuseums sowie eine Schiffsrundfahrt nach Linz enthält. Erwachsene zahlen 38 DM, Kinder 22 DM.

Eine Schiffsrundfahrt nach Linz, eine Berg- und Talfahrt mit der Drachenfelsbahn und ein Besuch der Nibelungenhalle enthält das Programm *Berg & Tal*, das für einen Erwachsenen 33 DM und für Kinder 18 DM kostet.

Bei dem Programm *Kultur* besichtigen die Teilnehmer das Schloß Drachenburg und das Siebengebirgsmuseum und fahren mit der Drachenfelsbahn auf den Gipfel des Königswinterer Wahrzeichens. Erwachsene zahlen 17 DM und Kinder 10 DM.

Vom *Siebengebirgsmuseum* werden zwischen Mai und Oktober an jedem 2. Samstag im Monat die sogenannten **Historischen Wanderungen** durchgeführt. Sie führen u. a. zum Drachenfels, Petersberg, Kloster Heisterbach sowie entlang des Rheines und nach Aegidienberg. Sie dauern etwa 3–4 Stunden und kosten zwischen 10 DM und 16 DM pro Person. Der Treffpunkt ist jeweils um 14 Uhr am Siebengebirgsmuseum. Informationen sind unter ☎3703 erhältlich.

Eine Stadtbesichtigung besonderer Art ist eine Rundfahrt mit dem kleinen „Lokomobil" mit einigen Wagen. Die Fahrt mit dem Touristen-Bähnchen auf Gummirädern startet halbstündlich, dauert ca. 20 Minuten und kostet 5 DM pro Person. Weitere Informationen sind unter ☎92090 zu erfragen.

Ebenso interessant können aber auch Fahrten auf eigene Faust sein, beispielsweise mit der Stadtbahn nach Bonn oder auf einem der Ausflugsboote auf dem Rhein.

Zwischen dem 1. Mai und 1. August ist der **Drachenland Express** unterwegs. Auf der einst stillgelegten Eisenbahnsteilstrecke zwischen der Stadt Linz und der Ortschaft Kalenborn pendelt jeden Sonn- und Feiertag ein historischer Schienenbus im Stundentakt zwischen 11 und 18 Uhr durch das wildromantische Kasbachtal mit Haltepunkt in Kasbach und bei der Privatbrauerei Steffens. Der aus den 50er Jahren stammende Schienenzug fährt fast das gesamte Tal hinauf im Schrittempo, während der Schaffner geduldig von Sitzreihe zu Sitzreihe schreitet und die Fahrkarten verkauft.

Die Berg- und Talfahrt kostet 12 DM, Berg oder Talfahrt 8 DM, Kinder zwischen 4–13 Jahren zahlen 6 bzw. 4 DM, Fahrräder und Kinderwagen werden frei befördert. Inhaber einer KD-RheinCard bzw. von RSE-Gutscheinen und Gruppen ab 5 Personen erhalten einen Rabatt von 50%, von DB-BahnCard oder VRS-Abos einen Nachlaß von 1 DM.

Informationen sind bei der Tourismus Siebengebirge GmbH, ☎917711 sowie bei der Rhein-Sieg-Eisenbahn GmbH (RSE) unter ☎0228/430521 erhältlich.

## Veranstaltungen

Ein Ereignis der besonderen Art findet am ersten Samstag im Mai mit der Großveranstaltung **Rhein in Flammen** statt. Bei dem Weinort Linz formiert sich in den Abendstunden ein Schiffskonvoi zu einer Lichterfahrt stromabwärts bis nach Bonn. Vorbei an den festlich geschmückten Uferpromenaden der Rheinorte, begleitet von Feuerwerken und Bengalischen Feuern, fährt der Schiffskorso bis nach Bonn, wo vor eindrucksvoller Kulisse das rund dreistündige Spektakulum mit einer Abschlußveranstaltung endet.

Jährlich wird am ersten Oktoberwochenende das Winzerfest veranstaltet. Aus der Tradition des Weinbaus heraus ist das Fest entstanden, das heute allerdings mehr einem Rummel ähnelt. Das Altstadtfest findet im Mai/Juni statt.

## KLOSTER HEISTERBACH

Rund 2 km von Oberdollendorf entfernt liegt in östlicher Richtung das **Kloster Heisterbach.** Heute am Waldrand gelegen, gaben die Buchen (Heister) und der kleine Bach, der den Wald in vielen Windungen durchfließt, dem Kloster den Namen.

Ursprünglich bewohnten Mönche des Eifelklosters Himmerod (1134 von der Abtei Clairvaux, einem Tochterkloster der Abtei Citeaux gegründet) seit 1142 auf dem Stromberg (heute Petersberg) eine Klosteranlage. Das rauhe Klima und der unfruchtbare Boden machten ihnen zu schaffen und 1192 zogen sie ins Tal am Heisterbach. Inmitten des schützenden Buchenwaldes bauten sie ein Kloster, das für die kommenden 600 Jahre bestehen und die Geschichte der Region mit beeinflussen sollte.

Der Grundstein für die Abteikirche der Zisterziensermönche wurde 1202 gelegt und am 18. Oktober 1237 konnte die Kirche geweiht werden. Bis zu ihrer Zerstörung war sie neben dem Kölner Dom die zweitgrößte Kirche der Region und die größte romanische Kirche im Rheinland.

Die dreischiffige Pfeilerbasilika mit dem Grundriß eines lateinischen Kreuzes war 88 m lang und im größeren der beiden Querschiffe 40 m breit. Das Hauptportal mit den mittleren Fenstern sowie das Mittelschiff wurden durch Spitzbogenformen geprägt, wohingegen an den Fenstern im Chorumgang der Rundbogenstil vorherrschte. Das Äußere wie auch das Innere des Klosters zeichnete sich durch eine strenge geometrische Gestaltung aus. Die Schön-

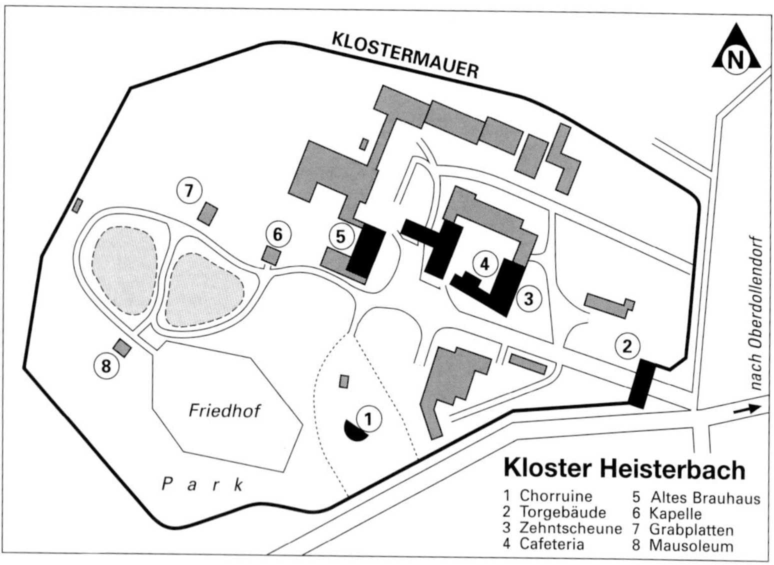

heit im Innern war zwar eher bescheiden und entsprach dem Gelübde des Zisterzienserordens, doch es wurde große Sorgfalt auf handwerkliche Kunst gelegt.

Auch wenn der Orden seinen größten Zulauf im 12. Jh. hatte, erlebte das Zisterzienserkloster in Heisterbach dies im 13. Jahrhundert. 1237 wurde es zwar zum Wallfahrtsort, doch bekannt wurde das Kloster in der ersten Hälfte des Jahrhunderts durch den Mönch Caesarius (1180–1249). Er war Novizenmeister und besaß großes schriftstellerisches Talent. Er schrieb die Geheime Offenbarung „Es erschien ein großes Zeichen am Himmel" und weitere bedeutende Werke, zu denen u. a. der *Dialogus*, ein Werk aus zwölf Bänden gehörte. Einige der historischen Dokumente befinden sich im Archiv der Stadt Trier.

Dem heute noch bekannten Mönch wurde schon 1897 ein Denkmal neben der Klosterruine gesetzt. Ein Bronzestandbild von Caesarius, das ihn über ein Schreibpult gebeugt darstellt, steht in der Ortsmitte von Oberdollendorf.

Nach der Säkularisation der Abtei Heisterbach 1803 wurde sie mit den anderen Abteigebäuden verkauft. 1805 kaufte ein Niederdollendorfer Bürger die sogenannte alte Abtei, 1809 fiel die Marienkirche für 3870 Taler an den Unternehmer des Rhein-Maas-Kanals, der bis 1818 die Mauern der Kirche bis auf den Chor abtragen ließ. Die Chorruine wurde zum Kulturdenkmal erklärt und ihr malerischer Zerfall war beliebtes Motiv der Rheinromantiker, die die Ruine berühmt machten.

Mit der Aufhebung des Klosters brach für die 14 Mönche eine neue Epoche an. Im November 1803 verließen sie die Stätte, an der sie nach den strengen Ordensregeln gelebt hatten. Ihr Tag begann in der Nacht und war von den Stundengebeten bestimmt. Nur einmal am Tag war eine Mahlzeit erlaubt, tierische Fette und Fleisch waren verboten. Die praktisch veranlagten Gottesdiener hatten ein arbeitsames Leben und das mönchische Schaffen und ihr soziales Wirken linderte oftmals die Not der Bevölkerung. Ihrem Kloster in seiner Abgeschiedenheit verliehen sie einen mystischen Schleier, in dem viele Sagen entstanden (siehe Kapitel *Sagen und Myhten*).

1820 erwarb das Geschlecht zur Lippe das klösterliche Anwesen, die es 1918 an den Orden der Cellitinnen verkauften. Heute leben noch rund 30 Ordensschwestern im Kloster Heisterbach.

*Chorruine*

Nach wie vor ist die **Chorruine** der Abteikirche ein Anziehungspunkt. Nach den Restaurierungen der Apsis wurde sie eher zu einem Bauwerk, als zu einer Ruine umgestaltet, wodurch jedoch die Baukunst der französischen Gotik der Nachwelt erhalten bleibt.

In der Nähe der Ruine steht das im 19. Jh. als Hotel errichtete Gebäude, das ab 1940 als Krankenhaus und zwischen 1970–1993 als Altenheim diente.

Ein weiteres architektonisches Prunkstück der heutigen Klosteranlage ist das barocke Eingangsportal, das um 1750 unter Abt Augustin Mengelberg erneuert wurde. Zu beiden Seiten des Toreingangs stehen zwei Steinfiguren in einer Nische, die zum einen den hl. Benedictus zeigen, der als der Vater des abendländischen Mönchtums gilt, ihm gegenüber steht der hl. Bernadus.

Bernhard von Clairvaux trat 1112 in das Kloster Citeaux bei Dijon ein und reformierte im 12. Jh. das abendländische Mönchtum. Der nach ihm benannte Orden der Zisterzienser fand breiten Zuspruch und breitete sich schnell in Europa aus. Die Mönche wurden wegen ihrer ungefärbten Kleidung (Habit) auch „graue" oder „weiße Mönche" genannt.

Zur Klosterhofseite hin trägt das Eingangsportal ein doppeltes Chronogramm: *Pax CVIqVe IntrantI rVrsVMpaX hinC reDeVntI, Anno RoMae sanCto De soLo attoLLebar."* (Friede sei jedem, der hier eintritt, Friede auch dem, der von hier zurückkehrt, Jubeljahr feiert Rom, als ich vom Boden erstand).

Vermutlich entstand auch unter der Führung des Abtes Mengelberg die große **Klostermauer,** die ein rund 4 ha großes Areal umfaßt. Um die hohen Kosten beider Bauwerke zu decken, benötigten die Mönche eine Anleihe der Abtei Marienstatt im Westerwald, die im Jahre 1212 von ihnen gegründet worden war.

Außer der Chorruine und dem Torgebäude sind vom alten Kloster die Zehntscheune, das Alte Brauhaus und der ehemalige Küchenhof erhalten, in dem sich heute das Café *Klosterstübchen* befindet.

Das Lokal ist täglich außer montags von 11.30 bis 18 Uhr geöffnet. Im ehemaligen Brauhaus des Klosters ist heute ein Tagungszentrum eingerichtet. Neben den ursprünglichen Gebäudeteilen sind noch einige wenige Steinskulpturen erhalten geblieben.

Im westlichen Teil der Klosteranlage befindet sich ein kleiner, ruhiger Park mit drei Teichen sowie der einstige Friedhof. An dem Rundweg stehen die Leidensstationen Christi, im südwestlichen Teil der Parkanlage steht das neugotische Mausoleum der Familie zur Lippe. Gegenüber des Mausoleums liegt das Grabmal der Eheleute von Hobe. Der Königlich Preußische Generalleutnant Curt von Hobe starb 1822. Nennenswert ist das Grabkreuz, dessen Sockel aus schlanken Gesteinssäulen gebildet ist. Führungen durch die Klosteranlage können beim *Zentralen Pfarrbüro*, Hauptstraße 275, 53639 Königswinter (☎02223/9240-0) vereinbart werden.

# HEISTERBACHERROTT

Aus dem eigenwilligen Namen des Ortes geht hervor, daß für seine Entstehung Wälder gerodet wurden (rott= Rodung). Die Entstehung der einst zwei Dörfer, Ober- und Unterheisterbacherrott, reicht vermutlich bis in die Karolinger Zeit. Erstmals urkundlich erwähnt wurde ein „Roda" im Jahre 1143, als der Fronhof in den Besitz des Stifts Schwarzrheindorf ging.

Obwohl die Ursprünge des Orts ins 8./9. Jh. zurückreichen, wurde das Gesicht von Heisterbacherrott vorwiegend im 19. Jh. geprägt. Auffallend ist, daß es in dem Ort anders als bei vielen anderen Stadtteilen von Königswinter keinen ursprünglichen Ortskern gibt. Viele der Häuser wurden nach dem Krieg erbaut, auch wenn in Heisterbacherrott das älteste Fachwerkhaus (Petrusstraße 11) des Stadtgebietes steht. Zwar erfuhr das Haus einige bauliche Veränderungen und wurde im Innern zum Teil durch einen Brand vernichtet, doch es lassen sich trotzdem Rückschlüsse auf die mittelalterliche Bauweise in Königswinter ziehen.

Markantes Bauwerk im Stadtteil ist die **Wallfahrtskirche St. Judas Thaddäus,** die 1891 nach den Plänen des Straßburger Dombaumeisters Franz Schmitz im neugotischen Stil erbaut wurde. Als Baumaterial für die Hallenkirche wurde der Latit des Stenzelberges verwendet. 1965 wurde die Kirche durch einen Vorbau erweitert, der heute die Thaddäus-Kapelle beherbergt. Hier steht ein kleiner Altar mit einigen Bänken, wo die Gläubigen Platz und Ruhe zum Beten finden. Im Innern überzeugt das Gotteshaus durch seine Schlichtheit. Der Kirchenraum ist durch eine Glaswand abgetrennt und somit nur während der Gottesdienste zugänglich. Seit 1912 ist die Kath. Pfarrkirche auch Wallfahrtskirche.

Vor der Kirche steht ein Ehrenmal für die gefallenen Soldaten beider Weltkriege.

Am westlichen Ortsausgang befindet sich in der Dollendorfer Straße 412 das **Haus Schlesien.** Den Vorgarten des Hauses ziert eine Büste des schlesischen Dichters Gerhart Hauptmann. Sie steht auf einem Granitsockel, der aus dem Riesengebirge stammt.

Das Gebäude wurde erstmals 1173 urkundlich als Fronhof des Stifts Schwarzrheindorf erwähnt. Im 14. Jh. übernahm das Kloster Heisterbach den Hof, an dem es das Zehntrecht besaß. Bis zur Säkularisierung der Zisterzienserabtei im Jahre 1803 wechselte der Fronhof mehrmals den Pächter bzw. den Besitzer. 1818 wurde er für 9800 Reichstaler versteigert, doch schon ein Jahr später wurde er wieder verkauft und von einem Bonner Bürger für 7500 Reichstaler erworben. 1922 kauft der Kölner Jude Strauß den Hof, der jedoch 1934 durch die Nationalsozialisten gezwungen wurde, den Komplex an Gutsbesitzer Esser zu verkaufen. 1963 erwarb die Stadt Köln durch Tauschverfahren den ehemaligen Fronhof, der 1978 vom Verein Haus Schlesien übernommen wurde.

Im Laufe seines Bestehens wurde der Hof mehrmals umgestaltet. Umfangreiche bauliche Veränderungen wurden 1922 durchgeführt, wobei die vierflügelige Anlage mit geschlossenem Innenhof entstand. Zwei Portale führen in den fast quadratischen Innenhof, in dessen Mitte eine kleine Glocke aus dem Jahre 1609 steht, die aus der Abtei Kamenz in Schlesien stammt.

Zu den Sehenswürdigkeiten der Tagungs- und Begegnungsstätte zählt das **Museum für schlesische Landeskunde.** Prunkstück der großzügigen Ausstellungsräume ist die eindrucksvolle Glas- und Silbersammlung des Museums. Von Gläsern vom Beginn des 18. Jhs. über Barockgläser bis hin zu Jugendstilgläsern reichen die Exponate. Einen Einblick in die handwerkliche Kunst vermitteln die vielen geschliffenen und bemalten Gläser.

Eindrucksvoll ist die Silbersammlung mit dem Nautiluspokal aus dem frühen 17. Jh. ebenso wie die Keramiksammlung des Museums. Des weiteren gehören Teile aus der Königlich Preußischen Porzellanmanufaktur, eine Sammlung des Eisenkunstgusses, eine Möbel- und Skulpturensammlung ebenso wie eine Gemälde-, Grafik und Volkskunstsammlung.

Die umfangreiche Volkskunstsammlung zeigt neben schlesischen Trachten, bäuerliche Keramik, Möbel und andere Gegenstände des alltäglichen Lebens.

Bemerkenswert ist die Bibliothek, die mit ihren rund 20.000 Bänden aus den Bereichen Kunst, Geschichte, Kultur, Landes- und Volkskunde sowie Werken schlesischer Schriftsteller. Sie ermöglicht einen Einblick in die Kultur der Schlesier und steht jedem Besucher zur Verfügung.

Das Museum für schlesische Landeskunde (☎02244/886-0, Fax: 02244/886-200) ist täglich außer montags von 10 bis 12 Uhr und von 13 bis 17 Uhr geöffnet. Der Eintritt kostet für Erwachsene 2 DM, mit Führung 3 DM, für Kinder 1 DM. Die Zugänglichkeit aller Ausstellungsräume für Rollstuhlfahrer ist gegeben.

Neben dem Museum und einem Andenkenladen gibt es ein Hotel mit 38 Zimmern sowie das **Restaurant Rübezahlstube** (☎02244/886-0), in dem typisch schlesische und internationale Gerichte angeboten werden. Geöffnet ist das Restaurant täglich außer montags von 11.30 bis 20 Uhr. Zu erreichen ist das Haus Schlesien mit einem Bus der Linie 521, 534, Haltestelle „Heisterbacherrott".

Ganz in der Nähe steht westlich des Hauses Schlesien die kleine **Nikolauskapelle.** Sie wurde um 1150 in romanischem Stil zu Ehren des heiligen Markus als Hofkapelle des Fronhofs erbaut, im 13. Jh. ging die Kapelle an die Abtei Heisterbach. Während des Dreißigjährigen Krieges wurde die Kapelle stark beschädigt, so daß sie 1676 renoviert und dem heiligen Nikolaus geweiht wurde. Bis zur Säkularisierung im Jahre 1803 blieb die Kapelle mit dem Fronhof Eigentum des Frauenklosters Schwarzrheindorf, ab 1866 gehörte sie zur Pfarrei Heisterbacherrott.

Neben der Kapelle breitet sich ein kleiner Teich aus, der im Sommer der Tummelplatz von verschiedenen Wasservögeln und sonstigem Federvieh ist.

Verläßt man Heisterbacherrott über die Landstraße L 268 oder per pedes über den Wanderweg „I", so erreicht man nach rund einem Kilometer den **Steinbruch Weilberg.** In dem Naturdenkmal wurde am 15. Oktober 1971 dem Siebengebirge das Europäische

*Ehemaliger Steinbruch*

Diplom vom Europarat verliehen. Der Weilberg liegt in einer Vulkanlandschaft, die vor ca. 30 Mill. Jahren entstand. Über das Plateau des Vulkans aus Tuff und Basalt floß in der Eiszeit (Diluvium) der Rhein, später wurde die Oberfläche durch Erosion abgetragen.

Auch wenn die Natur sich der Wände des Steinbruchs wieder bemächtigt, die teilweise mit Gestrüpp überwuchert sind, so sind doch deutlich die einzelnen Gesteinsschichten und Basaltsäulen besonders am Fuße des Steinbruchs, wo sich ein kleiner See gebildet hat, zu erkennen. Neben dem Tuff, der an verschiedenen Orten im Siebengebirge zu feuerfesten Steinen verarbeitet wurde, unterscheidet man drei Gesteinsgruppen: die Trachyte, Latite und die Basalte.

## THOMASBERG

Nahtlos geht der Stadtteil Heisterbacherrott in den Stadtteil Thomasberg über. Er zählt zu den jüngeren Stadtteilen und wird vorwiegend von Neubaugebieten geprägt. Noch im 19. Jh. standen in Thomasberg nur einzelne Hofsiedlungen. Von einem der Höfe, dem Hof Thomasberg, erhielt der Stadtteil seinen Namen.

In Thomasberg befindet sich in der Hirschbergstaße 11 der Fahrstall Otto, der Planwagen- und Kutschenfahrten anbietet. Auf den Fahrten durch das Siebengebirge wird ein Bauernfrühstück serviert. Informationen sind unter ☎02244/7814, Fax: 5468 erhältlich.

In dörflicher Gemeinsamkeit finden verschiedene Veranstaltungen in beiden Stadtteilen statt. Am letzten Wochenende im September wird in Thomasberg das *Oktoberfest* veranstaltet. In Heisterbacherrott findet im August das *Weiherfest* und am 1. Sonntag im Juli die *Kirmes* statt.

*Haus Schlesien*

# ITTENBACH

An den südöstlichen Ausläufern des Großen Ölbergs sowie im Osten des Lohbergs und der Löwenburg breitet sich der Stadtteil Ittenbach bis zur Autobahn A 3 aus. Im Süden reicht der Stadtteil mit dem Laagshof bis an den Stadtbereich von Bad Honnef, im Westen bis zur Margarethenhöhe, die gleichzeitig der höchste Punkt der Verbindungsstraße zwischen Königswinter und Oberpleis ist. Den Namen erhielt die Margarethenhöhe von dem gleichnamigen Kreuz (1641) am Fuße des Ölbergs. Zentral gelegen ist die rund 1,5 km westlich gelegene Margarethenhöhe einer der meist angefahrenen Ausgangspunkte für Wanderungen ins Siebengebirge.

Die erste Erwähnung des Ortes *Idubag* fand sich in einer Schenkungsurkunde des Erzbischofs Hermann I. im Jahre 922. Ob sich die Schreibweise änderte ist nicht belegt, doch 1320 war aus der ursprünglichen Benennung „Yttenbag" geworden, das bis 1806 zum kurkölnischen Amt Wolkenburg gehörte. Anschließend wurde die Ortschaft in Königswinter eingemeindet.

Um die Jahrhundertwende war Ittenbach ein beliebter Luftkurort und die Ausbreitung des Ortes mit Pensionen und anderen Einrichtungen für die Gäste vollzog sich überwiegend in südliche und östliche Richtung. Nur wenige Häuser von Ittenbach sind dabei mit dem typischen Trachytmauerwerk erbaut worden, wie man sie in der Kirchstraße heute noch sehen kann. Sie dienten meist als Unterkünfte von Wallfahrern, die besonders nach dem Zweiten Weltkrieg Ittenbach aufsuchten.

Das heutige Bild des Stadtteils Ittenbach wird vorwiegend durch eine Architektur der Nachkriegszeit bestimmt, denn nachdem Bonn zur Bundeshauptstadt ernannt worden war, entdeckten viele Städter Ittenbach als angenehmes Wohngebiet.

Die **Kath. Pfarr- und Wallfahrtskirche** ist ein mit Bruchsteinen verkleideter Bau, der vermutlich zwei Vorgängerbauten hatte, wobei es sich beim ersten Gotteshaus um eine hofeigene Kapelle gehandelt haben soll. Um 1660 entstand die neue barocke Kirche, die 1827 wegen Baufälligkeit abgerissen werden mußte.

1836–39 entstand eine einfache Hallenkirche mit Chor, an den zu einem späteren Zeitpunkt der Turm angebaut wurde. Nach dem Ersten Weltkrieg bis in die 70er Jahre wurde die Pfarrkirche, die der „Schmerzhaften Mutter" geweiht ist, mehrmals erweitert und umgebaut.

Im Innern wird das Gotteshaus von dem barocken Altar bestimmt, der wie die restliche barocke Ausstattung aus der Kapelle des 17. Jhs. und aus der Drachenfelskapelle stammt. In der Vierung steht ein kleinerer neuer Altar im eckigen Chor. Im linken Teil der Apsis steht das Taufbecken sowie ein Seitenaltar. An einem der beiden Seitenaltäre sind noch kleine Wappenschilde von früheren Burggrafen und Patronen zu sehen. Bemerkenswert ist die Kanzel im Stil des Rokokos.

In der Hallenkirche ohne ausgeprägtes Langhaus gibt es die Tauf- und die Beichtkapelle. An dem Mauerwerk der beiden Kapellen befinden sich außen barocke Grabsteine aus dem 16. und 17. Jahrhundert.

In Sichtweite der Kirche liegt der Christopherusplatz, der von der in einen Brunnen integrierten **Mariensäule** geziert wird. Die Mariensäule, deren Standort urspünglich vor dem alten Pfarrhaus war, wurde 1759 aus Trachyt erbaut. Der Sockel trägt die lateinische Inschrift „Casta & InVlo Lafa Maler Inter CeDe pro nobl".

Die barocke Marienfigur stammt vermutlich von einem Heisterbacher Künst-

*Mariensäule*

ler. Besonders an sonnigen Tagen ist der Dorfplatz ein beliebter Treffpunkt von Gruppen, die zu Wanderungen ins Siebengebirge aufbrechen. Vom Platz aus hat man einen freien Blick auf den nahegelegenen Ölberg.

Nur wenige hundert Meter vom Platz entfernt steht *In der Mark* die **evangelische Auferstehungskirche.** Das Gotteshaus wurde auf der Grundfläche eines gestreckten Sechsecks 1966/67 nach den Plänen der Kölner Architekten Lincke und Urmetzer erbaut. Es liegt inmitten eines Wohngebietes und sticht besonders durch den als Dreieck ausgebildeten Glockenturm hervor. Der akzentuierende Turm bildet im Erdgeschoß den Eingang. Im Innern zeigt sich die bis zu 240 Personen fassende Kirche aus Backstein, Beton und holzverschalter Decke. Das markante Bauwerk ist meist verschlossen und eine Besichtigung daher nicht möglich.

Geht man vom Dorfplatz in östlicher Richtung bis zur Logebachstraße, beginnt auf der linken Straßenseite am Waldrand ein **Kreuzweg,** der durch ein Kreuz mit der Inschrift „Wir gehen mit dem Herren Jesus Christus den Kreuzweg" gekennzeichnet ist. Der Kreuzweg entstand nach dem Kriege, als sich Ittenbach zum Wallfahrtsort entwickelte.

Nur wenige Meter entfernt liegt am östlichen Ortsrand nahe der Autobahn A 3 der **Soldatenfriedhof,** auf dem 1871 gefallene Soldaten verschiedener Nationen ihre letzte Ruhestätte gefunden haben. Der Friedhof wurde mit dem Volksbund Deutscher Kriegsgräberfürsorge und der Gemeinde Königswinter eingerichtet und im Juni 1951 eingeweiht. Jedes Steinkreuz markiert die Ruhestätte von zwei Gefallenen.

Vor allem in den letzten Kriegswochen des Zweiten Weltkriegs, als sich die deutschen Truppen im Siebengebirge sammelten, erhielt die Hügellandschaft strategische Bedeutung. Die schweren Kämpfe forderten viele Opfer unter den Soldaten beider Fronten sowie unter den Zivilisten. Die Opfer wurden von amerikanischen Truppen auf einem Acker in der Nähe des Laagshofs bestattet.

Selbst aus den Lazaretts und Kampfplätzen von Eifel, Siegburg, Sauerland und dem Ruhrkessel wurden Tote nach Ittenbach gebracht und beigesetzt. Während die Amerikaner, Belgier und Franzosen ihre Toten in ihre Heimat brachten, wurden die deutschen Soldaten, die auf Feldern, Straßen, Wäldern und kleinen Dorffriedhöfen der Umgebung beigesetzt worden waren, aus ihren provisorischen Gräbern geborgen und nach Ittenbach umgebettet.

In Sichtweite des Soldatenfriedhofs liegt das **Reitsportzentrum Laagshof**. In dem Reit- und Ausbildungsbetrieb nahe der Autobahn A 3 und der Hochgeschwindigkeitstrasse der Deutschen Bahn stehen eine großzügige Reitanlage mit drei Außenplätzen, 2 Reithallen und ein weiträumiges Ausreitgelände zur Verfügung.

Reitunterricht für Kinder und Erwachsene findet von Dienstag bis Samstag statt und kostet 18 DM bzw. 28 DM pro Stunde. Voranmeldung ist erforderlich. Des weiteren finden jährlich verschiedene Reitveranstaltungen statt. Informationen sind unter ☎/Fax 02223-27600 erhältlich. Für Nichtreiter steht eine Gaststätte mit Biergarten zur Verfügung. Außerdem befindet sich eine Pension mit gemütlichen Gästezimmern (ab 35 DM) auf dem Reitgelände.

An der Straße „Zum Ströckerhof" beginnt am Parkplatz des gleichnamigen **Forsthauses** ein Forstlehrgarten und Waldlehrpfad. Auf dem rund 3,5 km langen Lehrpfad wird mit Schrifttafeln der Baumbestand des Siebengebirges erläutert (siehe Kapitel *Wandertouren*).

Im Winter sind die Hänge rund um Ittenbach ein beliebter Treffpunkt von Ski- und Schlittenfahrern.

## UNTERKUNFT & ESSEN

(Tel.-Vorwahl 02223; Preise pro Zimmer/Tag)

– ***Gertrudenhof***, Ittenbach, Kantering 36, ☎92140, Fax: 921430; EZ: 40 DM, DZ: 80 bis 125 DM; *Ausstattung*: 9 Zimmer mit Bad/WC, Telefon, Farb-TV; *Lage*: Höhenlage am Waldrand; *Sonstiges*: Restaurant, Radwanderer willkommen, Parkplatz.

– ***Hotel Zur alten Post***, Taubenbergweg 1, ☎21106, Fax: 23000; EZ: 85 bis 95 DM, DZ: 140 bis 150 DM; *Ausstattung*: 11 Zimmer mit Dusche/WC, Telefon, Farb-TV, tw. Balkon; *Lage*: Ortsmitte; *Sonstiges*: Restaurant, Parkplatz.

– ***Im Hagen***, Margarethenhöhe, Ölbergringweg 45, ☎92130, Fax: 921399; EZ: 80 bis 120 DM, DZ: 140 bis 180 DM; *Ausstattung*: 21 Zimmer mit Bad/WC, Telefon, Farb-TV; *Lage*: Höhenlage am Waldrand; *Sonstiges*: Restaurant, Fahrradverleih, Liegewiese, Parkplatz, Fernsicht.

– ***Sophienhof***, Margarethenhöhe, Löwenburger Str. 1, ☎701249; EZ/DZ: auf Anfrage; *Ausstattung*: 16 Zimmer mit Bad/WC, Radio, Farb-TV; *Lage*: Waldnähe; *Sonstiges*: Restaurant, Liegewiese, Parkplatz.

– ***Villa Käthe***, Margarethenhöhe, Königswinterer Str. 373, ☎21927; EZ: 30 bis 70 DM, DZ: 90 bis 110 DM, ; *Ausstattung*: 7 Zimmer tw. mit Bad/WC; *Lage*: Waldrandnähe; *Sonstiges*: Parkplatz.

### Essen

– ***Berggasthaus auf dem Ölberg***, Margarethenhöhe, ☎21919, geöffnet 10 bis ca. 20 Uhr, je nach Wetterlage, Montag Ruhetag, 20 Min. vom Parkplatz entfernt. Sonnenterrasse mit Weitblick bis in den Kölner Raum sowie bis zum Feldberg bei Frankfurt.

– ***Gaststätte Einkehrhaus***, Margarethenhöhe (2 km); ☎24520; geöffnet: täglich von 10 bis 18 Uhr; Kategorie 3–4. Waldlokal im Bereich des Naturschutzgebiets Siebengebirge, mit seiner Terrasse ist das Lokal im Sommer ein gern besuchter Ort.

– ***Hotel/Restaurant Löwenburger Hof***, Ittenbach, ☎23585, Montag Ruhetag. Zu erreichen in einem etwa 20minütigen Fußweg von der Margarethenhöhe aus. Freundliche Atmosphäre im Waldgasthaus mit großem Biergarten und altem Baumbestand. Gutbürgerliche Küche.

– ***Berghof,*** Löwenburger Str. (Margarethenhöhe), ☎23070; geöffnet: täglich außer montags von 8 bis 22 Uhr; Kategorie 1–4; deutsche Küche mit Wild- und Fischspezialitäten, im Sommer Außenterrasse, höchstgelegenes Restaurant im Siebengebirge.
– ***Restaurant Margarethenkreuz***, ☎22221 geöffnet: Montag bis Samstag von 10 bis 24 Uhr, Dienstag Ruhetag; Kategorie 3–4; gutbürgerliche und saisonale Küche, Gartenterrasse, Haus seit 1844 in Familienbesitz, Parkplatz.
– ***Zur alten Post***, Taubenbergweg 1, ☎21106; geöffnet: Montag bis Samstag von 11 bis 14.30 Uhr und zwischen 17 und 24 Uhr, Sonn- und Feiertage von 11 bis 14.30 Uhr und von 17 bis 22.30 Uhr, Donnerstag Ruhetag; Kategorie 2–4.

## WICHTIGES FÜR UNTERWEGS

(Tel.-Vorwahl 02223, wenn nicht anders angegeben).

### Autovermietung

– *Esser Autovermietung*, Pfarrer-Klais-Weg 8, ☎21988.

### Banken

Geldautomaten findet man bei:
– Kreissparkasse Siegburg, Königswinterer Str. 313, ☎22024.
– Volksbank Bonn/Rhein-Sieg, Königswinterer Str. 313, ☎22585.

### Post

– *Postamt*, Kantering 5, ☎708-30; Öffnungszeit: Montag–Freitag von 8 bis 13 Uhr und von 14 bis 18 Uhr. Samstag zwischen 8 und 13 Uhr.

### Taxi

– *Taxi Esser*, Pfarrer-Klais-Weg 8, ☎22500.

## FREIZEITAKTIVITÄTEN

### Wandern

Ittenbach ist durch seine zentrale Lage im Siebengebirge ein gern aufgesuchter Ort, um von hier **Wanderungen** zu unternehmen. Auf der Margarethenhöhe stehen Besuchern und Wanderern eine Vielzahl von Parkplätzen und Wandertafeln zur Verfügung. Beschreibungen verschiedener Wanderwege finden Sie im Kapitel *Wanderungen*.

### Laufen

Am Parkplatz am *Margarethenkreuz* befindet sich ein Lauftreff, der Weg dorthin ist ausgeschildert. Ganzjährig und bei jeder Witterung finden Montag und Mittwoch um 18.30 Uhr, Samstag um 16 Uhr und Sonntag um 8 Uhr die Lauftreffs statt. In 7 Leistungsgruppen kann sich jeder unter fachmännischer Betreuung sportlich betätigen. Auskünfte und Informationen sind unter ☎02223/80371 erhältlich.

### Veranstaltungen

Zu den Veranstaltungen mit zum Teil dörflichem Charakter gehören u. a. das Brunnenfest am letzten Wochenende im April sowie die Kirmes Mitte Oktober.

# NIEDER- UND OBERDOLLENDORF

Von der Niederterrasse des Rheins in östliche Richtung erstrecken sich die Königswinterer Stadtteile Nieder- und Oberdollendorf. Einst räumlich voneinander getrennt, besteht heute ein fließender Übergang zwischen beiden Stadtteilen.

Der Fund eines merowingischen Blattkreuzes (6. Jh.) in einer Tongrube läßt den Schluß zu, daß schon zu jener Zeit die Region besiedelt war und dem christlichen Glauben nahe stand.

Die Wiesen der Uferpromenade von **Niederdollendorf** sind im Sommer ein beliebter Ort, um sich im Schatten der Bäume auszuruhen oder das Treiben an der Rheinfähre zu beobachten, die zwischen Niederdollendorf und Bad Godesberg verkehrt. Auf der gegenüberliegenden Rheinseite säumen alte Villen das Rheinufer, die um die Jahrhundertwende entstanden und die Bad Godesberg berühmt gemacht haben.

Unübersehbar erhebt sich nur wenige Meter vom Fähranleger im geographischen Mittelpunkt des Stadtteils die **Pfarrkirche St. Michael (2).** Erstmals 1144 wurde ein Gotteshaus in Niederdollendorf urkundlich erwähnt. Im Laufe der Jahrhunderte erfuhr die Pfarrkirche durch Zerstörungen bei kriegerischen Auseinandersetzungen und Erweiterungen öfters bauliche Veränderungen.

Die neugotische St.-Michael-Kirche wurde 1911 fertiggestellt. Eine Besonderheit ist der romanische Turm, der nur mittelbar mit dem Kirchenschiff durch einen Gang verbunden ist. Im Untergeschoß des romanischen Turms ist ein Soldatenehrenmal untergebracht.

Im Innern wird die dreischiffige Pfarrkirche durch das Langhaus und das nördliche Querschiff bestimmt. Im Querschiff befindet sich die Taufkapelle mit Taufstein. Vom Mittelschiff öffnet sich zum erhöhten Chor ein Spitzbogen, getragen von zwei Säulen. Während die Decken in den Seitenschiffen von Netzgratgewölbe geziert sind, ist das Mittelschiff von Netzgewölbe überspannt.

Gegenüber der Kirche verläuft die Rheinstraße in Richtung Rhein. Hier stehen einige schön renovierte **Fachwerkhäuser.** Nur einen Steinwurf entfernt liegt an der Hauptstraße in Richtung Süden der **Bredershof (1).** Das historische Gebäude gehörte vor ca. 400 Jahren einem Junker Breder. Bei schönem Wetter ist der Biergarten und der Rebenhof des Bredershofs eine beliebte Anlaufstelle. Die schattenspendenden Bäume und die alten Gerätschaften verleihen eine gemütliche Atmosphäre. Der weite Raum des Innenhofs wird gerne von Kindern genutzt.

Heute kaum noch erkennbar, lag einst der alte Ortskern von **Oberdollendorf** im Bereich der heutigen Heisterbacher Straße, Turm-, Mühlen- und Bachstraße. Und so findet man heute

1. **Restaurant Bredershof**
2. **Pfarrkirche St. Michael**
3. **Gedenkstein**
4. **Heimatmuseum Brückenhof**
5. **Pfarrkirche St. Laurentius**
6. **Statue von Caesarius**
7. **Turmhof**
8. **Weinhaus Gut Sülz**

Nieder- und Oberdollendorf
0
200 m
Oberdollendorf
Niederdollendorf
Heisterbacherrott, Weilberg
Weinwanderweg
Mühlental
K4
Rennenbergstr.
Luhs
An der
Marienstraße
Bachstraße
Caesariusstraße
42
Heisterbacher Straße
Petersbergstraße
Schule
Oberkasselerstraße
Didierstraße
Vulkanstraße
Am Schallenbach
Herzogstr.
Königstraße
Hauptstraße
Rheinstraße
Godesberger Straße
Schönsitzstr.
Königswinter
Weidenweg
Mönchsw.
Rheinufer
Bonn
RHEIN
DB
1
2
3
4
5
6
7
8

unterhalb der Pfarrkirche St. Laurentius im ältesten Teil von Oberdollendorf schöne Fachwerkhäuser, von denen einige aus dem 16. und 17. Jh. stammen. Viele der malerischen Fachwerkhäuser des Ortes gehörten Winzern, die auf kleinen Parzellen Weinanbau betrieben.

Markanter Punkt im Stadtteil ist die **Pfarrkirche St. Laurentius (5)** am Fuße des Rennenbergs. Wann in Oberdollendorf das erste Gotteshaus gebaut wurde, ist nicht genau bekannt, vermutlich jedoch im 10. Jh. Von der heutigen Kirche ist der mittelalterliche Ostchorturm mit Apsis aus dem 12. Jh. erhalten geblieben. Nach mehreren Erweiterungsabschnitten wurden 1792 weite Teile abgerissen und neu gebaut, was die ursprüngliche Architektur der Kirche stark beeinflußte. So wurde zwischen 1948 und 1950 das Langhaus verlängert, an der Südseite entstand ein Vorbau.

Im Innern überzeugt die Hallenkirche durch ihre räumliche Weite, in der sich der Chor mit den Resten eines barokken Hochaltars hervorhebt. Bemerkenswert ist die Tafel in der Pfarrkirche, die an die ehemalige jüdische Gemeinde erinnern soll. Vor dem Krieg lebte in Oberdollendorf eine kleine jüdische Gemeinde, deren Synagoge in der Reichspogromnacht am 9. November 1938 zerstört wurde.

An der Stelle in der Heisterbacher Straße, an der bis zum Zweiten Weltkrieg das jüdische Gebetshaus stand (Höhe Haus Nr. 105), steht heute ein **Gedenkstein (3).** Ein kleiner jüdischer Friedhof befindet sich östlich von Oberdollendorf in Richtung Kloster Heisterbach.

Unweit der Pfarrkirche liegt im Tal das **Weinhaus Gut Sülz (8).** Der Freihof stammt aus dem 10. Jh. und wurde 966 mit dem Ort *Dullendorf* erstmals urkundlich erwähnt. Im 14. Jh. übernahmen die Mönche von Heisterbach das Gut und es blieb bis zur Säkularisation im Jahre 1803 der Mittelpunkt der Weinwirtschaft des Klosters. Auch wenn heute keine Mönche mehr das Anwesen bewirtschaften, so befindet sich in der Bachstraße 157 ein *Weinhaus* (☎02223/30110), das von Montag bis Freitag ab 16 Uhr, Samstag, Sonntag und Feiertage ab 12 Uhr geöffnet ist.

Verläßt man das Weingut durch die Bachstraße bergab, so erreicht man nach wenigen Gehminuten die schmale Turmstraße, in der das auffälligste Bauwerk, der **Turmhof (7),** mit einem sechseckigen Dachreiter mit Schweifhaube ist. Der Hof wurde 1582 ganz in Fachwerk erbaut. Der quergelagerte Vorbau mit Toreinfahrt stammt aus der Mitte des 17. Jhs. und beherbergte im Erdgeschoß eine große Halle, die der Verladung und Lagerung von Fässern diente.

Wie viele Häuser, die überwiegend das Ortsbild von Oberdollendorf prägen, war auch der Turmhof ein einfaches Winzerhaus mit eigenem Kelterhaus. Es steht in der Mühlenstraße und wurde zum Wohnhaus umgebaut, dessen Keller mit dem Hof verbunden war. Heute befindet sich hinter den Mauern des Turmhofes eine Gaststätte, die Montag bis Samstag ab 16 Uhr geöffnet ist, Dienstag Ruhetag.

Fast in Sichtweite befindet sich in der Bachstraße 93 mit dem **Heimatmuseum Brückenhof (4)** eine weitere Sehenswürdigkeit des Stadtteils. Das

Fachwerkhaus wurde im rheinisch-fränkischem Stil erbaut und beherbergt heute ein kleines Heimatmuseum, in dem eine alte Küche ebenso einen Einblick in vergangene Zeiten gibt wie die Schusterwerkstatt. Zu den weiteren Exponaten gehören Gebrauchsgegenstände und über 100 Gruppenfotos. Neben der ständigen Ausstellung finden immer wieder wechselnde Sonderausstellungen statt. Geöffnet ist das Museum jeden 1. Sonntag im Monat von 14.30 bis 17 Uhr. Informationen zu Besuchszeiten sind unter ☎02223/22994 erhältlich. Der Eintritt ist frei.

In der Blütezeit des Klosters Heisterbach im 13. Jh. lebte hier auch der heute noch bekannte Mönch Caesarius, dessen Werke zu den historischen Dokumenten gehören. Ein **Bronzestandbild (6)** des Mönches, das ihn über ein Schreibpult gebeugt darstellt, steht in der Ortsmitte von Oberdollendorf.

Mit Oberdollendorf war und ist der Weinbau eng verbunden. In Sichtweite befinden sich fünf Oberdollendorfer Weinbaulagen, durch die ein 2,2 km langer Weinwanderweg führt. Auf insgesamt 15 Informationstafeln werden der Weinbau und die Landschaft den Betrachtern näher gebracht.

Der Wanderweg durch die Weinberge geht am Weinhaus Gut Sülz in einen weiterführenden Wanderweg durch das **Mühlental** über. In dem Tal, das nach dem kleinen Bach benannt wurde, stehen noch zwei Öl- und Getreidemühlen. Vorbei an dem anfänglich kanalisierten Mühlenbach erreicht man nach rund 10 Gehminuten die **Mühle am Hellenberg.** Die ehemalige oberschlächtige Getreidemühle wurde 1777 erbaut und war bis 1914 in Betrieb. Sie fand früher wie heute Verwendung als Wohnhaus.

Am Ende geht die asphaltiere Straße in einen schönen Waldweg mit Sitzgelegenheiten über. Durch das idyllische Tal geht es bis zu einer Weggabelung, an der es nach links weiter bis zur **Idyllenmühle** geht. Die einstige Ölmühle wurde 1728 von den Heisterbacher Zisterziensermönchen erbaut. Nach der Säkularisation im Jahre 1803 ging die Mühle in den Besitz der Grafen von Lippe über. Nach mehrmaligem Besitzerwechsel war die Mühle bis 1914 in Funktion. Durch ihre Lage, umgeben von Natur, macht das heutige Wohnhaus seinem Namen alle Ehre.

Von der Idyllenmühle sind weitere lohnende Ziele das rund 700 m entfernt gelegene Kloster Heisterbach und der etwa 1,2 km entfernte **Große Weilberg** (siehe Kapitel *Wandertouren*).

## Unterkunft & Essen

(Tel.-Vorwahl 02223; Preise pro Zimmer/Tag)

– ***Bungertshof***, Heisterbacher Str. 149, ☎912063; EZ: 50 DM, DZ: 90 DM; *Ausstattung*: 10 Zimmer, Etagenbad/WC; *Lage*: Zentral; *Sonstiges*: Restaurant, Kneipe und Biergarten, familienfreundlich, Parkplatz.

– ***Hotel Schönsitz***, Schönsitzstr. 1, ☎/Fax: 21510; EZ: 70 DM, DZ: 90–130 DM; *Ausstattung*: 9 Zimmer mit Dusche und WC; *Lage*: ruhig; *Sonstiges*: Restaurant, gutbürgerliche Küche, familienfreundlich, Parkplatz.

– ***Pension Ley***, Heisterbacher Str. 155, ☎26183; Übernachtung zwischen 70 und 120 DM; *Ausstattung*: 8 Zimmer; *Lage*: Zentral; *Sonstiges*: Fahrradverleih, Parkplatz.

### Essen

– ***Bauernschenke***, Heisterbacher Str. 123, ☎/Fax 21282; geöffnet: täglich von 11 bis 24 Uhr; Kategorie 2–4; Nachtschwärmerkarte (kleine Abendkarte) zwischen 22 und 24 Uhr, Außentische.

*Pfarrkirche in Niederdollendorf*

*Heimatmuseum Brückenhof*

*Hofdekoration*

*Weinhaus Zur Mühle*

*Heimatmuseum Brückenhof in Oberdollendorf*

– ***Bungertshof***, Heisterbacher Str. 149, ☎912063; geöffnet: Dienstag bis Samstag von 17 bis 24 Uhr, Sonntag von 11 bis 14 Uhr und von 17 bis 24 Uhr; Kategorie 3–4; schöner Biergarten, eingezäunter Garten idealer Freiraum für spielende Kinder, Parkplatz. Historischer Freihof seit 1444.
– ***Turmhof***, Turmstr. 4 (Oberdollendorf), ☎21-442; geöffnet: Montag bis Samstag von 16 bis 24 Uhr, Dienstag Ruhetag; Kategorie 4.
– ***Weinhaus Bredershof***, Oberdollendorf, Hauptstraße 128; ☎1850; geöffnet: täglich von 17 bis 1 Uhr, Samstag ab 15 Uhr, Sonn- und Feiertage ab 12 Uhr ; Kategorie 2–3; historischer Gewölbekeller mit stimmungsvollem Ambiente, gemütlicher Bier- und Weingarten mit schattenspendenden Bäumen, im Sommer täglich ab 12 Uhr geöffnet.
– ***Weinhaus Zur Mühle***, Lindenstr. 7, ☎21813; geöffnet: täglich von 12 bis 14.30 Uhr und von 18 bis 24 Uhr, Sonntag von 12 bis 15 Uhr und von 17 bis 24 Uhr, Montag Ruhetag; Kategorie 1–3; stimmungsvolles Ambiente hinter historischem Gemäuer.
– ***Weinhaus Gut-Sülz***, Bachstr. 157, ☎30110; geöffnet: Montag bis Freitag ab 16 Uhr, Samstag, Sonntag und Feiertage ab 12 Uhr; Kategorie 3–4; neben den typischen Winzer-Speisen gibt es eine gutbürgerliche Küche, Gartenwirtschaft.

## Weinstuben

– ***Weingut Broel-Blöser***, Oberdollendorf, Bachstraße 106, ☎3322; geöffnet: Montag bis Freitag von 9 bis 13 Uhr und von 15 bis 18.30 Uhr, Samstag von 9 bis 13 Uhr, Sonntag Ruhetag; *Sonstiges*: eigener Weinanbau, Weinproben und Kellerführungen nach Anmeldung.
– ***Weinhaus Bredershof***, Oberdollendorf, Hauptstraße 128; ☎1850; geöffnet: täglich von 17 bis 1 Uhr, Samstag ab 15 Uhr, Sonn- und Feiertage ab 12 Uhr ; Kategorie 2–3; historischer Gewölbekeller mit stimmungsvollem Ambiente. Gemütlicher Bier- und Weingarten mit schattenspendenden Bäumen, im Sommer täglich ab 12 Uhr geöffnet.
– ***Weinhaus Lichtenberg***, Oberdollendorf, Heisterbacher Str. 131, ☎21192; geöffnet: täglich außer freitags von 16 bis 24 Uhr, Sonntag von 15 bis 24 Uhr; *Sonstiges*: eigener Weinanbau, von außen eher unscheinbares Weinhaus, seit über 100 Jahren in Familienbesitz, mit zwei gemütlichen Innenhöfen und Weinstube.

## Weitere Informationen

– Autofähre von Niederdollendorf nach Bad Godesberg; ganzjährig wochentags ab Godesberg zwischen 6.05 und 21.45 Uhr, ab Niederdollendorf von 6.10 bis 21.50 Uhr, Sonn- und Feiertage zwischen 8 und 21.45 Uhr.

Eine einfache Fahrt kostet für Fußgänger 1,30 DM, Personen mit Fahrrad oder Mofa 2,50 DM, ein Auto mit Fahrer 4 DM und jeder Beifahrer zahlt 1,30 DM, Motorrad 4 DM, Kinder zwischen dem 4. und 8. Lebensjahr zahlen 0,80 DM, Kinder bis zu 4 Jahren fahren kostenfrei.

Auskünfte sind unter ☎ 0228/362237 erhältlich.

## Veranstaltungen

- Kirmes, letzter Sonntag im September
- Weinblütenfest, 1./2. Wochenende im Juni.
- Kirmes, 2. Sonntag im August

# OBERPLEIS

Am östlichen Übergang vom Naturschutzpark Siebengebirge zum Pleiser Hügelland liegt zwischen der Siegniederung und den Ausläufern des Westerwaldes der Stadtteil Oberpleis. Die einst selbständige Gemeinde gehört zu den bevorzugten Wohngebieten des nahegelegenen Bonn, das durch eine gute Infrastruktur schnell zu erreichen ist.

Dies war nicht immer so, denn die Topographie der Landschaft ließ kaum eine zusammenhängende Siedlung zu, was sich in der typischen Struktur der Streusiedlungen des Bergischen Landes widerspiegelt. Den wirtschaftlichen Schwerpunkt bildet die Landwirtschaft, neben der die Basaltindustrie ein weiterer Wirtschaftsfaktor ist.

Vermutlich wurde die Region im 8. Jh. von den Karolingern besiedelt. Der Ort wurde 859 erstmals urkundlich erwähnt, als in „Pleisa" ein Fronhof dem Bonner Cassiustift geschenkt wurde. Zum Hof gehörte eine Eigenkapelle, die 948 als Pfarrkirche erstmals in einer Urkunde genannt wurde.

Nach Auseinandersetzungen zwischen dem Pfalzgrafen und dem Erzbischof Anno II., aus denen der Klerus als Sieger hervorging, schenkte der Erzbischof die Güter des Fronhofs 1064 den Benediktinermönchen in Siegburg. Die Mönche errichteten um 1105 nach dem Vorbild der Mutterkirche auf dem Siegburger Michaelsberg eine dem Ritterheiligen Pankratius geweihte Propstei. Der Niedergang der Propstei begann im 13. Jh. wegen steigender Bauschulden. Im 15. Jh. löste sich der Konvent auf und der Propst fungierte nur noch als Verwalter. Doch erst die Säkularisierung im Jahre 1803 brachte das gänzliche Ende der Benediktinerabtei und Propstei.

Die ehemalige Propstei und heutige **Pfarrkirche St. Pankratius (1)** ist der ganze Stolz von Oberpleis. In der dreischiffigen Pfeilerbasilika mit Querschiff sind aus der romanischen Bauperiode das Langhaus und die Krypta erhalten. In der zweiten Bauperiode (1210–1260) erhielt die Kirche die Vierung, der Ostchor wurde neu gestaltet und das Langhaus eingewölbt. In der staufischen Bauperiode im 13. Jh. entstand das Kreuzrippengewölbe und Querschiff. In einer weiteren Bauphase entstand das nördliche Seitenschiff, das im 16. Jh. im gotischen Stil erneuert wurde. So sind heute in dem Gotteshaus verschiedene Baustile vereint, die Kirche vermittelt aber trotzdem ein harmonisches Gesamtbild.

Im Laufe ihres Bestehens erfuhr die Kirche mehrere Renovierungsphasen. Bei Renovierungen 1964–1978 wurde u. a. der Fußboden auf die ursprüngliche Höhe abgesenkt. Dabei wurden Teile des ehemaligen Fußbodens der ersten Kirche freigelegt. Diese Funde sind heute in einem Kölner Museum zu sehen, den Boden der Kirche ziert eine Rekonstruktion. So öffnet sich das Innere der Kirche hoch und weit bis zum Chor.

Im Altarraum steht das bedeutendste Kunstwerk der Kirche, das Dreikönigs-Relief. Die Plastik aus dem 12. Jh. zählt zu den herausragenden Plastiken des 12. Jahrhunderts. Vermutlich war das Überbringen der Drei-Königs-Reliquien im Jahre 1164 nach Köln der Anstoß für die Schaffung des Werkes. Es wird vermutet, daß es ursprünglich den Altarvorsatz des Krypta-Altars bildete.

Eine mystische Ruhe geht von der **Krypta** aus, die unter dem Chor liegt. Sie stammt aus der ersten Bauepoche der Kirche. Der dreischiffige Innenraum wird von den Säulenreihen bestimmt.

Aber auch in der näheren Umgebung findet man noch Spuren der mittelalterlichen Klosteranlage. Im Süden schließt sich der noch erhaltene Westflügel des Kreuzganges an. Einst bildete ein Kreuzhof die Mitte des Klosters, der von einem Kreuzgang umgeben war. Beim Pfarramt /Gemeindebüro (☎02244/2357, Fax:7863) können Führungen durch die Propsteikirche angefragt werden.

Auf dem Kirchenvorplatz steht das Ehrenmal der gefallenen Soldaten, in dessen Mitte eine Glocke steht. Sie stammt aus dem 14. Jh. und wurde bei den Kämpfen während des Separatistenaufstandes im Jahre 1923 beschädigt.

Architektonisch zeichnet sich der Stadtteil durch eine Mischung von alten Fachwerkgruppen und moderneren Bauwerken aus. Bemerkenswert sind die alten **Fachwerkhäuser,** die zum Teil unter Denkmalschutz stehen. In der *Pleislohner Straße* steht die ehemalige Wasserburg aus dem 17. Jahrhundert. Nach mehrmaligem Besitzerwechsel kam das Herrenhaus durch Erbgang an die Grafen von Spee zu Heltdorf.

Bemerkenswert ist die **Holzkirche (6)** der Evangelischen Gemeinde in der *Ittenbacher Straße*. Die Kirche entstand 1949 infolge des Bedarfs an Gotteshäusern durch Kriegszerstörungen, von denen im gesamten Bundesgebiet 48 Stück gebaut wurden. Sie bestanden aus vorgefertigten, kostengünstigen Holzteilen, die ohne großen Aufwand zusammengebaut werden konnten.

Die heutige Holzkirche von Oberpleis ist die einzige ihrer Art im Rheinland. Sie wurde 1985 als ein Zeugnis nachkriegszeitlicher Architektur unter Denkmalschutz gestellt.

Regelmäßig finden **Theateraufführungen** für Kinder in der Aula des Schulzentrums Oberpleis statt, so z. B. in der Weihnachtszeit. Die Aufführungen werden in Zusammenarbeit mit dem *Kleinen Theater Bad Godesberg* durchgeführt. Kindertheater wird des weiteren vom Stadtjugendring veranstaltet.

Informationen sowie Veranstaltungstermine sind unter ☎02244/3925 zu erfragen.

## Unterkunft & Essen

(Tel.-Vorwahl 02244, wenn nicht anders angegeben)

– ***Zum Ännchen***, Herresbacher Str. 60, ☎81158, Fax: 80494; DZ: 120 bis 130 DM; *Ausstattung*: 5 Zimmer mit Bad/WC; *Lage*: etwas außerhalb des Zentrums am Pleisbach; *Sonstiges*: Restaurant, Wandermöglichkeiten, Parkplatz.

– ***Campingplatz Holzstein***, Pleiserhohner Straße 12 (Pleiserhohn), ☎3222. Rund 2,5 km vom Zentrum Oberpleis, leichte Hanglage mit Blick auf Oberpleis und das Siebengebir-

1. **Pfarrkirche St. Pankratius**
2. **Hallenbad**
3. **Tourist Information**
4. **Freizeitzentrum Siebengebirge**
5. **Freibad**
6. **Holzkirche**
7. **Restaurant *Zum Ännchen***

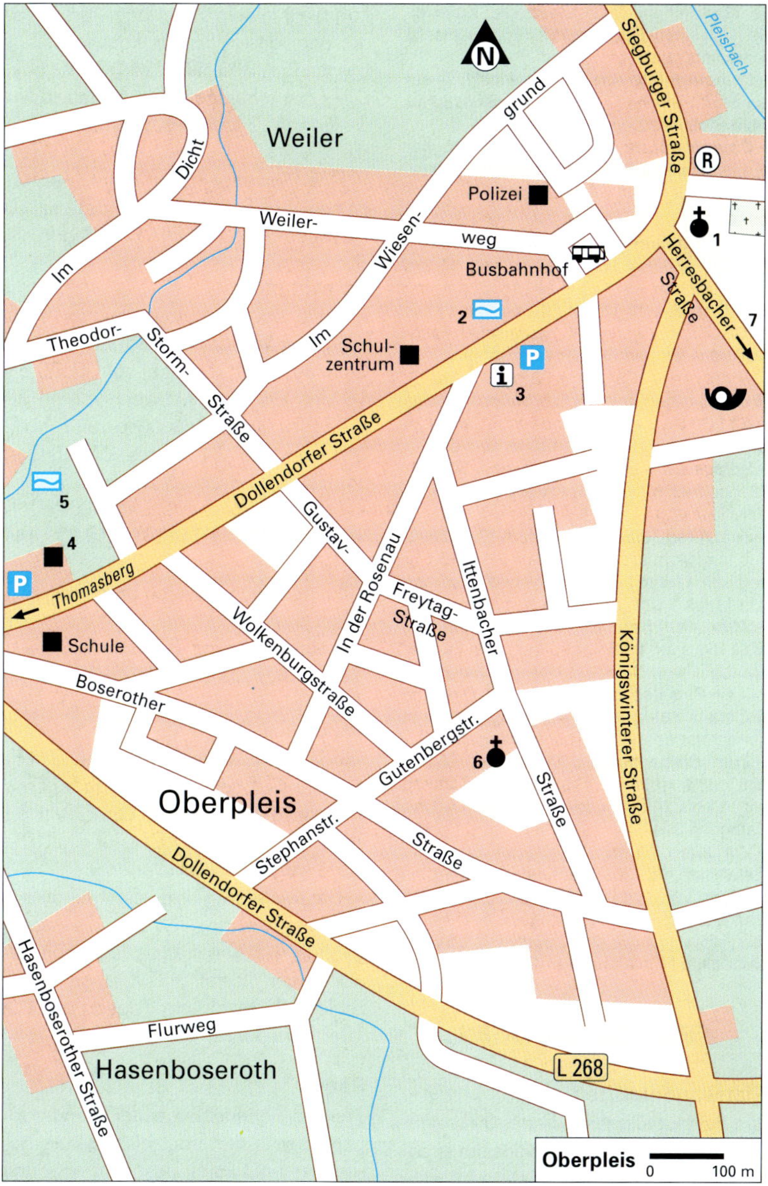
N
Pleisbach
Siegburger Straße
Weiler
Dicht
grund
Polizei
R
Weiler-
weg
Wiesen-
Im
Busbahnhof
1
Herresbacher Straße
7
2
Theodor-
Storm-
Straße
Im
Schul-
zentrum
P
3
Dollendorfer Straße
5
4
P
Thomasberg
Gustav-
Freytag-
Straße
In der Rosenau
Ittenbacher
Straße
Wolkenburgstraße
Schule
Boserother
Straße
Königswinterer Straße
Gutenbergstr.
6
Oberpleis
Stephanstr.
Dollendorfer Straße
Hasenboserother Straße
Flurweg
Hasenboseroth
L 268
Oberpleis
0
100 m

ge, überwiegend feste Stellplätze. Zu erreichen mit einem Bus der Linie 525, Haltestelle „Campingplatz".
– ***Campingplatz Am Schwimmbad***, Theodor-Storm-Straße 37 (Oberpleis), ☎6418. Nur feste Stellplätze.
– ***Campingplatz Hülder***, Händelstr. 41, (Eudenbach), ☎3950. Nur feste Stellplätze.

## Essen

– ***Haus Bramkamp***, Propsteistr. 1, ☎870649; geöffnet: Montag bis Samstag von 11 bis 14.30 Uhr und von 17 bis 24 Uhr, Sonn- und Feiertage von 10 bis 14.30 und von 17 bis 22.30 Uhr; Kategorie 1–4. Historisches Fachwerkhaus mit gemütlicher Atmosphäre.
– ***Ristorante Calabria***, Alte Schule 7, ☎870084; geöffnet: täglich außer montags von 11.30 bis 14.30 Uhr und von 17.30 bis 24 Uhr; Kategorie 3–4; italienische Küche.
– ***Spiegel Cafe-Bistro***, Weilerweg 2, ☎9124-73; geöffnet: Montag bis Freitag von 9 bis 24 Uhr, Samstag von 10 bis 13.30 Uhr.
– ***Zum Alten Zoll***, Siegburger Str. 17, ☎2699; geöffnet: Montag bis Freitag von 11 bis 15 Uhr und von 17 bis 1 Uhr, Sonn- und Feiertage von 11 bis 1 Uhr; Kategorie 3–4.
– ***Zum Ännchen***, Herresbacher Str. 60, ☎81158, Fax: 80494; geöffnet: Sonntag bis Freitag von 11.30 bis 14 Uhr und von 17 bis 24 Uhr, Samstag von 17 bis 24 Uhr, Dienstag Ruhetag; Kategorie 2–4; Landgasthof mit gehobener deutscher Küche, Biergarten.
– ***Zum Siebenberger***, Siegburger Str. 3, ☎871388; geöffnet: Dienstag bis Sonntag von 11 bis 14 Uhr und von 18 bis 24 Uhr; Kategorie 3–4.
– ***Zur alten Mühle***, Siegburger Str. 223a (Uthweiler), ☎2905; geöffnet: Dienstag bis Sonntag von 17 bis 24 Uhr, Sonntag ab 11 Uhr, Montag Ruhetag; Kategorie 3–4; Hausmannskost, gemütliches, dörfliches Lokal in einer alten Mühle aus dem 16. Jh.

# FREIZEITAKTIVITÄTEN

## Planwagenfahrten

Um die Hügellandschaft des Siebengebirges und des Pleiser Landes auf streßfreie Art zu erkunden, bietet sich eine Fahrt mit einem Planwagen an, z. B. mit dem des *Fahrstalls Kaspers*, Siegburger Str. 223a, ☎02244/2905, Fax: 81777 im Stadtteil Königswinter-Uthweiler, rund 3 km nordöstlich von Oberpleis.

Eine Planwagenfahrt kostet 10 DM/Person und Stunde bei mindestens 10 Personen oder 100 DM pro Stunde.

## Schwimmen

– *Hallenbad*, Schulzentrum, Im Wiesengrund ☎02244/6855.
*Öffnungszeiten*: Montag von 14.30 bis 18 Uhr, Dienstag, Mittwoch von 14.30 bis 21.30 Uhr, Donnerstag von 8 bis 9 Uhr und von 14.30 bis 21.30 Uhr, Samstag von 8 bis 15 Uhr.
– *Freizeit-Zentrum-Siebengebirge*, Dollendorfer Str. 106–110, ☎02244/9217-0.
*Öffnungszeiten*: Montag bis Freitag zwischen 8 und 11 Uhr.
Verkehrsanbindung: Bus Linie 520, 521, 537, Haltestelle „Auel Strandbad".
Zum Freizeit-Zentrum gehören ein *Hallenbad* mit 29–32°C und *Whirlpools* mit 35–37°C warmem Wasser. Geöffnet sind die Bäder von Montag bis Freitag von 8 bis 11 Uhr, der Eintritt für Erwachsene kostet 11 DM, für eine 10er Karte werden 95 DM verlangt.

Des weiteren gibt es ein Freibad mit Sonnenwiese, das von Juni bis August geöffnet ist. Der Eintritt für einen Erwachsenen kostet 5 DM, Jugendliche zahlen 3 DM für die Tageskarte. Die 10er Karte kostet 40 bzw. 25 DM.

## Sauna

Wer im Siebengebirge bei Wanderungen oder in der Stadt nicht genug geschwitzt hat, kann das in der Sauna nachholen. Hierzu bietet sich das *Freizeit-Zentrum-Siebengebirge*, ☎02244/9217-0, Dollendorfer Str. 106–110, an. Neben einem Irisch-Römischen Dampfbad gibt es eine Blockhaus-Sauna. Die Tageskarte für die feuchte Holzstube kostet für Erwachsene 26,50 DM, Jugendliche von 12 bis 14 Jahren zahlen 16 DM, für eine 10er Karte werden 235 DM verlangt.

Die Öffnungszeit ist von Montag bis Freitag zwischen 11 und 23 Uhr, Samstag/Sonntag/Feiertage von 10 bis 20 Uhr. Damensauna jeden Montag ab 14 Uhr.

### Veranstaltungen

Seinen dörflichen Charakter zeigt Oberpleis bei seinen Veranstaltungen. So findet an Fronleichnam die **Kleinkirmes** und am 1. Sonntag nach Pfingsten die **Hauptkirmes** statt.

Ein Spektakel besonderer Art, jedoch für das Rheinland typisch, ist die **Rathauserstürmung** am Rosenmontag. In der 5. Jahreszeit werden auch in Oberpleis für eine kurze Zeit die Amtsgeschäfte von den Karnevalisten übernommen.

## WICHTIGES FÜR UNTERWEGS

(Tel.-Vorwahl 02244, wenn nicht anders angegeben)

– *Postamt*, Herresbacher Str. 7, ☎924-50; Öffnungszeit: Montag bis Freitag zwischen 8.30 und 12 Uhr und von 15 bis 17 Uhr, Samstag zwischen 8.30 und 12 Uhr.

– *Polizei*, Dollendorfer Str. 18-20, ☎3026, Fax: 3027; Sprechzeiten: Montag von 9 bis 11 Uhr, Donnerstag zwischen 17 und 19 Uhr.

## EUDENBACH

Rund 3 Kilometer südöstlich von Oberpleis liegt inmitten waldreichen und hügeligen Geländes an den Ausläufern der Niederwesterwälder Hochmulde „Oberau" der kleine Königswinterer Stadtteil Eudenbach. Die erste urkundliche Erwähnung Eudenbachs fand 1555 statt, obgleich schon 948 der Zehntbezirk Oberpleis erwähnt wurde, wozu auch Eudenbach gezählt haben soll. Die wirtschaftlichen Säulen des ehemals von Armut geprägten Gebietes bildete die Landwirtschaft und der Steinabbau, der heute noch betrieben wird.

Nordwestlich des Stadtteils erhebt sich in dem Dreieck der Ortschaften Eudenbach, Hühnerberg und Willmeroth der rund 300 m hohe **Hühnerberg.** Hier befindet sich der einzige Steinbruch im Bereich des Siebengebirges, an dem heute noch der Steinabbau betrieben wird. Der Steinbruch wurde 1891 eröffnet und mit moderner Fördertechnik wird bis heute Basalt abgebaut und transportiert.

Obwohl der Steinbruch sich außerhalb des Naturschutzgebietes befindet, ist die topographische Verstümmelung der Landschaft und Natur nicht zu übersehen.

Eudenbach ist als Ort geprägt von dörflicher Idylle, in dessen Mitte sich die 1912 erbaute **Pfarrkirche St. Mariä Himmelfahrt** erhebt. Die neuromanische Basilika mit Querschiff wurde an der Stelle errichtet, an der zuvor eine 1872 erbaute hölzerne Notkirche stand. Durch bauliche Veränderungen an der heutigen Pfarrkirche findet man neben Teilen der Spätromantik auch den Stil des Historismus in seiner neuromanischen Ausprägung.

# RÖMLINGHOVEN

An der Grenze zur Stadt Bonn und am westlichen Ausläufer der Dollendorfer Hardt liegt der idyllische Stadtteil Römlinghoven. Er wurde erstmals 1299 als „Rimlinchoven" urkundlich erwähnt. Der Name wurde ursprünglich von einem Hof abgeleitet, der von einem Bauer Rymelo bewirtschaftet wurde. Neben der Landwirtschaft wurde bis zur Mitte des 19. Jhs. auch Weinbau betrieben.

Jahrhundertelang war es eine kleine Siedlung entlang der heutigen Malteserstraße, bis Ende des 19. Jhs. die Bevölkerung stark zunahm. Die Besiedlung wurde weiträumiger und die Kirchengemeinde wuchs. Bereits nach dem Ersten Weltkrieg wurde der Bau einer Kirche geplant, doch immer wieder zurückgestellt. Erst in den 1960er Jahren entstand die **Filialkirche Heilig-Geist,** das markanteste Bauwerk von Römlinghoven. Der würfelförmige Bau aus Naturstein wurde nach den Plänen des Architekten Lückerath erbaut. In dem sich nach oben verjüngenden Kirchturm hängt die St.-Anna-Glocke (1514), die ursprünglich in der Pfarrkirche St. Laurentius läutete.

Nur wenige Meter entfernt in der Malteserstraße 52 liegt der **Malteserhof.** Er wurde 1540 erstmals als Lehnhof urkundlich erwähnt. Der Hof gehörte dem Junker Johann von Edelkirchen und hieß ursprünglich Edelkirchnerhof. Es ist nicht eindeutig geklärt, woher der heutige Name kommt, denn er war nie im Besitz der Malteser Ordensritter, auch wenn an der Toreinfahrt ein Malteserkreuz zu sehen ist. Nach mündlicher Überlieferung soll der Eigentümer Hugo Peill im vorigen Jahrhundert dem Orden beigetreten sein und daraufhin seinen Hof umbenannt haben. Zum Malteserhof gehörten große Ländereien, auf denen Acker-, Obst- und Gartenbau betrieben wurde.

In der Mitte des 18. Jhs. ging der Freihof in den Besitz der Deutschordenskomturei über und wechselte im Laufe der Zeit mehrmals seine Besitzer. 1803 fiel er der Säkularisation zum Opfer und wurde Staatseigentum. 60 Jahre später entstanden die heutigen Gebäude auf den Fundamenten des alten Gutshofes, der Turm wurde 1872 fertiggestellt. Nach der Zerstörung des Hofes im Zweiten Weltkrieg wurde der Turm (14 m) bei der Wiederherstellung um ein Stockwerk verkleinert.

Bemerkenswert ist der seltene und alte Baumbestand des Parks, der Ende des vergangenen Jahrhunderts ange-

*Malteserhof*

legt wurde. Neben einem Ginkgo- und Tulpenbaum findet man unter anderem Kastanienbäume, Tsuga-Tannen, Blutbuchen und Sumpfzypressen, die sonst in der Region nur im Botanischen Garten in Bonn wachsen.

Begünstigt wird der üppige Wuchs dieser Bäume durch die vielen Wasseradern, die von den Bergen herabfließen, sowie durch einen hohen Grundwasserspiegel.

Zu Beginn der 1980er Jahre erwarb der Evangelische Kirchenkreis den Malteserhof und richtete eine Tagungs- und Freizeitstätte ein. Die vier Gebäude des historischen Malteserhofes stehen Schulklassen und Gruppen für Ausflüge zur Verfügung. Informationen sind unter ☎02223/3606 zu bekommen.

## STIELDORF

Im Nordosten des Stadtgebiets liegt der Stadtteil Stieldorf. In Merowingerzeit stand hier ein Fronhof und erstmals urkundlich erwähnt wurde 895 ein „Steildorp" in einem fränkischen Auelgau. Die Gemarkung fiel per Schenkung an das Bonner Cassiusstift und 1131 wurde dem Konvent eine Dorfkirche bestätigt. Sie wurde an der Stelle der ursprünglichen Gutskapelle errichtet.

In der Mitte des 19. Jhs. wurde die Kirche bis auf den Westturm abgebrochen und eine spätklassizistische Basilika erbaut. Im Innern wird das dreischiffige Gotteshaus durch das Langhaus bestimmt, das in eine Halbkreisapsis übergeht. Sehenswert ist das Taufbecken aus dem 13. Jh. im linken Seitenschiff. Es stammt aus der Vorgängerkirche und ist aus Trachyt und Basalt hergestellt.

Im Umkreis von nur wenigen hundert Metern um die Kirche stehen einige bemerkenswerte Fachwerkhäuser.

## VINXEL

Einer der kleineren Stadtteile von Königswinter ist Vinxel, ein bevorzugtes Wohngebiet. Neubaugebiete am Ortsrand, nicht weit von den Wäldern des Siebengebirges entfernt, bestimmen weitgehend das Bild des Stadtteils.

Erstmals urkundlich erwähnt wurde der Ort als *Vunsfeldern* in einer Schenkungsurkunde des Erzbischofs Philipp von Heinsberg von 1173, in der Güter dem Kloster Heisterbach übertragen wurde.

Im Laufe der Zeit wechselte der Name der Siedlung und durch ihre Lage an einem Heerweg wuchs sie zu einer Ortschaft heran. Ihr Mittelpunkt war die kleine Kapelle, die 1627 zerstört wurde. Die heutige Kapelle, die ein markanter Punkt in Vinxel ist, entstand in der Mitte des 18. Jhs. und steht nun am Ortsrand.

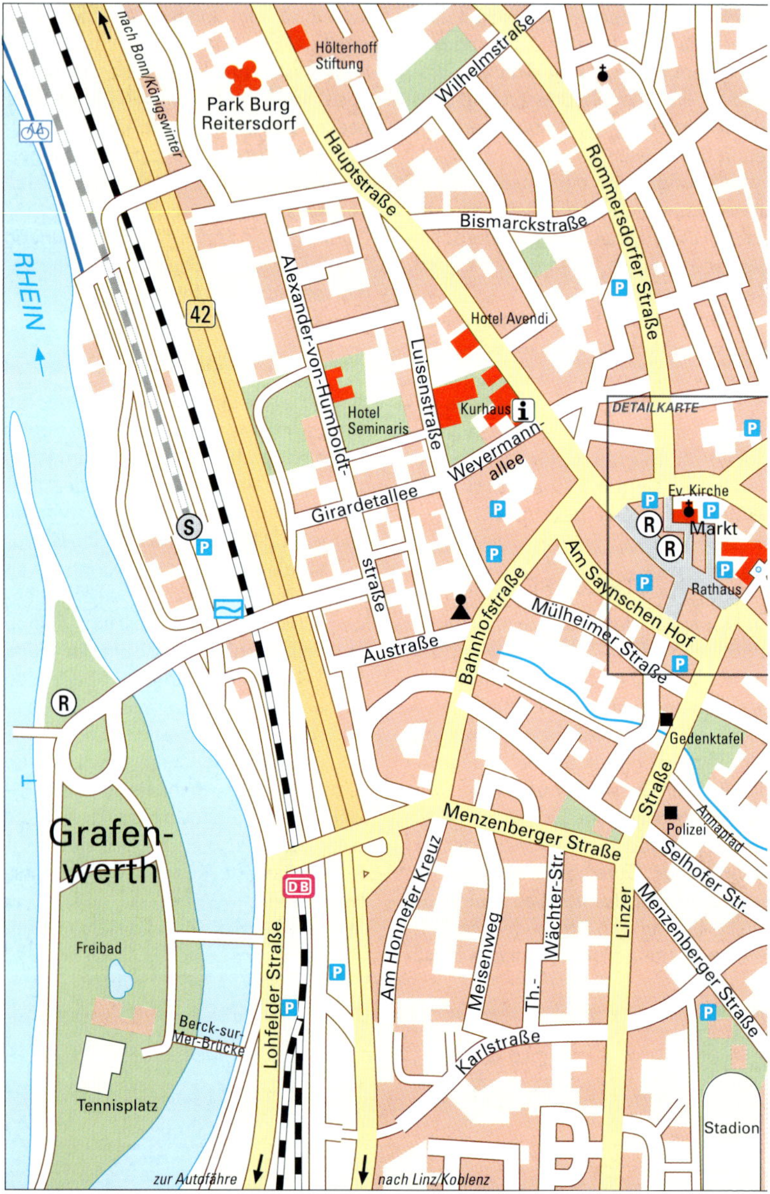
nach Bonn/Königswinter
Hölterhoff Stiftung
Park Burg Reitersdorf
Wilhelmstraße
Hauptstraße
Rommersdorfer Straße
Bismarckstraße
RHEIN
42
Alexander-von-Humboldt-
Luisenstraße
Hotel Avendi
Hotel Seminaris
Kurhaus
DETAILKARTE
Weyermann-allee
Girardetallee
Ev. Kirche
Markt
Rathaus
straße
Am Saynschen Hof
Mülheimer Straße
Bahnhofstraße
Austraße
Gedenktafel
Straße
Polizei
Annapfad
Menzenberger Straße
Selhofer Str.
Grafen-werth
Am Honnefer Kreuz
Wächter-Str.
Th.-
Meisenweg
Linzer
Menzenberger Straße
Lohfelder Straße
Freibad
Berck-sur-Mer-Brücke
Karlstraße
Tennisplatz
Stadion
zur Autofähre
nach Linz/Koblenz

Rommersdorf
Reha-Zentrum
Hohenhonnef
P
Bondorf
Rommersdorfer Straße
Bergstraße
Fuchshardtkapelle
L 144
Bergstraße
Bad Honnef
Sport-
platz
Schmelztalstraße
Kreuzweidenstraße
Beuel
Mucher Wiesental
Hauptstraße
L 144
Herz Jesu
Kloster
Beueler Str.
Selhof
Brück-
str.
Beueler Str.
Jüdischer
Friedhof
Auf der Helte
Am Bierenbonnen
Martinskapelle
Selhofer Straße
Im Rauhen Graben
Martin-
Grabenstraße
Brunnenstraße
Martinkirche
Berliner Straße
Schulstr.
DJH
Bad Honnef
0
200 m

# BAD HONNEF

Zwischen Drachenfels und der Landesgrenze zu Rheinland-Pfalz breitet sich zwischen den Rheinauen und den Höhen des Westerwaldes die Stadt Bad Honnef aus. Die heute 25.000 Einwohner zählende Stadt am Fuße des Siebengebirges, die zugleich die südlichste von Nordrhein-Westfalen ist, entstand aus den einst selbständigen Gemeinden Rommersdorf, Bondorf, Beuel, Selhof, Mülheim und Rhöndorf.

Nach der kommunalen Neugliederung von 1969 wuchs Bad Honnef zu der heutigen Flächengemeinde mit einer Größe von 48,3 $km^2$ und mehr als 20 kleineren und größeren Stadtteilen zusammen.

Erstmals urkundlich erwähnt wurde *Honffe* um das Jahr 700, eine ständige Besiedlung der Region um das heutige Bad Honnef begann in der Karolingerzeit und entstand aus sechs Honschaften (fränkische Untergaue). Woher der Name Honnef kommt, ist nicht genau geklärt. Die Wissenschaftler leiten ihn zum einen vom keltischen „hon" (Fels), zum anderen vom fränkischen „Hohn" (Kuppe) ab.

So wechselte auch im Laufe der Stadtgeschichte mehrmals die Schreibweise des Ortsnamens, der zwischen dem 10. und 13. Jh. in verschiedenen lateinischen Urkunden nachweisbar ist.

Es ist bekannt, daß schon in der 2. Hälfte des 13. Jhs. der Dominikanerpater und Philosoph Albertus Magnus zu den bekannten Persönlichkeiten gehörte, die Honnef aufsuchten. Der Theologe war zu jener Zeit auf dem Weg zu einer Predigt in Köln und übernachtete in der Ortschaft am Rhein.

Nachdem zum Ende des 11. Jhs. die Pfalzgrafen ihr Land um Honnef an den Kölner Klerus abtraten, ging 1108 die Herrschaft der Region an die Grafen von Sayn über. Unter ihrer Herrschaft entstand die Löwenburg, von der aus bis ins 16. Jh. ein Gebiet bis an die Sieg beherrscht wurde. Honnef bildete dabei das Zentrum des Rittergeschlechts und der Gerichtsbarkeit.

Honnef hatte am Ende des 14. Jhs. einen hohen wirtschaftlichen Stellenwert in der Region. Neben den Jahrmärkten hatte der Ort eine eigene Währung, den Doppelschilling, der von Gottfried II. von Heinsberg (1361–1395) eingeführt wurde.

Nicht nur die immer wiederkehrenden Erbstreitigkeiten um die Löwenburg trafen Honnef, sondern auch die kriegerischen Auseinandersetzungen des 16. und 17. Jhs. So legten französische Truppen während des sogenannten Reunionkrieges 1689 die Ortschaft und die umliegenden Dörfer in Schutt und Asche.

Rund hundert Jahre später waren französische Revolutionstruppen in Honnef. Sie vertrieben die kaiserlichen Truppen, die 1794 in die Stadt eingezogen waren. Mit den Franzosen stieg die Belastung der Honnefer Bevölkerung in jeglicher Hinsicht. Unter anderem waren es hohe Steuern, Kontributionszahlungen und fehlende Lebensmittel, die der Bevölkerung zu schaffen machten.

1810 wurde das französische Recht eingeführt, das bis 1900 Gültigkeit hatte. Ein Jahr später wurde Honnef dem Kanton Königswinter zugeschlagen. Nach langem Ringen mit der preußischen Regierung um Eigenständigkeit erfolgte 1863 die Loslösung von Königswinter und im gleichen Jahr erhielt Honnef die Stadtrechte.

Waren im Dreißigjährigen Krieg viele Winzerfamilien ausgestorben oder hatten Honnef verlassen, so bildete der Weinbau später die Grundlage wirtschaftlicher Entwicklung. Dies blieb so, bis Ende des Jahrhunderts ein Reblausbefall den gesamten Weinbestand zerstörte. Fortan begann man mit dem Obstanbau, und bis zum Ende des Ersten Weltkrieges war der Erdbeeranbau ein wichtiger Wirtschaftszweig.

Von untergeordneter Bedeutung war in Honnef wegen mangelnder Fläche die Landwirtschaft. Sie wurde durch den zunehmenden Kurbetrieb zum Ende des 19. Jhs. vollständig verdrängt.

Ein weniger bedeutender Wirtschaftszweig im 18. Jh. im Honnefer Raum war auch der Bergbau. Die kleinen Blei- und Zinkgruben wurden zum Ende des 19. Jhs. wegen Unrentabilität aufgegeben.

In den letzten Jahren des ausklingenden 19. Jhs. widerfuhr Honnef ein anderer rasanter wirtschaftlicher Aufschwung. Mit dem Auffinden der Drachenquelle begann die Geschichte des Badeortes Bad Honnef. 1897 stieß der Weinbauer Weckbecker an der Mündung des Mühlenbaches in 249 m Tiefe auf die erste Mineralquelle. Er baute ein Jahr später auf seinem Terrain Kur- und Badeeinrichtungen mit dem bekannten Fürstenbad, Musikpavillon und einem Kurpark.

1901kaufte die Stadt die Villa Haarhaus mit großem Garten in der Stadtmitte und baute sie zum Kurhaus um. Es wurde ein Kursaal und eine Wandelhalle im Garten des Kurhauses errichtet, wo sich ein Großteils des gesellschaftlichen Lebens von Honnef um die Jahrhundertwende abspielte.

Als der Berliner Naturforscher und Weltreisende Alexander von Humboldt Honnef als das „Nizza am Rhein" oder als „die goldene Muschel Deutschlands" bezeichnete, wurde der kleine Kurort über die Grenzen bekannt. Zu den prominentesten Kurgästen zählte die Königin Sophie von Schweden mit Gatte König Oskar, die zwischen 1892 und 1906 jeweils im Frühjahr für mehrere Monate in Honnef weilte. Um die Jahrhundertwende nahm die Einwohnerzahl von Honnef stetig zu. Es entstanden mehrere Villenviertel, und viele reiche Industrielle, Kaufleute und Pensionäre ließen sich in Honnef nieder. Viele der Villen sind heute noch zu sehen, besonders zwischen dem Stadtzentrum und dem Nachbarort Rhöndorf.

1938 wurde auf der Insel Grafenwerth eine zweite Mineralquelle gebohrt und es entstand ein neues Badehaus mit Kurgarten sowie ein Mineralbad. Im gleichen Jahr erhielt Honnef den Status eines Heilbades.

Eng mit der Geschichte des Kurortes verbunden ist der **Honnefer Mineralbrunnen.** Nachdem der Kurbetrieb in Honnef auch gekrönte Häupter anlockte, erhielt die Drachenquelle 1906 die offizielle Zulassung als „Medicinalwasser" zur Einführung in Rußland. Im gleichen Jahr wurde der Drachenbrunnen an ein holländisches Unternehmen verkauft, in dessen Besitz er bis 1938 blieb. Die Holländer schickten das Honnefer Mineralwasser in ihre Kolonien, wodurch dem tropentauglichen Wasser weltweite Anerkennung widerfuhr.

Heilende Wirkung soll das Wasser bei Diabetes, Katarrhen der Atmungsorgane, des Rachens, des Kehlkopfes und der Lunge haben. Auch Magen- und Darmleiden, Verdauungsstörungen und sogar Infektionskrankheiten soll das „Allroundwasser" günstig beeinflussen.

Nachdem die Holländer 1938 den Mineralbrunnen wieder verkauft hatten, wurde er von verschiedenen Honnefer Privatpersonen betrieben und entwikkelte sich zu einem modernen Wirtschaftsunternehmen. Heute besitzt der Bad Honnefer Mineral- und Heilbrunnen 5 Quellvorkommen, die aus unterschiedlich tiefen Grundwasserstockwerken gefördert werden und somit in ihrer mineralischen Zusammensetzung individuellen Charakter aufweisen und stark differieren. Noch heute ist die Drachenquelle im Einsatz und trägt mit drei weiteren kommerziell genutzten Quellen dazu bei, daß jährlich rund 20 Mio. Füllungen produziert werden können.

Zu den **Sehenswürdigkeiten** von Bad Honnef gehörten die Fußgängerzone und der Marktplatz, die das Zentrum bilden. Gut erhaltene Fachwerkhäuser und stilvolle Fassaden, alte Brunnen, sehenswerte Gassen und der Marktplatz zeichnen den historischen Ortskern von Bad Honnef aus.

Am Markt erhebt sich auch die heutige **Kath. Pfarrkirche St. Johann Baptist,** die 1494 auf der Grundfläche eines Kreuzes erbaut wurde.

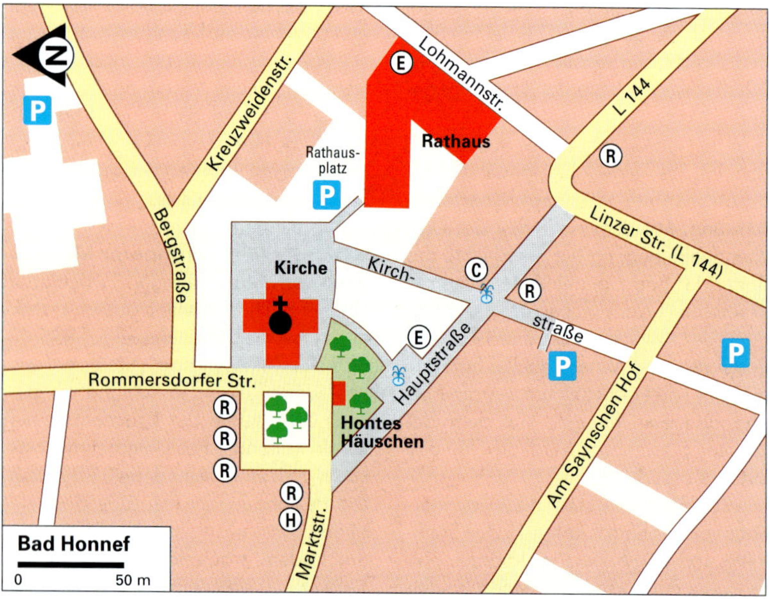

Doch schon im 12. Jh. hat hier nachweislich eine Pfarrkirche bestanden, die dem heiligen Johannes geweiht war. Alte Überreste einer romanischen Basilika lassen einen ersten Vorgängerbau aus dem 8. Jh. auf einem Gut des Kölner Stifts Maria im Kapitol vermuten. Nach einem Blitzschlag brannte der Helm ab und wurde 1862 durch den heutigen ersetzt.

Das ursprünglich ebenfalls romanische Langhaus wurde im 15. Jh. in eine spätgotische Hallenkirche mit prächtigen ausgemalten Flamboyantgewölben umgebaut. 1912 wurde die mittelalterliche Apsis abgebrochen und nach Plänen des Kölner Architekten Eduard Endler ein geräumiges neugotisches Querschiff mit drei Chorapsiden angebaut.

Im Innern präsentiert sich die dreischiffige gotische Hallenkirche trotz einiger Bauphasen in einem harmonischen Gesamtbild und als einheitlicher Raum von anheimelnder Wirkung.

Im nach Osten ausgerichtete Chor dominiert der kunstvoll gestaltete dreiflüglige barocke Holzaltar mit Szenen aus dem Leben Johannes des Täufers. Der Marienaltar im rechten Seitenchor entstand als Werk der späten Neugotik um 1920. In der Vierung steht etwas erhöht der moderne Zelebrationsaltar. Ambo und Bronzeleuchter im Mittelschiff sind von Hein Gernot in den sechziger und siebziger Jahren des 20. Jhs. geschaffen worden.

Von der Ausstattung der Kirche sind besonders einige spätgotische Stücke hervorzuheben. Neben der rheinischen „Steinmadonna mit Kind" aus dem 15. Jh. (mit Kronen aus dem 18. Jh.) an einem der Langhauspfeiler im linken Seitenchor stammt das Sakramentshaus mit dreiseitigem „Durchsteckgitter" aus dem gleichen Jahrhundert. Der reich gegliederte Turmaufsatz mit vier Reliefs von Heiligen und zahlreichen Halbfigürchen ist ebenso bemerkenswert wie die Darstellung Christi und der Apostel darunter.

Sehenswert ist unter der Chorempore das „heilige Grab" sowie die kunstvolle Ausgestaltung der vierzehnten Kreuzwegstation. Josef von Arimathäa und Simon von Cyrene halten das Bahrtuch mit dem Leichnam Jesu, der von seiner Mutter Maria, dem Lieblingsjünger Johannes und drei Frauen, die am Ostermorgen ans Grab kamen, betrauert wird. Eine von ihnen kommt mit Dornenkrone und eine andere mit einem Salbgefäß.

*Marktplatz mit Pfarrkirche*

Die weitere Kirchenausstattung stammt aus verschiedenen Stilepochen: Romanisch sind der Taufstein und das Weihwasserbecken, das aus der Burgkapelle des Drachenfels stammen soll. Einige barocke Heiligenfiguren und Gemälde der Pfarrkirche stammen teilweise von ehemaligen Altären.

Fünf Kirchenfenster des nördlichen Seitenschiffs enthalten noch Glasmalereien von 1890, die übrigen neugotischen Scheiben wurden bis auf geringe Reste im Zweiten Weltkrieg zerstört. Das hintere Nordfenster und die Chorfenster wurden 1956 und 1960 modern erneuert; letztere nach Entwürfen von Franz Pauli mit eindrucksvollen Darstellungen aus der Geheimen Offenbarung des Johannes.

Die Orgel von 1967 mit 46 klingenden Registern stammt von der Orgelbaufirma Franz Breil in Dorsten und umfaßt neben dem im Querschiff angebrachten Hauptwerk ein ferngesteuertes Portalwerk im hinteren Teil der Kirche, dessen Barockgehäuse aus Langenfeld-Richrath erworben wurde.

Die teilweise etwas verblaßten Fresken zeigen zwischen floralen Motiven Sonne und Sterne, Paradiesvögel, ein Gesicht mit Narrenkappe, ein Äffchen, das sich im Spiegel betrachtet, sowie ein Bild des Pfarrpatrons.

Rechts neben der Kirche befinden sich an einer Bruchsteinmauer zwei **Grabsteine,** die von der Familie der Freiherren von Proff-Irnich stammen. Das Anwesen der Familie am Fuckenberg wurde durch die Töchter der Eheleute als Ausbildungsheim für Mädchen genutzt, bis es 1896 an das Erzbistum Köln ging. 1948 sicherte der Pfarrer von Honnef die Grabsteine vor dem Verfall und ließ sie neben der Kirche aufstellen.

Vor der Pfarrkirche steht das zweigeschossige **Hontes Häuschen,** dessen Obergeschoß aus barockem Fachwerk besteht. Diese Architektur war typisch für den rheinisch-fränkischen Stil. Die Entstehung des Hauses geht vermutlich auf das Mittelalter zurück. 1627 wurde das Haus erstmals als Gefängnis urkundlich erwähnt und vom Erdgeschoß führte eine Bodenluke in ein unterirdisches Lochgefängnis, dessen Eingang heute vermauert ist.

Bis ins Jahr 1800 wurde das Hontes Haus vom Geschlecht der Löwenburger als Hauptgericht genutzt. Jahrhundertelang stand so das kleine Gebäude neben dem Friedhof im Mittelpunkt gemeindlichen und gerichtlichen Geschehens von Honnef. Der Name Hontes ist vermutliche ein sprachlicher Rest des fränkischen „Honoria"= (Hundertschafts-) Gericht. Heute dient das alte Gemeindehaus einer Honnefer Karnevalsgesellschaft als Zeughaus.

Vis-à-vis des Hontes Hauses erhebt sich das ehemalige **Rathaus** der Stadt, in dem bis Anfang der 1980er Jahre die Stadtverwaltung ihren Sitz hatte. Das Rathaus wurde 1895 mit historisierendem Formenvokabular erbaut. Doch schon wenige Jahre nach der Fertigstellung war das Gebäude zu klein und bereits 1913 sowie 1921 wurden die angrenzenden Fachwerkhäuser dazugekauft.

Während des Separatistenaufstandes im Jahre 1923 wurde das Gebäude von den Aufständischen für kurze Zeit besetzt.

Mit dem Bau der neuen Stadtverwaltung (1982/83) nur wenige hundert

Meter entfernt verlor das Gebäude seine Bedeutung. Nach Umbaumaßnahmen findet es seit geraumer Zeit nun seine Verwendung als Restaurant.

Verläßt man den Marktplatz über das Honte Plätzchen und biegt nach rechts in die Kirchstraße ein, so gelangt man in die kleine **Fußgängerzone** von Bad Honnef. Kleine Cafés und Lokale laden nach einem Stadtrundgang zum Verweilen ein. Die verkehrsfreie Zone wird geschmückt von einigen reizvollen Fachwerkhäuser, die vorwiegend aus dem 18. Jh. stammen und unter Denkmalschutz stehen. Die ursprüngliche Bausubstanz alter Fachwerkhäuser wurde durch einen Großbrand im Jahre 1689 vollständig zerstört.

Geht man weiter durch die Kirchstraße, vorbei an schönen Bauwerken aus verschiedenen Jahrhunderten, gelangt man gegenüber dem Haus Nr. 32 zu einer **Gedenktafel.** Sie soll an die kleine jüdische Gemeinde erinnern, die vor der NS-Herrschaft in Bad Honnef lebte. In den 20er Jahren lebten in Honnef rund 65 jüdische Mitbürger, von denen nach dem 2. Weltkrieg nur ein Überlebender in die Stadt am Rhein zurückkehrte. Nach der Reichspogromnacht ging am 10. November 1938 die Synagoge in der Linzer Straße in Flammen auf. Obwohl die Nazis auch die Zerstörung und Plünderung der Geschäfte angeordnet hatten, fand dies nicht statt.

Heute befindet sich an der Stelle in der Linzer Straße in der Nähe der Fußgängerampel eine Tankstelle. Überquert man die Linzer Straße an dieser Stelle, gelangt man in den „Annapfad", über den man entlang des Ohbaches in den Stadtteil Selhof gelangt. Auf diesem Stück wird man vom Plätschern des Baches begleitet. Im letzten Teil des Laufes wurde der Bach teilweise kanalisiert.

Wendet man sich an der Gedenktafel nach rechts, so gelangt man durch den Mühlenpfad zur Bahnhofsstraße. Im Mühlenpfad befindet sich eine **Alte Mühle,** in der das gleichnamige Restaurant eingerichtet ist. In der heute denkmalgeschützten Mühle war einst die erste Jugendherberge von Bad Honnef untergebracht.

Nur wenige Schritte von der Alten Mühle entfernt, liegt an der Ecke Bahnhofsstraße/Steinstraße der kleine **Freudeblömchenplatz,** auf dem die Statue von Franz Josef Schneider steht. *Freudeblömche* (Mundart = Maiglöckchen) hieß der Titel des Erstlingswerks des Heimatdichters Franz Josef Schneider (1888–1972), das 1922 erschien. Nach der Veröffentlichung des Buches erhielt der Honnefer Bürger den Beinamen Freudeblömche.

Vom Freudeblömchenplatz geht es durch die leicht ansteigende Bahnhofsstraße bis zur Kreuzung mit der Hauptstraße. Rechts breitet sich der Marktplatz aus, weiter geht es jedoch nach links, vorbei an verschiedenen Geschäften, bis man nach wenigen Gehminuten zur **Tourist-Information** gelangt. Neben zahlreichen Informationen, Broschüren und Hotel-/Restaurantverzeichnis sind auch Auskünfte über die aktuellen kulturellen Veranstaltungen zu erfahren.

Ganz in der Nähe erhebt sich das **Kurhaus** von Bad Honnef. Sicherlich hat das Haus schon bessere Zeiten erlebt, als der Kurbetrieb seine Hochkonjunktur hatte. Heute dient der Jugendstil-

Straßencafé

Insel Grafenwerth

Stadtteil Rhöndorf

Häuserfassaden

Vogelbrunnen

bau kulturellen und gesellschaftlichen Veranstaltungen.

Bemerkenswert sind die verschiedenen exotischen Bäume im Kurpark, zu denen u. a. Amber- und Mammutbäume sowie Zedern aus dem Himalaya gehören.

Von der Hauptstraße geht es zwischen Kurhaus und Hotel Avendi durch den Kurgarten bis zur Luisenstraße, in der die **Evangelische Kirche** steht. Die Pläne für das im neoromanischen Stil errichtete Bauwerk stammen von dem Architekten Hoffmann. Nachdem die evangelische Gemeinde in der 2. Hälfte des 19. Jhs. größer geworden war, entstand zwischen 1899 und 1900 das Gotteshaus.

Die erste evangelische Kapelle stand in der Linzer Straße und diente später als Synagoge. Der Bau der neuen evangelischen Kirche stand unter dem Protektorat der Kaiserin, als deren Vertreter ihr Oberhofmeister Freiherr von Mirbach und der Oberhofprediger Dryander aus Berlin zur Einweihung am 2. Dezember 1900 anreisten. Dominiert wird das Bauwerk durch den quadratischen Glockenturm sowie das Hauptportal mit der darüber befindlichen großen Fensterrose.

Nordwestlich von Bad Honnef liegt abseits der Stadt am Rande des Naturschutzgebiets das **Sanatorium** Hohenhonnef. 1891 begann man mit den Bauvorbereitungen eines Lungensanatoriums, denn der Luft von Honnef hatte man schon zuvor heilende Wirkung zugestanden. Zu der Gesamtanlage gehörte auch ein Hochreservoir, damit man von der städtischen Wasserversorgung unabhängig war. Der Gebäudekomplex, der bis heute kontinuierlich ausgebaut wurde, sollte für einen weiteren wirtschaftliche Aufschwung sorgen.

Rund 20 Gehminuten vom Zentrum entfernt liegt in nördlicher Richtung der Stadtteil Rommersdorf. Hier steht in der Möschbachstraße und in der Spießgasse ein zusammenhängender Komplex sehenswerter **Fachwerkhäuser** aus dem 18. Jahrhundert. Wie bei vielen Fachwerkhäuser handelte es sich dabei um Bauern- oder Gutshöfe, von denen heute vorwiegend der Wohnbereich stehengeblieben ist. Einst war Rommersdorf mit Rhöndorf das Zentrum der Honschaften (fränkische Untergaue), aus denen sich das heutige Bad Honnef entwickelte. Die Fachwerkhäuser stehen fast alle unter Denkmalschutz und wurden einst um die kleine St.-Anna-Kapelle gebaut, die den Kern des Dorfes bildete. Die neugotische Kapelle wurde 1868 als Stiftung der Freifrau von Karoline von Bongart erbaut.

Im Innern zeichnet sich das Gotteshaus durch vom Expressionismus beeinflußte Farbfenster aus, die 1922 von dem Kölner Maler Roderburg erstellt wurden. Jeden Freitag findet um 19 Uhr eine Messe statt, in der übrigen Zeit ist die Kapelle leider verschlossen. Bis heute hat der Stadtteil ein wenig seines idyllischen Flairs behalten. Von Rommersdorf aus führen Wanderwege zur rund 4,5 km entfernten Löwenburg sowie ins Annatal.

Zwischen Bad Honnef und dem Stadtteil Rhöndorf liegen auf der linken Straßenseite in einer kleinen Parkanlage die Fundamentreste der ehemaligen **Burg Reitersdorf.** Erstmals urkundlich erwähnt wurde 866 eine Honschaft „villa Raterestohrp", und 893 tauchte im Prümer Urbar der Ort „Retersdorpht" auf. Zwischen dem 9. und 13. Jh. wechselte die Schreibweise der Ortschaft mehrmals und es ist verbrieft, daß Kaiser Konrad II. sein Weingut „Ratherisdorfa" im 11. Jh. verschenkte.

Mit dem Bau der Burg wurde um 1270 vom Geschlecht der Löwenburger begonnen. Doch schon zu Beginn des 14. Jhs. wurde die Ortschaft und die Burg „Reterstorp" auf Befehl des Kölner Erzbischof geschleift. Die letzte Erwähnung von „Rettersdorf" fand 1517 in einem Schatzbuch der Jesuiten zu Köln statt. Jahrhundertelang blieb die Burg unbeachtet, bis 1870 Teile der Burgruine freigelegt, jedoch wieder zugeschüttet wurde. Erst 1981 legten Archäologen des Rheinischen Landesmuseums die Mauerreste frei.

Heute sind nur wenige Reste des Fundamentes zu sehen, die in eine kleine **Parkanlage** integriert wurden. Der Park mit seinen teilweise alten Baumbeständen und einem kleinen Teich ist ein Platz der Ruhe. Neben den Rasenflächen stehen den Besuchern Bänke unter schattigen Bäumen zur Verfügung.

Zu erreichen ist der Park Reitersdorf von der Honnefer Innenstadt aus in einem rund 20minütigen Fußweg oder mit der SSV-Linie 566, Haltestelle „Messbeuel", gegenüber des Physikzentrums.

Gegenüber des Parks Reitersdorf erhebt sich das Gebäude der **Hölterhoff-Stiftung.** Testamentarisch setzte der 1899 verstorbene Otto Hölterhoff die Bonner Universität als Universalerbin ein und vermachte ihr sein Vermögen von mehreren Millionen Mark für die Gründung einer Stiftung.

Auf Anregung seiner Frau bestimmte Hölterhoff, daß die Stiftung zwei sich ergänzenden Aufgaben dienen sollte. Zum einen sollte es sich um eine „Haushaltsschule für Mädchen aus dem Volke" handeln, der zweite Bereich sollte ein „Heim für weniger bemittelte Damen der höheren Stände" sein, die gleichzeitig den Lehrbetrieb der Haushaltsschule sichern sollten.

Heute beherbergt das imposante Bauwerk das Zentrum der Deutschen Physikalischen Gesellschaft, in dem jährlich internationale Seminare mit Physikern aus aller Welt stattfinden. An den wissenschaftlichen Veranstaltungen nehmen auch Doktoranden und angehende Wissenschaftler teil.

Mit dem Bau des Gebäudes inmitten eines parkähnlichen Gartens wurde 1904 begonnen und 1906 war es fertiggestellt. Zwischen 1908 und 1909 entstand er südlich gelegene kleinere Schulflügel. Der schloßähnliche Gebäudekomplex mit prachtvollem Westportal präsentiert sich im Stil der Renaissance. Erker, Vorbauten und vorspringende Mauerfluchten bestimmen die Fassade, die Dachflächen sind durch Volutengiebel geprägt.

Im Stadtteil Selhof befindet sich fast am südlichen Stadtgebiet von Bad Honnef die **Akademie für Führungskräfte der Deutschen Telecom.** Seit 1990 werden in dem weiträumig angelegten Gebäudekomplex die Führungskräfte und Manager des Unternehmens ausgebildet.

Ein lohnendes Ziel ist die westlich vom Zentrum gelegene **Insel Grafenwerth,** die durch zwei Brücken mit dem Rheinufer verbunden ist. Zwischen der Insel und dem rechten Ufer fließt das sogenannte „Altwasser" oder auch „Toter Arm" genannt, der bis ins 18. Jh.

der Hauptarm des Rheins war. Durch den Bau von zwei Stromsperren im 18. und 19. Jh. versandete der Rheinarm.

Auf der weiträumigen Insel (54 m über NN) befinden sich ein Freibad, eine Beach-Volleyballanlage, Tennisplätze und die weiten Grünflächen werden oftmals als Fußballplatz genutzt. Von den sportlich weniger Aktiven werden die Wege der Insel für Spaziergänge genutzt, und ein großer Biergarten unter altem Baumbestand ist beliebter Anziehungspunkt für jung und alt.

Auf der Insel Grafenwerth befinden sich auch die Anlegestellen verschiedener ortsansässiger Reeder sowie die Anlegebrücke der Linienschiffe der Köln-Düsseldorfer. Es ist ein besonderes Erlebnis, das Siebengebirge und die an dessen Fuße liegenden Orte vom Rhein aus zu betrachten.

*Aalschokker*

Bemerkenswert ist der **Aalschokker** „Aranka", der im Altrhein vor Anker liegt. Das Schiff lief 1917 vom Stapel und war bis 1990 in Betrieb. Es gehörte zu den über 200 Fangschiffen, die in den 20er Jahren zwischen Bad Honnef und dem niederrheinischen Emmerich auf dem Rhein nach Aalen fischten. In jener Zeit war die Fischerei ein ertragreicher Wirtschaftszweig. Nach seiner Stillegung wurde er durch den Förderverein NRW-Stifung instand gesetzt und ist eines der letzten Schiffe dieser Bauart. Eine Informationstafel befindet sich in einer Ausbuchtung auf der Brücke zur Insel Grafenwerth.

Neben dem Museumsschiff sind die exotischen Bäume wie z. B. Pagoden-, Kaukasische Flügelnuss- und Amberbäume auf der Insel nennenswert.

Unweit der nördlich gelegenen Brükke zur Insel Grafenwerth befindet sich auch die Endhaltestelle der Stadtbahn Linie 66, die zwischen der Bundesstadt Bonn und Bad Honnef verkehrt. Von der Endhaltestelle fahren Stadtbusse direkt ins Zentrum von Bad Honnef.

Durch seine Lage am südwestlichen Rand des Naturparks Siebengebirge ist die Stadt ein guter Ausgangspunkt für **Wanderungen.** Die Hauptstraße (L 144) führt aus der Stadt ins **Schmelztal,** wo sich insgesamt 6 Parkplätze befinden, von denen aus man zu ausgedehnten Wanderungen durch das Siebengebirge aufbrechen kann.

Zu den Organisationen, die sich in Bad Honnef niedergelassen haben, gehört auch das **Deutsch-Französische Jugendwerk** in der Rhöndorfer Straße. Das Kuratorium wurde 1963 ins Leben gerufen und fördert den Jugendaustausch zwischen beiden Ländern.

## Unterkunft & Essen

(Tel.-Vorwahl 02224; Preise pro Zimmer/Tag)

– ***Avendi*****, Hauptstr. 22, ☎189-0, Fax: 189-189, Internet http://www.avendi.de; Suite 170 bis 290, DZ: 230 bis 260, EZ: 120 bis 180 DM; *Ausstattung:* 101 Zimmer mit Bad/WC, Radio, Telefon, Farb-TV; *Lage:* Zentral, am Kurpark; *Sonstiges*: Hallenschwimmbad mit Mineralwasser, Hot-Whirlpool, Solarien, Sauna und Dampfbad, Restaurant, Gartenterrasse, behindertengerechte Einrichtung, Fahrradverleih, Tagungsräume.

– ***Bergischer Hof***, Hauptstr. 120, ☎2135; TZ: 180 DM, DZ: 130 DM, EZ: 70 DM; Ausstattung: 14 Zimmer mit Bad/WC, Radio, Telefon, Farb-TV; *Lage:* Ausfallstraße ins Schmelztal; *Sonstiges*: Parkplatz

– ***Fortbildungszentrum Cornelius-Heferich-Stiftung***, Hohenhonnef, Bergstr. 112, ☎776-162, Fax: 776-175; DZ: von 25 bis 35 DM; Ausstattung: 11 Zimmer mit Bad/WC; *Lage:* ca. 2 km außerhalb des Stadtzentrums; *Sonstiges*: behindertengerechte Einrichtung, Parkplatz.

– ***Hotel Markt 3***, Markt 3, ☎93320, Fax: 933232; DZ: 160–190 DM, EZ: 120–150 DM; Ausstattung: 6 Zimmer mit Bad/WC, Radio, Telefon, Farb-TV; *Lage:* Zentrum; *Sonstiges*: Restaurant mit gehobener regionaler Küche, Außenterrasse, Wintergarten.

– ***Rheinhotel Spetsmann***, Rheinstr. 5, ☎931070, Fax: 931079; DZ: 140 bis 150 DM, EZ: ab 70 DM; Ausstattung: 8 Zimmer mit Bad/WC, Radio, Telefon, Farb-TV; *Lage:* direkt an der Autofähre nach Rolandseck; *Sonstiges*: Bier- und Weinwirtschaft, Radwanderer willkommen, Parkplatz.

– ***Seminaris Hotel*** ****, Alex.-v.-Humboldt-Str. 20, ☎771-0, Fax: 771-555; Suite: 190 bis 263 DM, DZ: 180 bis 221 DM, EZ: 125 bis 169 DM; Ausstattung: 213 Zimmer mit Bad/WC, Radio, Telefon, Farb-TV; *Lage:* Zentrumsnähe.; *Sonstiges*: behindertengerechte Einrichtung, Tagungsräume, Parkplatz, Sauna, Hallenschwimmbad, Fahrradverleih.

– ***Villa Schaaffhausen***, Schaaffhausen Str. 5, ☎917-0, Fax: 917-110; DZ: 150 bis 170 DM, EZ: 95 bis 105 DM; Ausstattung: 29 Zimmer mit Bad/WC, Radio, Telefon; *Lage:* Zentrum; *Sonstiges*: Parkplatz, Radwanderer willkommen. Diätküche und Vollwertkost.

### Jugendgästehäuser

Es gibt eine Jugendherberge im Stadtgebiet, die auch dem Deutschen Jugendherbergswerk (DJH) angeschlossen ist. Sie befindet sich im Stadtteil Selhof und ist ein idealer Ausgangspunkt für Wanderungen ins Siebengebirge. Für die Übernachtung in der Herberge ist der Jugendherbergsausweis erforderlich, der auch in der Herberge erhältlich ist.

– ***Jugendherberge Bad Honnef***, Stadtteil Selhof, Selhofer Str. 106, ☎71300, Fax: 79226. *Bettenzahl*: 230 Betten in Drei-, Vier-Sechs- und Mehrbettzimmern.

*Preise*: Eine Übernachtung mit Frühstück kostet für Junioren und Familien zwischen 22,50 und 25 DM, Halbpension 30–33,50 DM und Vollpension 35,20–39 DM.

Senioren (ab 27 Jahren) zahlen für eine Übernachtung mit Frühstück zwischen 27,50 und 30 DM, Halbpension 35,10–38,50 DM und Vollpension 40,20–44 DM. In den genannten Preisen sind Ermäßigungen für Kinder sowie andere zusätzlichen Leistungen wie z.B. für Bettwäsche nicht enthalten.

Das Gästehaus ist geeignet für Schulungen, Tagungen, Lehrgänge, Erholungsfreizeiten für Gruppen, Familien und Einzelgäste. Die Räume sind modern ausgestattet, geöffnet ist die Herberge zwischen 7 und 24 Uhr. Leider ist das Hause nicht auf behinderte Besucher eingerichtet.

Für kulturell interessierte Besucher werden Drei- und Fünf-Tagesfahrten angeboten, wie z. B. nach Bonn (Bundeshaus, Beethovenhaus, Museumsmeile), Schiffstour nach Remagen (Friedensmuseum) und Wanderungen durch das Siebengebirge. Die Preise liegen je nach Programm zwischen 90 und 178 DM zzgl. Eintrittspreisen.

### Essen

– ***Alte Mühle***, Mühlenpfad 2, ☎968788; geöffnet: Dienstag bis Sonntag von 10–14 Uhr und zwischen 16 und 24 Uhr; Kategorie 3–4; exotische, deutsche und französische Gerichte, wochentags Mittagsmenü (15 DM), freundliche Bedienung. Historisches Gasthaus mit stimmungsvollem Ambiente, Außenterrasse und Biergarten.

– ***Altes Rathaus***, Am Markt 6; ☎902200; geöffnet: täglich außer dienstags von 11 bis 24 Uhr; Kategorie 3–4; ehemaliges Rathaus von Bad Honnef, der einstige Ratssaal im Obergeschoß eignet sich für Feierlichkeiten bis zu 70 Personen; regionale Küche mit Spezialitäten wie Pferdesauerbraten; deutsche Weine; stilvolle Speisekarte.
– ***Altes Standesamt***, Am Markt 7; ☎71448; geöffnet: Dienstag bis Sonntag von 11 bis 24 Uhr, Montag Ruhetag; Kategorie 2–4; bürgerliche Küche.
– ***Bistrorante Amigo***, Hauptstr. 38d, ☎108-12; geöffnet: täglich von 12 bis 14.30 Uhr und zwischen 18 und 23 Uhr, Samstag durchgehend von 12 bis 23 Uhr; Kategorie 3–4; italienische Küche.
– ***Calabria***, Hauptstr. 76, ☎72750; geöffnet: täglich außer mittwochs von 11.30 bis 14.45 Uhr und zwischen 17.30 und 23.30 Uhr; Kategorie 2–3; italienische Küche.
– ***China Restaurant***, Bahnhofstr 26a, ☎78-600; geöffnet: Montag bis Samstag von 11.30 bis 15 Uhr und von 17.30 bis 23 Uhr, Sonn- und Feiertage von 11.30 bis 23.30 Uhr; Kategorie 3–4; chinesische Küche.
– ***China Town***, Hauptstr. 84, ☎79886; geöffnet: Montag bis Samstag von 11.30 bis 15 Uhr und von 17.30 bis 23.30 Uhr, Sonn- und Feiertage von 11.30 bis 23.30 Uhr; Kategorie 2–3; chinesische Küche.
– ***Honnefer Pfannkuchenhaus***, Hauptstr. 94, ☎76501; geöffnet: von 11.30 bis 15 Uhr und von 17.30 bis 23.30 Uhr, Sonn- und Feiertage von 12 bis 22 Uhr, Montag Ruhetag; Kategorie 3–4; verschiedene Arten von Pfannkuchen, bürgerliche Gerichte.
– ***Nudelhaus Pastacasa***, Linzer Str. 12, ☎70119; geöffnet: von 11.30 bis 14.30 Uhr und von 17.30 bis 23 Uhr, Dienstag Ruhetag; Kategorie 2–3; italienische Küche.
– ***Odysseus***, Bahnhofstr. 18a, ☎74800; geöffnet: täglich außer dienstags von 11.30 bis 14.30 Uhr und von 17.30 bis 23.30 Uhr; Kategorie 2–3; griechische Spezialitäten.
– ***Poseidon***, Rheinpromenade, ☎5112; geöffnet: Dienstag bis Freitag von 11.30 bis 14.30 Uhr und zwischen 17 und 1 Uhr, Samstag/Sonntag von 11 bis 1 Uhr, Montag Ruhetag; Kategorie 3–4; griechische Küche, Außenterrasse mit Blick auf den Rhein.
– ***Restaurant Markt 3***, ☎9332-0; geöffnet: von 12 bis 14 Uhr und zwischen 18 und 22 Uhr, Sonntag Ruhetag; Kategorie 2–3: gehobene ,gutbürgerliche Küche.
– ***Rhein-Cafe***, Insel Grafenwerth, ☎71535, Fax: 71535; geöffnet: täglich von 12 bis 14 Uhr und zwischen 18 und 22 Uhr; Kategorie 2-4; Grillgerichte gibt es im Biergarten, der unter altem Baumbestand direkt am Rhein liegt.
– ***Sebastians Hüsje***, Hauptstr. 92, ☎2557; geöffnet: Montag bis Freitag von 16.30 bis 1 Uhr, Samstag, Sonntag von 10.30 bis 14 Uhr und von 16.30 bis 1 Uhr, Donnerstag Ruhetag; Kategorie 3–4.
– ***Vierkotten***, Markt 1, ☎2420; geöffnet: täglich außer mittwochs von 11.30 bis 14 Uhr und zwischen 16.30 und 1 Uhr; Kategorie 3–4; einfache bürgerliche Gerichte.

## Weinhäuser, Pubs & Cafés

Die Honnefer sind gesellig, und Bad Honnef besitzt daher eine vielfältige Kneipenlandschaft. Von April bis Oktober empfiehlt sich bei schönem Wetter der Besuch eines Biergartens. Dabei ist Biergarten ein dehnbarer Begriff, denn für die Wirte gehören eine lauschige Laube im Hinterhof, einige Stühle auf dem Bürgersteig ebenso dazu wie der Garten oder die Terrasse eines idyllischen Lokals. Nachfolgend eine Auswahl an Lokalitäten:
– ***Ayuntamiento***, Markt 4, ☎969711; geöffnet: Sonntag bis Donnerstag von 12 bis 1 Uhr, Freitag/Samstag von 12 bis 3 Uhr; mexikanische Küche, Cantina Bar mit gemischtem Publikum, Gerichte zwischen 10 und 30 DM, Biergarten.
– ***Bistro Raffael***, Hauptstr. 63d, ☎70999; geöffnet: Montag bis Freitag von 10 bis 20 Uhr, Samstag von 10 bis 15 Uhr, Sonn- und Feiertage von 11 bis 18 Uhr; überdachte Passage, Leckeres für den kleinen Hunger zwischen 10 und 20 DM.
– ***Brunnencafé***, Hauptstr. 63, ☎6355; geöffnet: Montag bis Freitag von 10 bis 22 Uhr, Samstag 10 bis 18.30 Uhr, Sonn- und Feiertage von 11 bis 22 Uhr; Eisdiele und Café.

– ***Café Belluno***, Hauptstr. 53 , ☎5141; geöffnet: Februar bis Mitte November täglich ab 10 Uhr; Eisdiele/ Eiscafé in der Fußgängerzone.
– ***Café Nottebrock***, Hauptstr. 27c , ☎2260; geöffnet: Dienstag bis Samstag von 9 bis 18.30 Uhr, Sonntag von 10 bis 18 Uhr, Montag Ruhetag; Café mit Außentischen.
– ***Café Jansen***, Hauptstr. 98, ☎2683; geöffnet: Dienstag bis Samstag von 9 bis 18.30 Uhr, Sonntag von 10 bis 18 Uhr, Montag Ruhetag.

## Bars und Diskotheken

– ***Ayuntamiento***, Markt 4, ☎969711; geöffnet: am Wochenende ab 21 Uhr **Diskothek** im Gewölbekeller (siehe *Kneipen, Pubs & Cafés*).
– ***Club Pseudonym***, Linzer Str. 18; ☎6633; geöffnet: Club-Diskothek Sonntag bis Donnerstag von 20 bis 1 Uhr, Freitag und Samstag von 21 bis 3 Uhr.

# WICHTIGES FÜR UNTERWEGS

(Tel.-Vorwahl 02224, wenn nicht anders angegeben)

## Banken

Banken und Sparkassen mit Geldautomaten befinden sich bei:
– Commerzbank, Hauptstr. 29, ☎1051
– Deutsche Bank, Bahnhofsstr. 16a, ☎71051
– Dresdner Bank, Mülheimer Str. 2, ☎5097
– Stadtsparkasse, Dellenweg 2, ☎181-146
– Stadtsparkasse, Linzer Straße, ☎181-0; Hauptstr. 34, ☎181-0; Rhöndorfer Str. 50, ☎181-148
– Volksbank Siebengebirge, Schulstr. 32, ☎71160, Hauptstr. 31, ☎186-0

## Fundbüro

– *Fundbüro der Stadt Bad Honnef*, Rathausplatz 1, ☎02224/184-0. Öffnungszeiten: Montag bis Freitag von 8 bis 12 Uhr, Donnerstag zusätzlich zwischen 14 und 17.30 Uhr.

## Fahrrad

– *Fahrrad Mäuer*, Hauptstr. 26, ☎/Fax 2664. Zur Verfügung stehen Tourenräder für Damen und Herren, deren Mietpreis bei 12 DM/Tag, bei 50 DM pro Woche und bei 150 DM bei einer Nutzung von 4 Wochen liegt. Die Öffnungszeiten sind von Montag bis Freitag zwischen 9.30 und 18.30 Uhr, Samstag bis 14 Uhr.

## Informationen

– *Tourismus Siebengebirge GmbH Bad Honnef-Königswinter*, Hauptstraße 30, 53604 Bad Honnef, ☎900636, Fax: 79687.

**Öffnungszeit:**

| | |
|---|---|
| Montag | 10–12 Uhr |
| | 13–15.30 Uhr |
| Die.–Do. | 9–12 Uhr |
| | 13–15.30 Uhr |
| Freitag | 9–12 Uhr |
| | 13–15.30 Uhr |
| Samstag | 9–12 Uhr |
| | (Ostern bis Ende Okt.) |

Über das kulturelle Angebot der Stadt informiert zum einen die Honnefer Tageszeitung sowie einige monatlich erscheinenden Magazine wie z.B. *Kultur aktuell*, *Rheinkiesel*, *Datas* oder *Pictures*. Die Magazine sind im Stadtgebiet teilweise kostenlos in Apotheken, Restaurants oder Hotels erhältlich.

## Post

– *Hauptpostamt*, Bahnhofsstraße 1, ☎9247-0; Öffnungszeit: Montag bis Freitag von 8–13 Uhr und von 14–18 Uhr. Samstags von 8–13 Uhr.

## STRASSENVERKEHR UND VERKEHRSMITTEL

### Fahren & Parken

**Taxifahren** ist in Bad Honnef problemlos möglich. Mit einem Grundpreis von 4 DM und 2,20 DM für jeden gefahrenen Kilometer kann eine Taxifahrt im großflächigen Stadtgebiet recht teuer werden. Fahrzeuge sind rund um die Uhr unter ☎2222 zu erreichen.

In den Zeiten, in denen der öffentliche Nahverkehr nicht zwischen Aegidienberg und Bad Honnef verkehrt, steht das **AST** (Anruf-Sammel-Taxi) zur Verfügung, das unter ☎969797 zu erreichen ist. Es dient als Ersatz für die Linienbusse und sollte ca. 30 Minuten vor dem gewünschten Fahrtermin bestellt werden. Die Fahrgäste zahlen den regulären Fahrpreis eines Linienbusse (2–8 DM) und werden bis zum gewünschten Fahrziel gefahren.

Ein kleiner Teil der Innenstadt ist als Fußgängerzone ausgewiesen und somit verkehrsfrei.

Im Stadtbereich von Bad Honnef stehen den Autofahrern über 1200 Stellplätze für PKW's und 17 für Busse auf über 20 **Parkplätzen** zur Verfügung. Nur wenige ausgewiesene Abstellplätze für Motorräder befinden sich im Stadtbereich.

Der **innerstädtische Personennahverkehr** wird durch die Buslinien 492, 496 und 497 der Verkehrsbetriebe (RVK) gewährleistet. Sie verkehren an den Wochentagen von 5 Uhr bis 21 Uhr, an Sonn- und Feiertagen zwischen 11 und 22.20 Uhr.

### Bus-Linie

492 Bad Honnef (Stadtbahn) – Aegidienberg – Eudenbach
Bad Honnef – Asbach – Neustadt (Wied)
496 Bad Honnef (Stadtbahn) – Linz

Eine schnelle Verbindung zum nahegelegenen Bonn mit seinen Museen und anderen Sehenswürdigkeiten besteht mit der Stadtbahn, Linie 66, die von der Endstation in Bad Honnef über Königswinter nach Bonn und Siegburg sowie in Gegenrichtung im 20-Minuten-Takt fährt. Ein Fahrschein der Zone A kostet für einen Erwachsenen 3,40 DM, ein Kind bezahlt 1,80 DM, für ein Fahrrad wird 1,80 DM verlangt.

Die ***Autofähre*** nach Rolandseck fährt ganzjährig von Montag bis Freitag zwischen 6.30 und 21 Uhr, sonn- und Feiertage zwischen 8 und 21 Uhr. Eine einfache Fahrt kostet für ein Auto 3,50 DM, ein Erwachsener bezahlt 1 DM, mit Fahrrad 1,50 DM. Auskünfte sind unter ☎02224/2560 erhältlich.

**Mietwagen** des Unternehmens *Europcar*, ☎72222, Fax. 79344 sowie der *ADAC Autovermietung*, ☎4394, sind in der Hauptstraße 102 stationiert. Zu erreichen mit einem Bus der Linie 492, 566, Haltestelle „Moltkestraße".

### Schiffahrtsgesellschaften

– *Köln-Düsseldorfer*, Deutsche Rheinschiffahrt AG, KD-Anlegestelle, ☎713-66. KD in Köln ☎0221/2088-318, Fax 00221/2088-229.

*Agentur* Bad Honnef ☎02224/2372. Das Agenturbüro auf der Insel Grafenwerth ist geöffnet von Sonntag bis Donnerstag zwischen 10.30 und 11.30 Uhr, von 13 bis 14 Uhr und von 15.30 bis 17.30 Uhr. Freitag und Samstag von

10.30 bis 11.30 Uhr und zwischen13 und 17.30 Uhr.
– *Personen-Schiffahrt eG Bonner*, Rheinallee, ☎02223/26565, Fax: 0228/695212.
– *Personenschiffahrt Schmitz*, Hauptstr. 52, ☎02223/22578, Fax: 02223/21200.
– *Siebengebirgslinie*, Hauptstr. 52, ☎22578, Mobil 01617210235.

## FREIZEITAKTIVITÄTEN

### Angeln

Das Angeln im Rhein und Altwasser ist mit einem gültigen Fischereischein und einem entsprechenden Fischereierlaubnisschein überall erlaubt. Erhältlich sind die Scheine beim Verband Deutscher Sportfischer und beim *Angelsportverein Bad Honnef e.V.*, Aegidienberger Str. 79, 53604 Bad Honnef, ☎02224/80273 sowie bei *Chr. Giesen*, Pfefferstr. 1, 53639 Königswinter, ☎02223/23183.

Ein Angelschein mit einer Gültigkeitsdauer von 1 Jahr kostet 60 DM, der Jugendfischereischein kostet 30 DM und ist im Bundesland Nordrhein-Westfalen rechts- wie auch linksrheinisch gültig.

### Schwimmen

Das Schwimmen im Rhein ist zwar nicht verboten, doch kann es gefährlich werden, wenn es durch vorbeifahrende Schiffe zu Sogwirkungen kommt. Nicht zuletzt wegen der Wasserqualität des Rheins sollte man die Bäder der Stadt vorziehen.

– *Hallenbad Insel Grafenwerth*, ☎17108.
Die Tageskarte kostet für Erwachsene 5 DM, Jugendliche/Azubis zahlen 3 DM und eine Gruppenkarte (min. 10 Personen) kostet 4 DM/Person. Die Zehnerkarte für Erwachsene kostet 40 DM, für Jugendliche 25 DM.

**Öffnungszeiten**

| | |
|---|---|
| Mo., Mi., Fr. | 8 – 10 Uhr |
| | 14 – 21 Uhr |
| Donnerstag | 8 – 10 Uhr |
| | 14 – 17 Uhr |
| Samstag | 8 – 18 Uhr |
| Sonntag | 8 – 12 Uhr |

– *Freibad Insel Grafenwerth*, ☎17-108, Fax: 17112.
*Öffnungszeiten:* Mitte Mai bis Mitte September zwischen 9 und 20 Uhr, bei guter Witterung auch länger.

Die Tageskarte kostet für Erwachsene 6 DM, Jugendliche/Azubis zahlen 4,50 DM. Die Zehnerkarte für Erwachsene kostet 50 DM, für Jugendliche 40 DM. 125 DM kostet die Saisonkarte für einen Erwachsenen, für Jugendliche 85 DM. Schüler mit Ausweis zahlen für die Ferienkarte 60 DM.

Das Freibad zählt mit zu den interessantesten der Region. Das Schwimmbecken ist 50 m lang und zwischen 0,8 und 3,85 m tief, das Kinderbecken hat eine Tiefe von rund 0,30 m. Des weiteren gibt es eine Sprunganlage von 3 bzw. 1 m Höhe und eine kleine Rutsche im Nichtschwimmerbecken. Bemerkenswert ist der Thermalwasserbrunnen, dessen Wasser man trinken kann.

Neben einer idyllischen Lage hat es eine große Liegewiese mit alten, schattenspendenden Bäumen aufzuweisen. Für die sportliche Betätigung stehen ein Volleyball- und Fußballfeld sowie Tischtennisplatten zur Verfügung.

## Sportvereine

Der Dachverband der 24 organisierten Honnefer Sportvereine ist der *Sportverband Bad Honnef*, Im Wingert 36, ☎02224/931127. Hier sind alle Informationen erhältlich.

Auskünfte erteilt auch die *Schul-, Sport- und Kulturabteilung* der Stadtverwaltung, Rathausplatz 1, ☎02224/184-165.

## Stadtführungen

Interessant und zugleich zeitsparend sind die organisierten Stadtrundgänge von der *Tourismus Siebengebirge GmbH Bad Honnef-Königswinter*.

Sie finden das ganze Jahr über statt und können individuell geplant werden. Für Einzelreisende sowie für Gruppen (max. 35 Personen) stehen qualifizierte und mehrsprachige Fremdenführer bereit.

Im Angebot stehen:

*Stadtrundgänge*

- Rhöndorf, 1 Stunde, 70 DM
- Stadt Bad Honnef, 1 Stunde, 70 DM

*Wanderungen*

- Auf den Spuren Adenauers, 1 Stunde, 70 DM
- Bad Honnefer Bäume, 2 Std. 120 DM
- Rhein-Westerwald, 2 Std., 120 DM
- Adenauerspaziergang, 3,5 Std, 200 DM

Des weiteren werden von der Tourismus GmbH Tages- und Mehrtagestouren in die nähere Umgebung sowie nach Köln oder Koblenz angeboten und organisiert.

Informationen sind bei der *Tourismus Siebengebirge GmbH Bad Honnef-Königswinter*, Hauptstraße 30, 53604 Bad Honnef, ☎900636, Fax: 79687 zu bekommen. Buchungen sollten 5–8 Tage vor dem gewünschten Termin vorgenommen werden, in Ausnahmefällen sind kurzfristige Buchungen möglich.

*Freibad Insel Grafenwerth*

## SELHOF

Südöstlich der Stadtmitte von Bad Honnef erstreckt sich an der Landesgrenze zu Rheinland-Pfalz der Stadtteil Selhof.

Erstmals urkundlich erwähnt wurde ein *Selehova* im Jahre 1068, wobei wahrscheinlich größere Anwesen schon lange vorher bestanden haben. Bedeutung erhielt der Ort im 13. Jh., als das Kölner Domkapitel die Konzession zum Steinabbau erwarb und in Selehova der Trachyt zum Bau des Kölner Doms abgebaut wurde. Schon die Kelten und Römer hatten in der Umgebung den Steinabbau betrieben.

1784 wurde das Dorf Selhof von einer Brandkatastrophe heimgesucht, bei der es vollständig in Schutt und Asche fiel. So findet man heute keine ursprüngliche Architektur in Selhof vor, die Fachwerkhäuser stammen vielmehr überwiegend aus dem 19. Jh.

Inmitten einer Straßenkreuzung steht als markantes Wahrzeichen von Selhof die kleine **Martinskapelle** aus dem 18. Jh. Die heutige Kapelle hatte mehrere Vorgängerbauten, die in fränkischer Zeit vermutlich die Hofkapelle eines Salhofes waren, der auch dem Ort den Namen gab. Über dem Eingang ist die Jahreszahl 1735 eingemeißelt, die vermutlich an die Bergleute eines Kupferbergwerkes in Rheinbreitbach erinnert, die an dem Bau der Kapelle beteiligt waren.

Bei Renovierungen in den 1960er Jahren wurde der Turmvorbau der Kapelle entfernt, und durch einen Dachreiter ersetzt. Im Innern der meist verschlossenen Kapelle steht eine Figur der hl. Barbara, der Schutzpatronin der Bergleute.

Die heutige **Pfarrkirche St. Martin** steht einige hundert Meter von der Kapelle entfernt. Sie wurde 1966 an der Stelle erbaut, an der zuvor der Vorgängerbau aus dem Jahre 1932 abgerissen worden war. In ihrer Gesamtheit zeigt sich die Kirche in der Architektur jener Zeit. Im Innern des Gotteshauses gehört ein gotisches Gabelkreuz zu den Kostbarkeiten. Das Kreuz stammt aus dem 14. Jh., bei seiner Restauration fand man in einer Höhlung des Kruzifixes einige Reliquien, die nachweislich aus dem 15. Jh. stammen.

Am südlichen Ortsrand des Stadtteils Selhof liegt idyllisch in der Selhofer Straße die **Jugendherberge.** Von Wiese und Wälder umgeben ist die Herberge am Ortsrand des Stadtteils ein guter Ausgangspunkt für ausgedehnte Wanderungen oder auch einfach nur für erholsame Freizeitgestaltung. Das Honnefer Zentrum ist auf „Schusters Rappen" in etwa 25 Minuten erreichbar. Informationen sind unter ☎71300, Fax: 79226 erhältlich.

Rund 10 Gehminuten von der Jugendherberge entfernt liegt in der Straße „Auf der Helte" der **Jüdische Friedhof.** Auch wenn an den meisten Grabsteinen der Zahn der Zeit nagt, sind die Hebräischen Schriften noch gut zu erkennen. Der gepflegte Friedhof mit über 80 Gräbern ist von Nadelbäumen bewachsen und liegt in einem Neubaugebiet. Einst lag er jedoch weit von der Stadt entfernt, was überall in den Orten üblich war, wo jüdische Mitbürger lebten.

Im Südosten des Stadtteils liegt an der Landesgrenze das **Schloß Hager Hof.** Der einst fränkische Hof aus Fachwerk und Bruchsteinfundamenten gehörte im 13. Jh. zu Kurköln und hat im

Laufe der Zeit mehrmals seine Besitzer gewechselt. 1854 kaufte der Fabrikant Weyermann den barocken Hagerhof, der von dessen Sohn nach seiner Rückkehr aus England zu einem altenglischen Herrensitz des 19. Jhs. umgebaut wurde. Das Innere wurde dem Stil des 14. Jhs. nachempfunden, Park und Gartenanlage erhielten das Aussehen eines englischen Landschaftsgartens.

Der seerosenbedeckte Schloßteich des Hager Hofs wird von den Quellen am Mönchsberg unterirdisch gespeist und fließt über den Münchbach weiter in den Rhein. Nach mehrmaligem Besitzerwechsel ging das Gut 1925 an die Benediktinerinnen von Tutzingen, bevor der Träger der heutigen Schule das Anwesen erwarb. Nach umfangreichen Um- und Erweiterungsarbeiten in den 60er Jahren entstand eine Schule mit Internat. Leider wurde von den Architekten vergessen, die Neubauten der ursprünglichen Architektur und der reizvollen Landschaft der Menzenberger Schlucht anzupassen.

Zu den bekanntesten Gästen des Hager Hofes gehörten Künstler wie der Komponist Brahms, der Maler von Lehnbach und einige Rheinromantiker. Aber auch der Literat und Professor für Deutsche Sprache, Karl Simrock, lebte in unmittelbarer Nähe und sein idyllisch gelegenes Haus befindet sich heute in Privatbesitz. Einst war das idyllische Tal am Menzenberg der kulturelle Mittelpunkt von Honnef.

Rund ein Kilometer östlich von Schloß Hager Hof wurde ein keltischer **Ringwall** entdeckt, in dessen Umgebung Keramikstücke gefunden wurde, die auf das Jahr 1000 v. Chr. datiert werden.

## AEGIDIENBERG

An der rheinabgewandten Seite des Naturschutzgebiets Siebengebirge liegt nahe der Autobahn A3 der Honnefer Stadtteil Aegidienberg mit seinen 12 kleinen Ortschaften. Fast übergangslos erstreckt sich am Südostende des Stadtteils der *Aegidienberger Wald* bis zum *Staatsforst Siegburg*.

Erstmals urkundlich erwähnt wurde der Ort als „Hunferode" im Jahre 1345. Die Besiedlung ging vermutlich von der Rheinebene um das heutige Bad Honnef aus. Das Adelsgeschlecht der Löwenburger und ihr Land ging 1484 an das Herzogtum Jülich-Berg. Dies hatte zur Folge, daß die Ortschaften Honnef, Aegidienberg, Oberkassel und Dollendorf zum Amt Löwenburg vereint wurden.

Nachdem 1614 Jülich-Berg an das Herzogtum Pfalz-Neuberg ging, wechselte auch das Amt Löwenburg seine Herrschaft. Dies geschah ein weiteres Mal 1777, als das Amt Löwenburg an Bayern fiel. Unter Kurfürst Maximilian Joseph ging das Herzogtum 1806 an Napoleon und zwei Jahre später wurde Aegidienberg dem Kanton Königswinter zugehörig.

Unter Preußischer Verwaltung wurde 1816 eine Gebietsreform durchgeführt und die neue Bürgermeisterei Königswinter gegründet, zu der Aegidienberg auch weiterhin gehörte.

1923 fand in Aegidienberg ein blutiger Kampf gegen die Separatisten statt, die die Rheinische Republik ausgerufen hatten. Rund 500 m vom Aegidiusplatz entfernt steht in Richtung Oberpleis ein Denkmal, das an die Opfer des Aufstandes erinnert.

Nach der kommunalen Neugliederung von 1969 wurde Aegidienberg der Stadt Bad Honnef zugeordnet. Der Stadtteil auf den Höhen des Pleiser Landes, dessen Architektur sich im wesentlichen durch Häuser neueren Datums auszeichnet, hat dennoch einen dörflichen Charakter. In der Nähe des Stadtteil entspringt der Pleisbach, der nach Norden fließt und in die Sieg mündet.

Für die meisten Reiter ist Aegidienberg durch die gleichnamige Pferderasse ein Begriff. Denn die **Gangpferderasse** ist im Siebengebirge beheimatet und entstand aus dem Paso Peruano und dem Islandpferd. Die Rasse zeichnet sich durch ihr feinfühliges Verhalten gegenüber Menschen und ihrer Ausgeglichenheit aus. Am westlichen Rande des Stadtteils liegt in der Peter-Staffel-Straße das *Gangpferdezentrum Aegidienberg* (☎02224/89637, Fax: 89548), in dem sich eine Reitschule, Pensionsställe und ein Reitsportgeschäft befinden.

Mit einem Bestand von rund 230 Pferden gehört das Zentrum zum größten des Landes. Interessierte Besucher können auf dem großen Gelände oftmals Reiter und Pferd beim Training zusehen oder die Tiere auf dem Freigelände beobachten.

An exponierter Stelle erhebt sich die **Katholische Pfarrkirche St. Aegidius** am gleichnamigen Platz. Das Gotteshaus wurde 1824 im klassizistischen Stil an der Stelle eines Vorgängerbaus aus dem 12. Jh. errichtet, dessen romanischer Westturm mit in den Neubau integriert wurde. 1923 wurde der Kirchenraum durch zwei Seitenflügel erweitert. Im Innern zeigt sich die Hallenkirche mit Halbkreisapsis in ihrer Schlichtheit, die u. a. ein romanisches Taufbecken aus dem 13. Jh. und einen barocken Altar beinhaltet.

Westlich von Aegidienberg liegt am Rande des Naturschutzgebietes Siebengebirge in Richtung Bad Honnef die **Servatiuskapelle.** Benannt ist das schlichte Gotteshaus nach dem hl. Servatius, der vor 400 Jahren Bischof im holländischen Tongern war. Servatius ist einer der „Eisheiligen", der von Winzern und Bauern verehrt wurde und den sie um gutes Wetter baten.

Die kleine spätromanische Kapelle wurde erstmals urkundlich 948 durch Erzbischof Wichfried erwähnt. Sie gehörte zu einem Gutshof, der im 10. Jh. im Oberpleiser Zehntbereich lag und ein Grenzmal zur Gemeinde Honnef darstellte. Bis zur Säkularisierung wur-

*Servatiuskapelle*

de die Kapelle von dem Gutshof unterhalten.

Im Laufe ihres Bestehens wurde die Servatiuskapelle erstmals 1752 sowie 1951 und 1980 von Grund auf instandgesetzt. Erbaut wurde sie im Mittelalter von Honnefer Bürgern als Dank für die Erlösung von der Pest. In der folgenden Zeit zogen sie jährlich in einer Sakramentprozession zu der Kapelle. Dieser Brauch ist bis in die heutige Zeit erhalten geblieben und im Mai und September findet jeweils eine Prozession statt, die mit einem Gottesdienst in der kleinen Kapelle endet. In der übrigen Zeit findet jeweils am 1. Sonntag im Monat ein Gottesdienst statt.

Die ursprüngliche Kapelle hatte die Größe des heutigen Chors, die Erweiterung um das Langschiff erfolgte in gotischer Zeit. Im Innern überzeugt die Kapelle durch ihre Schlichtheit. Eine kleine gotische Figur wie auch die größere im Barockstil stellen den Patron dar.

Unweit der Servatiuskapelle erstreckt sich das Schmelztal, dessen Name auf den einstigen Erzabbau hindeutet, der hier seit dem 17. Jh. betrieben wurde. In den Talausläufern des Siebengebirges wurde vor allem Zink, Blei und Kupfer gefördert. Die Produktion in den Minen erreichte um 1860 ihr höchstes Fördervorkommen, doch auf Dauer war kein rentabler Abbau möglich und zum Ende des 19. Jhs. wurden die Minen wegen Unrentabilität geschlossen.

Südlich von Aegidienberg erstreckt sich mit dem idyllischen Mucher Wiesental ein weiteres Tal, das Ausgangspunkt vieler Wanderwege ist.

## Unterkunft & Essen

(Tel.-Vorwahl 02224, wenn nicht anders angegeben; Preise pro Zimmer/Tag)

– ***Hotel Domblick***, Rottbitzer Str. 81, ☎80216, Fax: 81376; DZ: 85 bis 130 DM; *Ausstattung*: 11 Zimmer mit Bad/WC, Telefon, TV; *Lage:* Zentrum; *Sonstiges*: Parkplatz.

– ***Haus Hindenburg***, Siebengebirgsstr. 12, ☎80115, Fax: 89017; DZ: 160 DM, EZ: 120 DM; *Ausstattung*: 8 Zimmer mit Bad/WC, Radio, Telefon; *Lage:* Ortsrand ca. 10 Minuten bis Zentrum; *Sonstiges*: Schwimmbad, Gartenanlage, Parkplatz.

– ***Zur Dorfschänke***, Aegidiusplatz 7, ☎8889, Fax: 89698; Zimmer zwischen 45 und 70 DM; *Ausstattung*: 6 einfach ausgestattete Zimmer; *Lage:* Zentral; *Sonstiges*: Parkplatz.

– ***Zur ewigen Lampe***, Aegidiusplatz 1, ☎8843, Fax: 985864; DZ: 60 DM, EZ: 35 DM; *Ausstattung*: 4 einfach ausgestattete Zimmer, Etagendusche/WC; *Lage:* Zentral; *Sonstiges*: Parkplatz.

## Camping

– ***Campingplatz Jillies-Hof***, Himberg, Ginsterbergweg 6, ☎792066, Fax: 972067, http:www.Aegidienberg.de. Der Platz liegt am Rande des Stadtteils Himberg in einer leichten Hanglage mit Blick zum Siebengebirge und über das Pleiser Land. *Preise*: Ein Stellplatz für Zelt/Wohnwagen/PKW kostet für eine Übernachtung 9 DM, Erwachsene zahlen 7 DM/Tag, Kinder im Alter zwischen 2–15 Jahren zahlen 4 DM/Tag. Der Campingplatz ist ganzjährig geöffnet. Mit Sanitäreinrichtungen, Räumen mit Waschmaschinen, Trockner sowie Spülküche und Babywickelraum ausgestattet, die dem internationalen Standard entsprechen. Die rund 200 Stellplätze werden zu 90% von Dauercampern belegt.

*Sonstiges:* Im Stadtteil Himberg befindet sich der gleichnamige See in einem einstigen Steinbruch. Zwar ist das Baden verboten, doch nur wenige beachten das Verbot. Des weiteren befinden sich Tennisplätze wenige hundert Meter vom Campingplatz entfernt.

## Essen

– ***China-Restaurant Lotus***, Rottbitzerstr. 17, ☎82175, 82299, Fax: 82200; geöffnet: täglich von 11.30 bis 15 Uhr und von 17.30 bis 23.30 Uhr, Sonn- und Feiertage von 11.30 bis 23.30 Uhr; Kategorie 2–3.

– ***Domblick***, Rottbitzerstr. 81, ☎80216; geöffnet: Dienstag bis Freitag von 12 bis 14.30 Uhr und von 18 bis 22 Uhr, Samstag ab 17 Uhr, Sonn- und Feiertage von 12 bis 14.30 Uhr und von 18 bis 21.30 Uhr, Montag Ruhetag; Kategorie 2–3; bürgerliche und internationale Küche, Lage direkt an der Autobahnanschlußstelle „Bad Honnef"

– ***Trattoria La Grappa***, Aegidiusplatz 4, ☎8891; geöffnet: von 12 bis 14.30 Uhr und von 18 bis 23 Uhr, Dienstag Ruhetag; Kategorie 2–4; italienische Küche.

– ***Zur ewigen Lampe***, Aegidiusplatz 1, ☎8843, Fax: 985864; geöffnet: Donnerstag bis Dienstag von 10 bis 22 Uhr, Küche von 12 bis 14 Uhr und von 18 bis 21.30 Uhr; Kategorie 1–3; gehobene deutsche Küche mit Saisongerichten.

– ***Café Aegidienberger Backstube***, Friedensstr. 16, ☎80132; geöffnet: von Dienstag bis Samstag 7–18 Uhr, Sonntag 12–18 Uhr, Montag Ruhetag.

# RHÖNDORF

Der Honnefer Stadtteil Rhöndorf besitzt die Atmosphäre eines typischen, rheinischen Weindorfes mit einem historisch gewachsenen Ortskern. Viele wunderschöne Fachwerkhäuser stehen in den verwinkelten Gassen und sind Zeugnisse der ursprünglich dörflichen Idylle. Oftmals kann man den Eindruck gewinnen, es habe sich seit dem vergangenen Jahrhundert kaum etwas verändert. Die meist unter Denkmalschutz stehenden Fachwerkhäuser stammen aus dem 17. und 18. Jh., obwohl der Ort über 1000 Jahre alt ist, denn während des Pfälzischen Eroberungskriegs im Jahre 1689 fielen die Häuser Rhöndorfs der Plünderung und Brandschatzung französischer Truppen zum Opfer.

Den Mittelpunkt des Stadtteils bildet ein kleiner **Dorfplatz,** in dessen Nähe sowie in der Löwenburger Straße die alten Fachwerkhäuser stehen. In nördlicher Richtung erhebt sich der Drachenfels, den man von einigen Straßencafés im Blickfeld hat. Der Brunnen am Platz diente einst der Wasserversorgung des Dorfes, heute ist das Wasser zum Trinken nicht mehr geeignet.

Erstmals urkundlich erwähnt wurde Rhöndorf im Jahre 970. In der über 1000jährigen Geschichte des Ortes spielte der Weinbau immer eine Rolle. Der Wein soll von guter Qualität gewesen sein und auch das Kölner Domkapitel besaß ein großes Weingut. Bis zum Ende des vergangenen Jahrhunderts war der Weinbau der wichtigste Erwerbszweig, bis die Weinstöcke von der Reblaus befallen und zerstört wurden.

Das Wahrzeichen des Stadtteils ist die katholische **Kapelle** „Zur Heimsuchung Mariens", auch Marienkapelle genannt, in der Rhöndorfer Straße. Schon durch ihre exponierte Lage in der Straßenmitte wird sie fast jedem Besucher von Bad Honnef und Rhön-

**1. Dorfplatz mit Brunnen**
**2. Kapelle Heimsuchung Mariens**
**3. Haus im Turm**
**4. Pfarrkirche Mariae Heimsuchung**
**5. Gedenkstätte Stiftung Bundeskanzler-Adenauer**
**6. Wohnhaus von Konrad Adenauer**

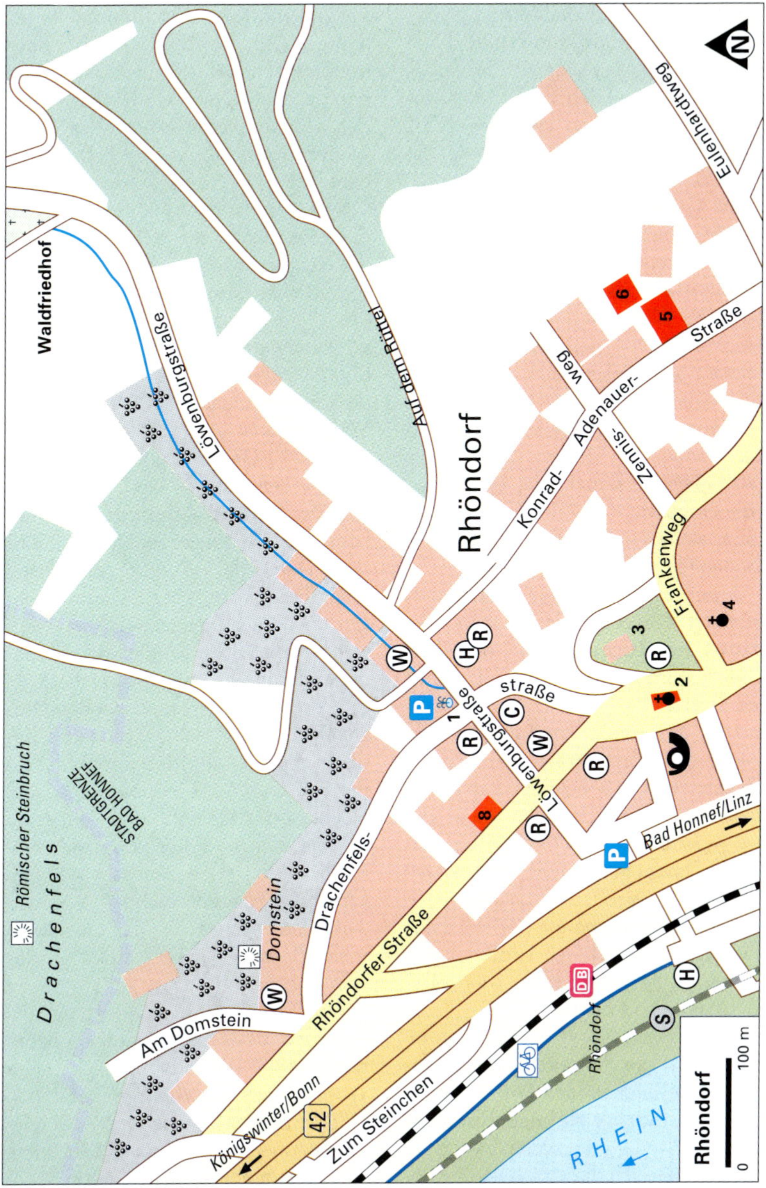
Rhöndorf
Waldfriedhof
Löwenburgstraße
Auf dem Rüttel
Eulenhardtweg
Konrad-Adenauer-Straße
Zennis-weg
Frankenweg
straße
Drachenfels-
Domstein
Am Domstein
Rhöndorfer Straße
Bad Honnef/Linz
Königswinter/Bonn
42
Zum Steinchen
Rhöndorf
RHEIN
Drachenfels
Römischer Steinbruch
STADTGRENZE BAD HONNEF
Rhöndorf
0
100 m

dorf auffallen. Nach der Zerstörung der Vorgängerkirche im Jahre 1689 durch Truppen König Ludwigs XIV. im sogenannten Reunionkrieg begann die notleidende Bevölkerung im Jahre 1714 mit dem Bau der barocken Kapelle, die am 8. Juni 1716 eingeweiht wurde.

Das Gotteshaus ist im Innern recht schlicht. Wuchtig wirkt der barocke Altar mit seinem Aufbau, in dessen Mitte die aus Holz geschnitzte Marienstatue steht. Der Altar soll ein Geschenk des Geschlechts von der Leyen sein. Des weiteren schmücken links neben dem Chor eine Josefstatue und zur Rechten die Figur des hl. Antonius mit dem Kind die Wände der kleinen Kapelle. Bis 1905 blieb die Kapelle das einzige sakrale Gebäude in Rhöndorf, in dem ab 1836 einmal wöchentlich eine Messe abgehalten wurde.

Unweit der Kapelle steht in einer weiträumigen Parkanlage das sogenannte **„Haus im Turm".** Es wurde wahrscheinlich im Mittelalter erbaut und ist das älteste Haus in Rhöndorf. Im 13. und 14. Jh. lebte in der burgähnlichen Anlage mit Wassergraben ein Rittergeschlecht, was aus Belegen des Amtes Löwenburg hervorgeht. Im Laufe der Zeit widerfuhren dem Gebäude mehrmalige Umbauten und um 1830 erhielt es seinen klassizistischen Stil.

1943–45 beherbergte das Haus das Schweizer Konsulat. Seit 1963 befindet es sich im Besitz der Kath. Landvolkshochschule und Mütterkurheim.

In Sichtweite des Hauses im Turm erhebt sich die Pfarrkirche von Rhöndorf. 1902 wurde mit dem Bau der **Pfarrkirche St. Mariae Heimsuchung** begonnen. Zwar wurde sie im Okt. 1905 eingeweiht, doch die endgültige Fertigstellung von Turm und Turmzimmer erfolgte 1928. 1945 fiel die im neuromanischen Stil erbaute Kirche den Bomben zum Opfer. Durch die starken Zerstörungen konnten erst Mitte 1949 wieder Gottesdienste abgehalten werden.

Im Innern ist die dreischiffige Kirche ohne sakralen Glanz, nicht zuletzt durch die Neugestaltung zwischen 1962 und 1965. Eine Besonderheit ist vielleicht das dritte Chorfenster rechts, in dem der Honnefer Künstler Eduard Horst im oberen Drittel den Kopf des ersten Bundeskanzlers Adenauer als Häuptling der Sioux-Indianer eingravierte.

Rund 10 Gehminuten vom Dorfplatz entfernt befindet sich die Gedenkstätte von **Dr. Konrad Adenauer,** der bekanntesten Persönlichkeiten von Rhöndorf. Durch den Wohnsitz des ersten deutschen Bundeskanzlers wurde der Ort nach dem Zweiten Weltkrieg weltweit bekannt. 1937 kaufte Konrad Adenauer einen ehemaligen Weinberg, in den er sein Haus am Fuße des Drachenfels baute. Hier verbrachte Adenauer die Zeit der Naziherrschaft, die für ihn Gefängnis, Ausweisung und Flucht in das Kloster Maria Laach bedeutete. Adenauer, der von den Nationalsozialisten seines Amtes als Kölner Oberbürgermeister enthoben worden war, wurde 1945 von der amerikanischen Besatzungsmacht erneut in das Amt eingesetzt.

Als 70jähriger wurde Adenauer zum ersten Bundeskanzler der neuen Republik gewählt und nahm unweit seines Wohnsitzes seine Amtsgeschäfte auf. Nach drei Amtsperioden trat Adenauer im Oktober 1963 zurück. Vier Jahre später starb er in seinem Haus in Rhöndorf und wurde auf dem Waldfriedhof des Ortes beigesetzt. Nach seinem Tode wurde das Haus in der Adenauer Straße zu einer Gedenkstätte und gehört heute zu den Sehenswürdigkeiten Rhöndorfs.

Besichtigt werden kann die Gedenkstätte Stiftung Bundeskanzler-Adenauer-Haus (☎02224/921-0) von Dienstag bis Sonntag zwischen 10 bis 16.30 Uhr. Die letzte Führung beginnt um 16 Uhr. Der Eintritt ist frei, Gruppen sollten sich jedoch rechtzeitig unter ☎02224/921-234 anmelden.

Von der Gedenkstätte führt ein Weg durch den in einem Hang angelegten Garten zum Wohnhaus von Konrad Adenauer. Im Gegensatz zum prachtvollen Garten mit südländischem Flair ist das Wohnhaus für Besucher nicht zugänglich.

Rund 20 Gehminuten nordöstlich vom Dorfplatz liegt der **Waldfriedhof,** wo Konrad Adenauer im April 1967 ins Familiengrab beigesetzt wurde. Die Grabstätte wurde 1948 nach dem Tod seiner zweiten Frau Gussie angelegt und nach den eigenen Vorstellungen von Adenauer gestaltet.

Heute steht der Stadtteil Rhöndorf politisch nicht mehr im Blickpunkt, doch dafür machen die Basketballspieler von sich reden. Durch ihre Erfolge in der 1. Bundesliga hat diese Sportart in den letzten Jahren einen breiten Zulauf erhalten.

Am 1. Wochenende im September wird in Rhöndorf das **Winzerfest** veranstaltet, wobei der Dorfplatz der Mittelpunkt des Geschehens ist. Neben der musikalischen Unterhaltung findet im Rahmen des Festes auch die Proklamation der Weinkönigin statt.

## Unterkunft & Essen

(Tel.-Vorwahl 02224; Preise pro Zimmer/Tag)

– ***Bellevue Die Rheinterrassen***, Karl-Broel-Str. 41-43, ☎3011, Fax: 3031; Suite: 490 DM, DZ: 260 bis 325 DM, EZ: 185 bis 230 DM; *Ausstattung*: 180 Zimmer mit Bad/WC, Radio, Telefon, Farb-TV; *Lage:* direkt am Rhein; *Sonstiges*: Hallenschwimmbad, Sauna, Solarium, Restaurant.

– ***Hotel Weinhaus Hoff***, Löwenburgstr. 35, ☎2342, Fax: 75091; DZ: 120 bis 150 DM, EZ: 75 bis 95 DM; *Ausstattung*: 25 Zimmer mit Bad/WC, Radio, Telefon, TV; *Lage:* Zentral am Dorfplatz.; *Sonstiges*: Haus im Charme der Jahrhundertwende, Weinstube und Restaurant, Parkplatz, Gartenanlage.

– ***Hotel Zum Rebgarten***, Löwenburgstr. 20–22, ☎6732, Fax: 73281; DZ: 80 bis 140 DM, EZ: 70 DM; *Ausstattung*: 7 Zimmer mit Bad/WC, Radio, Telefon, TV; *Lage:* Zentral am Dorfplatz; *Sonstiges*: Fahrradabstellraum, Gartenlokal, Parkplatz.

## Essen

– ***Am Ziepchen***, Drachenfelsstr. 23, ☎4767; geöffnet: täglich außer donnerstags von 11 bis 15 Uhr und zwischen 17.30 und 24 Uhr; Kategorie 3–4; Außentische, Lokal ist auf Wandergruppen eingestellt.

– ***Caesareo***, Rhöndorfer Str. 39; ☎75639.; geöffnet: täglich außer montags von 12 bis 14.30 Uhr und zwischen 18 und 22.30 Uhr; Kategorie 2–3; italienische Küche.

– ***Dom Kapitelhof***, Rhöndorfer Str. 36; ☎/Fax 10825.; geöffnet: täglich von 12 bis 14.30 Uhr und zwischen 18 und 23 Uhr; Kategorie 1–3; bürgerliche und internationale Küche, historisches Haus mit gemütlicher Atmosphäre, Biergarten/Terrasse; Reservierung empfehlenswert.

– ***Eldorado***, Löwenburger Str. 16; ☎902890; geöffnet: Montag bis Samstag von 17.30 bis 22 Uhr, Sonntag von12 bis 14 Uhr und von 18.30 bis 22 Uhr; Kategorie 3–4; internationale Küche.

– ***Weinhaus Hoff***, Löwenburger Str. 35, ☎2342; geöffnet: Dienstag bis Freitag zwischen 17 und 23 Uhr, Samstag/Sonntag von 12 bis 23 Uhr, Montag Ruhetag; Kategorie 3–4; Gartenterrasse.

– ***Weinhaus Steinbach***, Spießgasse 2 (Rommersdorf), ☎2466; geöffnet: Dienstag bis Freitag von 17 bis 23 Uhr, Samstag/Sonntag von 11 bis 23 Uhr, Montag Ruhetag (außer an Feiertagen); Kategorie 2–3; typische regionale sowie Saisongerichte; historisches Haus (1752), in dem schon viele prominente Gäste eingekehrt sind. Im Sommer ist der gemütliche Innenhof ein beliebter Aufenthaltsort.

– ***Zur Alten Kapelle***, Rhöndorfer Str. 37; ☎4546, Fax: 771-555.; geöffnet: täglich ab 17 Uhr; Kategorie 3–4; bürgerliche Küche. Historisches Haus mit rustikalem Ambiente, Außenterrasse.

– ***Zum Rebengarten***, Löwenburgstr. 20, ☎6732; geöffnet: Mittwoch bis Montag von 11.30 bis 14 Uhr und zwischen 16.30 und 24 Uhr, bei schönem Wetter Samstag und Sonntag durchgehend geöffnet, Dienstag Ruhetag; Kategorie: 2–4; saisonale Küche, Gartenterrasse.

## Weinhäuser, Pubs & Cafés

– ***Café Profittlich***, Drachenfelsstraße 21, ☎2796, 2686; geöffnet: Dienstag bis Samstag von 9 bis 18 Uhr, Sonntag von 11 bis 18 Uhr, Montag Ruhetag (außer an Feiertagen). Einst die „Hofbäckerei" von Bundeskanzler Adenauer, zu den Spezialitäten gehört das sogenannte Konrad-Adenauer-Notzeitbrot (Mais-Schrot-Brot), Gartenterrasse.

– ***Weinwirtschaft Zum Böllchen***, Rhöndorfer Str. 35, ☎4365; geöffnet: von 17 bis 24 Uhr, Sonntag und Montag Ruhetag; Kategorie 4; kleine gemütliche Weinwirtschaft, gute Weine aus der Region, einfache Gerichte.

– ***Weinhaus Domstein***, Am Domstein 14, ☎73637; geöffnet: Dienstag bis Freitag von 17 bis 22 Uhr, Samstag zwischen 16 und 23 Uhr, Sonntag von 12 bis 20 Uhr; eines der größten Weingüter rund um den Drachenfels, gemütliche Außenterrasse.

*Historische Häuser am Dorfplatz von Rhöndorf*

# Wandertouren

Das Siebengebirge bietet dem Wanderfreund hervorragende Möglichkeiten, erholsame und interessante Stunden in der Natur zu erleben. Die reizvolle Hügellandschaft des Naturschutzgebietes über gepflegte Wege „auf Schusters Rappen" zu erkunden, ist auch für weniger konditionsstarke Wanderer problemlos möglich. Auf vielen Streckenabschnitten öffnen sich faszinierende Blicke auf die wunderbare, romantische Gebirgslandschaft und die verschiedenen Berge sind durch Wanderweg untereinander verbunden.

Die Wanderwege sind ganzjährig – auch während der Schlechtwetterphase – begehbar, und auf der gesamten Strecke gibt es immer wieder Gelegenheit, einen lohnenden Abstecher zu Aussichtspunkten zu machen.

**Beschilderung/Markierung:** Die meisten Wanderwege im Siebengebirge sind durch Beschriftung sowie durch Richtungspfeile auf freistehenden Steinen oder an Bäumen gut markiert.

Der bekannte rechtsrheinische Rheinhöhenweg, der zwischen Bonn-Beuel und Wiesbaden über eine Gesamtstrecke von 272 km verläuft, durchquert das Siebengebirge weitgehend in Nord-Süd-Richtung. Der Weg ist mit einem weißem „R" bzw. schwarzem R auf weißem Grund markiert.

An wichtigen Punkten wie z. B. Wanderparkplätzen stehen Hinweistafeln, auf denen Rundwanderwege mit Wegnumerierung sowie Entfernungsangaben stehen.

**Anforderungen:** Alle Wanderwege des Siebengebirges sind begehbar, ohne daß man besonders trittsicher oder schwindelfrei sein muß. Die Entfernung zwischen den einzelnen Orten beträgt maximal 4–5 km, und der Höhenunterschied liegt im Durchschnitt bei rund 200 m. Nur wenige Streckenabschnitte können mit ihren steilen Passagen für ungeübte Wanderer ein konditionelles Problem darstellen.

Ein Großteil der Wanderwege sind auch mit dem Kinderwagen begehbar, so daß auch Familien mit ihrem Nachwuchs die Schönheit des Siebengebirges genießen können.

### Schwierigkeitsgrade

*Einfach*

sind Wegabschnitte, die keinen besonderen Anspruch an Schuhwerk und Kondition stellen. Sie verlaufen meist durch flaches, ebenes Gelände.

*Mittel*

sind Wegabschnitte, die durch hügeliges Gelände führen. Sie sind teilweise unbefestigt, und festes Schuhwerk ist zu empfehlen.

*Schwierig*

sind Wegabschnitte, die steile Anstiege haben und teilweise über Felsen und Geröll führen. Festes Schuhwerk, eine gute Kondition und Trittsicherheit sind erforderlich.

## AUSRÜSTUNG

**Kleidung:** Für längere Wanderungen benötigt man vor allem strapazierfähige, wetterfeste und atmungsaktive Kleidung. Auch bei Touren im Siebengebirge gilt es, sich auf wechselnde Wetterbedingungen einzustellen: Es ist besser, am Morgen ein oder zwei dünne Sweat-Shirts oder T-Shirts anzuziehen, die man nach Bedarf nach dem Zwiebelsystem ausziehen kann, als nur einen dicken Pullover mitzunehmen. Im Sommer ist auf den Wanderungen eine Kopfbedeckung sinnvoll.

**Regenschutz:** Je nach Jahreszeit sollte sich ein Regenschutz im Rucksack befinden. Neben dem Regenschirm bietet sich ein wasserdichter Anorak an. Ideal sind Anoraks, die in Ausrüstungsläden erhältlich sind und meist von Fahrradfahrern benutzt werden. Sie halten zwar keinem Monsunregen stand, verhindern jedoch ein schnelles Durchnässen. Zu diesen Jacken gibt es meist leichte Regenhosen zum Überziehen.

**Schuhe:** Einige Wanderwege sind asphaltiert und daher auch mit normalem Schuhwerk begehbar. Dennoch erleichtern die klassischen Wanderstiefel das Gehen an Steigungen und sind das ideale Schuhwerk. Sie geben dem Fuß einen guten Halt, schützen vor Feuchtigkeit, und die Sohlen bieten einen guten Stand bei abschüssigen Strecken.

**Wanderstock:** Ein Wanderstock bietet nicht nur auf rutschigen Wanderstrecken gute Dienste. Neben dem klassischen Holzstock gibt es Teleskopstöcke, die in der Länge verstellbar und somit auf die Körpergröße einstellbar sind. Ein weiterer Vorteil liegt in ihrem geringen Gewicht, und sie passen in jeden Rucksack.

**Rucksack:** Die Größe eines Rucksakkes richtet sich nach der Dauer der Wanderung und nach dem, was man mitnehmen möchte.

Sinnvoll ist es, mit „kleinem Gepäck" zu wandern, das für Tageswanderungen mit Rückkehr zum Ausgangspunkt ausreichend ist.

Nach Auswahl des Rucksackes stellt sich die Frage: „Was nehme ich mit?"; denn jedes überflüssige Gramm muß getragen werden.

**Wanderapotheke:** Auf Wanderungen können Verletzungen immer wieder vorkommen, und die Wanderapotheke sollte entsprechend ausgestattet sein. Neben Pflaster und Wundsalbe sollte sie eine elastische Binde und ein Mittel gegen Insektenstiche und Sonnenbrand sowie Schmerzmittel enthalten. Eine Salbe, die bei Verstauchungen aufgetragen werden kann, ist ebenfalls zu empfehlen.

**Proviant:** Durch die relativ kurzen Entfernungen zwischen den einzelnen Orten kann auf die Mitnahme von vollen Tagesrationen verzichtet werden. Es ist jedoch ratsam, eine Kleinigkeit zum Essen sowie ausreichend Getränke (je nach Jahreszeit) im Reisegepäck zu haben, denn die wenigen Restaurants an den Wanderwegen sind meist gut besucht und haben nur ein begrenztes Platzangebot.

**Karten:** Gut und informativ ist die Karte *Naturpark Siebengebirge* (Maßstab 1:25.000) des Landesvermessungsamtes Nordrhein-Westfalen. Sie deckt den gesamten Bereich des Siebengebirges sowie das Umland ab. Sie kostet 11,80 DM und ist in allen Buchhandlungen erhältlich.

# DER RHEINHÖHENWEG (RECHTSRHEINISCH)

Es gibt vielerlei Möglichkeiten, das Siebengebirge über Rundwanderwege und durch Streckenwanderungen zu erkunden. Um es in seiner Gesamtheit zu durchwandern, bietet sich der rechtsrheinische Rheinhöhenweg an. Er beginnt im Bonner Stadtteil Beuel, verläßt das Siebengebirge im Bereich von Bad Honnef und endet in Wiesbaden. Der Wanderweg wurde 1907 geplant und markiert. Auf seiner ausgewiesenen Wegstrecke bietet er den Wanderern Ausblicke auf eine wunderbare Kulturlandschaft.

Von diesem Wanderweg gehen verschiedene andere Wanderwege ab oder kreuzen ihn, so das eine Vielzahl von Variationen möglich sind. Dadurch ist es jedem Wanderer möglich, sich seinen Streckenabschnitt selber auszuwählen.

Nachfolgend ist nur eine Auswahl von interessanten Wanderwegen beschrieben.

***Rheinhöhenweg (rechtsrheinisch)***
**Streckenlänge:** Bereich Siebengebirge 24 km, Gesamtlänge 272 km
**Markierung:** R
**Höhenunterschied:** bis zu 250 m
**Wegstrecke:** einfach bis schwierig
**Gehzeit:** 6 bis 7 Stunden
Vom Haupteingang des Bahnhofs **Bonn-Beuel** geht es geradeaus über die *Goetheallee* bis zur *Neustraße*, in die man nach links einbiegt. Parallel zum Bahnkörper, vorbei am Beuler Stadion, dem Straßenbahndepot der SWB geht es bis zur Straße *Auf der Grendt*. Hier biegt man nach links ab, überquert die Gleisanlage über die Brücke, hinter der man gleich nach rechts in eine Einbahnstraße einbiegt. Die Wegemarkierung (weißes R auf schwarzem Grund) befindet sich an einem Verkehrszeichen. Man folgt der Markierung bis zur Straßenkreuzung, an der sich auch die U-Bahn-Haltestelle befindet.

Nun biegt man nach links in die leicht ansteigende *Kreuzherrenstraße* ein und folgt dieser bis zur *Königswinterer Straße*. Hier nach rechts und gleich wieder links in die *Finkenbergstraße* einbiegen. Dieser Straße folgt man bis zur Finkenberghöhe, sie führt dann vor dem Stadtteil **Küdinghoven** wieder bergab und endet an einer Straßenkreuzung, die man geradeaus überquert.

Dann durch den *Buchenweg* bis zur nächsten Gabelung, an der man nach rechts in den *Wehrhausweg* einbiegt. Durch diese verkehrsberuhigte Straße geht er bis zur Katholischen Pfarrkirche **St.-Gallus.** Erstmals urkundlich erwähnt wurde die Kirche im Jahre 1144. Aus jener Zeit stammen die beiden unteren Geschosse des romanischen Turmes. 1845 wurde das westliche Kirchenschiff abgebrochen und durch das nach Osten gerichtete Schiff im klassizistischen Stil ersetzt.

Betritt man das Innere der Kirche durch den südlichen Eingang, befindet sich auf der linken Seite der Zugang zur *Gregorius Maurus Kapelle*. In der romanischen Turmkapelle fand man 1843 beim Bau des westlichen Kirchenschiffes den sogenannten *Küdinghovener Altarstein*. Das aus dem Mittelalter (1358–1365) stammende Original des Altars befindet sich heute im Rheinischen Landesmuseum. Auf dem Altar

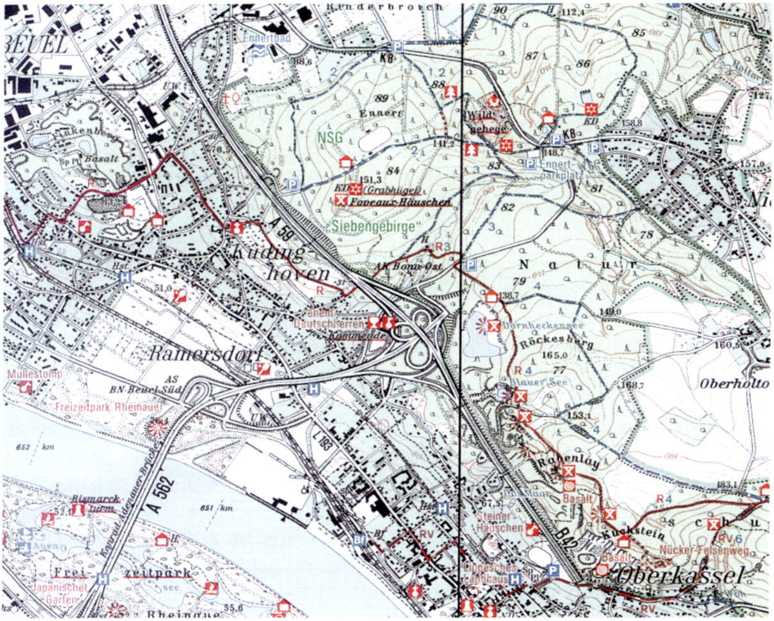


ist Gregorius Maurus als dunkelhäutiger Ritter dargestellt. Der frühere Hauptpatron der Kirche gehörte zu jenen römischen Soldaten, die wegen ihres Bekenntnisses zum christlichen Glauben unter Kaiser Diokletian in Köln hingerichtet wurden.

Gregorius Maurus war der Anführer einer thäebäischen Legion und aufgrund einer Traumvision des Kölner Erzbischofs Anno II. ließ dieser im 11. Jh. über den Gebeinen des heiligen Gregorius den römischen Hochchor der Kölner St. Gereons Kirche erbauen.

Gregorius Maurus ziert auch das mittelalterliche Küdinghovener Schöffensiegel, von dem sich eine Vergrößerung über dem Eingang zur kleinen Kapelle befindet.

Gegenüber der meist verschlossenen kleinen Kapelle befindet sich der Eingang zur großen Hallenkirche. Sie wird durch eine flache Holzdecke sowie den nach Osten hin gerichteten Chor bestimmt. In der rechten Kirchenmauer befinden sich rechts neben dem Chor die Reliquien des heiligen Gallus, dem Patron der Pfarrkirche. Der aus Irland stammende Gallus bekehrte im 7. Jh. die Alemanen und lebte in der Nähe des Bodensees. Er starb in St. Gallen in der Schweiz, von wo aus die Reliquien nach Küdinghoven kamen.

Links befindet sich eine Fahne des heiligen Petrus, der Patron der ehemaligen Stiftskirche von Vilich. Die Kirche von Küdinghoven gehörte mit den Kirchen von Oberkassel, Ober- und

Niederdollendorf und Königswinter zum Stift Vilich.

Vor der Kirche weist ein Pfeil an der Kirchenmauer nach links zum Rheinhöhenweg, von hier leicht ansteigend führt er vorbei an der Kirche und an der Fiedhofsmauer entlang bis zu deren Ende. Die anfänglich asphaltierte Straße geht in ihrem Verlauf in einen unbefestigten Weg über. An der folgenden Weggabelung hält man sich links und vorbei an Kleingärten und Wiesen erhebt sich in der Verlängerung des Weges das weiße Gebäude der Kommende. Begleitet von Geräuschen der nahegelegenen Autobahn erreicht man nach rund 150 m die ersten Häuser des Bonner Stadtteils Ramersdorf.

Die Markierungen des Rheinhöhenwegs (ein weißes R oder weißes R auf schwarzem Grund) befinden sich auf dem beschriebenen Streckenabschnitt überwiegend an Laternenmasten und Verkehrszeichen, was nicht immer gut sichtbar ist.

An der T-Kreuzung in Ramersdorf geht es nach links in die *Holzgasse*, mit dieser unterquert man dabei die Autobahn und biegt an der folgenden Weggabelung nach rechts. Nach wenigen Metern erreicht man das Waldgebiet und zugleich weist ein Schild auf das Naturschutzgebiet Siebengebirge hin, durch das man nun seinen Weg fortsetzt.

Zunächst folgt man dem teils unebenen Waldweg bis zur ersten Weggabelung. Hier besteht die Möglichkeit, über den Wanderweg Nr. 3 einen Abstecher rund um den Ennert einzulegen.

**Abstecher:**
*Rund um den Ennert*
Beschreibung Seite 170

Setzt man seinen Weg nach rechts fort, geht es ca. 10 Gehminuten leicht abschüssig weiter zur *Oberkasseler Straße*. Gekennzeichnet ist diese Stelle durch einen Wanderparkplatz, an dem sich eine Bushaltestelle der SWB befindet.

Von hier aus über den Parkplatz weiter. Für wenige Meter verläuft der Rheinhöhenweg noch parallel zur Straße, bevor er einen Bogen nach links macht und leicht ansteigend in Richtung Süden verläuft. Die Wegmarkierungen befinden sich nun teilweise an den Bäumen (weißes R) sowie auf Steintafeln mit Entfernungsangaben.

Dem breiten Rheinhöhenweg folgend, passiert man eine kleine Schutzhütte. Rund 100 m danach führt ein Weg nach rechts zu einem Aussichtspunkt.

Hier liegt am Fuße des *Röckesberges* (165 m) der **Dornheckensee,** dessen Westufer im Sommer von Sonnenanbetern gern genutzt wird, das östliche Ufer bildet eine steile Felswand. Das Baden in dem einstigen Steinbruch ist verboten und man sollte sich an die Hinweise ebenso halten wie an die Absperrungen am Aussichtspunkt, von dem es rund 50 m senkrecht nach unten geht.

Nur wenige Meter weiter südlich liegt am Rheinhöhenweg mit dem **Blauen See** ein weiterer See, der kleiner und weniger besucht ist. Er ist allerdings vom Aussichtspunkt aus nicht zu sehen.

Vom Aussichtspunkt aus gelangt man über die *Rabenley* und weiter zum *Kuckstein*. Auf diesem Streckenabschnitt des Weges befinden sich mehrere Aussichtspunkte. Hier macht der Höhenweg seinem Namen Ehre, denn immer wieder eröffnen sich neue Perspektiven auf den Rhein mit der Konrad-Adenauer-Brücke, dem Rheinauenpark, das Siebengebirge und über die einstige Bundeshauptstadt Bonn mit ihren sechs Kirchturmspitzen.

Eine kulturhistorische Besonderheit zeichnet den Bereich Kuckstein aus. Hier wird vom Forstamt Siegburg die Ramholzwirtschaft, die bis zur Jahrhundertwende eine bedeutsame Wirtschaftsform war, zu Demonstrationszwecken betrieben. Erste Zeugnisse der Ramholzwirtschaft findet man schon im 13. Jahrhundert.

Als **Ramholz** bezeichnete man die Pfähle zum Anbinden der Rebstöcke in den Weinbergen. Die Bezeichnung kommt von dem lateinischen Wort ramus = der Ast. Der selbe Wortstamm erscheint noch in dem Ortsnamen Ramersdorf. Das Ramholz wurde durch köpfen von Rotbuchen in etwa 2 m Höhe erzeugt. An den Schnittstellen bildeten die Buchen zahlreiche Äste, die gerade nach oben strebten. Diese Äste wurden erneut abgeschlagen, wenn sie einen Durchmesser von etwa 2–2½ Zoll (5-7cm) erreicht hatten und somit als Rebpfähle brauchbar waren. Neben Weinbergpfählen wurde auf diese Weise auch Brennholz erzeugt.

Im weiteren Verlauf macht der Rheinhöhenweg an der nächsten Weggabelung einen Schwenk nach links. An dieser Kreuzung beginnt/mündet der ***Nücker Felsenweg.*** Dieser Weg, der entgegen seinem Namen nicht felsig ist, führt durch Laubwald in Serpentinen über eine Länge von 900 m nach Oberkassel.

Über relativ flaches Gelände mit welligen Passagen geht es über den Rheinhöhenweg bis zur nächsten Weggabelung, wo man dem weißen R auf schwarzem Grund nach links bis zur nächsten Kreuzung mit einer kleinen Schutzhütte folgt. Hier wendet man sich nach rechts und erreicht nach wenigen Minuten mit dem ***Paffelsberg*** (193,5 m) den höchsten Punkt im Bonner Stadtbereich. Dieser Streckenabschnitt wird von Freizeitsportlern ebenso genutzt wie von Reitern, für die es im Siebengebirge zahlreiche ausgewiesene Wege gibt.

Auch erdgeschichtlich hat der Paffelsberg, der zum Bereich des Ennert zählt, einiges aufzuweisen. Denn beim Wechsel von der Eis- zur Warmzeit sowie durch die Hebung des Schiefergebirges entstanden die Terrassen des Rheintals. Der Ennert bildete dabei die Haupttrasse und die Existenz weißer Rheinkiesel am Paffelsberg sind wissenschaftliche Indizien dafür, daß einst der Rhein über das Niveau des Berges floß.

Nach wenigen Metern verläßt man den Stadtbereich Bonns und befindet sich mit Erreichen der Straße L 490 nun in der Gemeinde **Königswinter.** Man überquert die Straße, wendet sich nach links und erreicht den *Vinxeler Parkplatz*. Dieser Parkplatz eignet sich gut als Ausgangspunkt für sportliche Aktivitäten. Am Parkplatz steht eine Hinweistafel, die Auskunft über die verschiedenen Rundwanderwege gibt, die hier beginnen.

Vom *Vinxeler Parkplatz* führt der Höhenweg über ein flaches Wegstück bis zur ersten Weggabelung, die man nach rund 5 Minuten erreicht. Hier biegt man nach links und folgt dem leicht abschüssigen Weg in Richtung *Kloster Heisterbach*. Nach wenigen Metern erreicht man eine Schutzhütte, an der ein **Rundgang um die Dottendorfer Hardt** beginnt (Beschreibung siehe Seite 172).

Wiesenflockenblume

Amselnest

Schönbär

Streuobstwiese mit Wanderschafherde

Blütenkelch

Fingerhut

Zur Fortsetzung des Höhenweges geht es leicht abwärts in Richtung Kloster Heisterbach (2 km). An der folgenden Weggabelung hält man sich links und am Ende des kleinen, weiten Tals verläßt man den Wald und erreicht die Landstraße K 25.

Nach deren Überquerung biegt man gleich nach rechts in einen Feldweg ein. Die Markierung des Rheinhöhenwegs befindet sich auf der Rückseite eines Verkehrszeichens. Durch Wiesen und Felder geht es dem Kloster Heisterbach entgegen, dessen Umrisse man schon in der Ferne erkennen kann. An der kommenden Weggabelung führt ein Waldweg nach links bergauf zum Weilberg.

**Abstecher:**
*Rund um den Weilberg*
Beschreibung Seite 175

Folgt man dem Weg geradeaus, so erreicht man nach wenigen Metern die Landstraße L 268 und den Parkplatz am **Kloster Heisterbach** (Beschreibung *Kloster Heisterbach* siehe Seite 106). Hier bietet sich die Möglichkeit, den Höhenweg in Richtung Dollendorf zu verlassen.

Vom Parkplatz wendet sich der Rheinhöhenweg nach links und folgt für rund 150 m der Landstraße entlang der Klostermauer. Wo diese nach rechts in den Wald abknickt, geht der Rheinhöhenweg ebenfalls nach rechts in einen schmalen Waldweg über.

Dieser bergauf führende Streckenabschnitt ist in einem relativ schlechten Zustand und Vorsicht ist besonders bei Nässe geboten. Das weiße R als Richtungshinweis befindet sich an mehreren Bäumen.

Nach dem Anstieg von rund 150 m erreicht man die nächste Weggabelung, die durch eine Lichtung gekennzeichnet ist. Hier verläuft der Höhenweg leicht versetzt nach rechts weiter bergan bis zur nächsten Weggabelung. Hier hält man sich links und es beginnt ein steiler, sehr anstrengender Anstieg zum **Petersberg.** An einer kleinen Schutzhütte am Ende des Weges kann man den Rheinhöhenweg verlassen und sich nach links mit dem Wanderweg Nr. 5 in Richtung Einkehrhäuschen wenden.

Wer dem Rheinhöhenweg weiter folgt, überquert den breiten Waldweg und folgt einem schmalen Pfad weiter in Serpentinen steil bergauf zum Gipfel des 335,3 m hohen ***Nonnenstrombergs.*** Hier am Hinweisschild „Forstweg" geht es links ab (auf dem folgenden schmalen Streckenabschnitt bergauf empfiehlt sich festes Schuhwerk).

Auf dem flachen Basaltplateau des Nonnenstrombergs befinden sich keinerlei Spuren von Bauwerken, auch wenn der Name auf ein mögliches Nonnenkloster hinweisen könnte.

Vermutlich entstand der Name des Berges durch volksetymologische Umbildungen und hieß ursprünglich *Unterer Stromberg*, aus dem zuerst *Onnenstromberg* und später *Nonnenstromberg* entstand. Auf dem langgestreckten Basaltrücken des Nonnenstrombergs soll der Wald sich aus ökologischen und forstwirtschaftlichen Gründen möglichst ohne menschliche Eingriffe weiterentwickeln.

Vom Gipfel des Berges hat man freie Sicht auf die Hügellandschaft des Siebengebirges mit Blick auf Ölberg und Drachenfels, in dessen Hintergrund man den Rhein erkennen kann.

In seinem weiteren Verlauf führt der Rheinhöhenweg in Serpentinen vom Gipfel wieder bergab und trifft auf den Wanderweg Nr. 5. In Sichtweite steht an der großen Weggabelung das **Einkehrhaus Waidmannsruh** (☎02223/24520, Fax: 28874). Es gehört zu den wenigen Waldlokalen im Bereich des Naturschutzgebiets Siebengebirge. Daher ist es ein beliebtes Ausflugsziel und mit seiner Terrasse ist das Lokal im Sommer ein gern besuchter Ort. Geöffnet ist es ganzjährig (außer von Mitte Dez. bis zum 1. Jan. sowie das Wochenende an Karneval) täglich 10–18 Uhr.

**Abstecher:**
*Rund um den Stenzelberg*
Beschreibung Seite 177

Vom Einkehrhaus geht es weiter über die asphaltierte Straße leicht ansteigend bis zur Kreuzung an der Rosenau. Hier bietet sich ein 350 m langer Abstecher zur **Burgruine Rosenau** mit gleichnamigem Aussichtspunkt und Schutzhütte an.

**Abstecher:**
*Burgruine Rosenau*
Beschreibung Seite 177

Von der Weggabelung an der Rosenau nimmt man den mittleren Weg, der im Rechtsbogen durch Mischwald führt, weiter in Richtung Margarethenhöhe (2,2 km) und bald öffnet sich der Blick nach links über die Wiesen und Felder in Richtung Heisterbach sowie den Ölberg, über dessen Gipfel ein Fernmeldemast ragt. Anfänglich noch relativ flach verläuft der Rheinhöhenweg diesem Ziel entgegen. An der nächsten Weggabelung folgt man dem Weg nach links weiter bergauf und biegt an der folgenden größeren Weggabelung mit einem größeren Richtungsstein nach rechts ab.

Nach rund 30 m führt der Rheinhöhenweg nach links in einen schmäleren Weg, hier beginnt der Aufstieg zum Ölberg.

**Abstecher:**
*Rund um den Ölberg*
Beschreibung Seite 181

Über einen relativ unebenen Waldweg geht es bergauf und besonders bei Nässe und Schnee ist dieser schmale Weg sehr rutschig. In einigen Wegwindungen erreicht man am Ende des steilen Anstiegs kurz vor dem Gipfel einen breiten Wanderweg, von wo aus anfänglich noch Stufen zum Großen Ölberg führen.

Oben auf dem Gipfel hat man den höchsten Punkt (461m) des Siebengebirges erreicht. Vom Plateau bietet sich ein wunderbarer Weitblick (auch ohne Fernglas) über die Hügellandschaft nach Westen bis weit in die Eifel hinein sowie nach Osten über die Höhen des Westerwaldes, im Süden sieht man die Ruine der Löwenburg.

Läßt man den Blick von Süden nach Westen schweifen, erkennt man die Hafeneinfahrt von Oberwinter, die Ruine Drachenfels, den Petersberg und weiter in Richtung Norden die Bonner Südbrücke. Bei klarem Wetter sind sogar die Turmspitzen des Kölner Doms zu sehen.

Das **Gasthaus auf dem Ölberg** (☎02223/21919 oder 28468) ist wochentags von 10 Uhr, Samstag ab 9 Uhr bis zu einbrechender Dunkelheit geöffnet. Die relativ kleine Terrasse der Gaststätte ist im Sommer ein beliebter und gut frequentierter Ausflugsort.

Vom Plateau des Ölbergs geht es wieder über die Treppen entlang der Fernmeldeanlage abwärts zum Aussichtspunkt am Gebäude des Sendemastes. Hier erinnert ein Stein an den Bonner Justizrat Humbroich. Der kleine Platz trägt den Namen des Mannes, der am 1.5.1886 einen Verein zur Rettung des Siebengebirges gründete.

Setzt man seine Wanderung fort und folgt den Richtungspfeilen, erreicht man nach dem Abstieg über die Serpentinen die **Margarethenhöhe.** Der Königswinterer Stadtteil gehört nicht zuletzt durch die verkehrsgünstige Lage zwischen Rhein und der Autobahn A 3 zu den beliebtesten Ausgangspunkten für Wanderungen durch das Siebengebirge.

An der Margarethenhöhe überquert man die *Königswinterer Straße* (L 331) und geht über die *Löwenburger Straße* weiter bis zur zweiten Hinweistafel. An ihr geht es nach rechts in einen Weg (mit Schlagbaum), der nach wenigen Metern in den Wald führt. Hier breitet sich das 4,2 ha große *Wildgatter Lohberg* aus, in dem Damwild (zwischen 5 und 10 Stück) natur- und artgerecht lebt. Besonders im Winter kann man an der Futterstelle in der Nähe der kleinen Quelle das Wild beobachten.

Am Ende der Umzäunung des Wildgeheges liegt der **Nasseplatz** mit dem gleichnamigen Steinbruch. Der Platz ist durch eine Steinsäule markiert, die an den Oberpräsident der Rheinprovinz und Förderer des Naturschutzes im Siebengebirge, Berthold von Nasse (1831–1906), erinnern soll. Gegenüber des Platzes befindet sich der Zugang zum Nasse-Steinbruch, in dessen kleinem Kessel sich zwei Hütten mit Grillplatz befinden.

Am Zugang zum Nasse-Steinbruch geht der Rheinhöhenweg nach links in einen schmalen Waldweg über. Die Markierung (R) befindet sich an einem Baum.

**Abstecher:**
*Margarethenhöhe-Drachenfels*
Beschreibung Seite 187

Vorbei an einem Tannenwald geht das kurze flache Wegstück an der folgenden Weggabelung geradeaus in einen ansteigenden Streckenabschnitt über. Nach einer kurzen Passage durch Nadelwald werden in dem anschließenden Laubwald die Spuren von Windbruch deutlich. Hier zeigen sich auch die typisch tief eingeschnittenen Täler des Siebengebirges. Über wenige Serpentinen geht es weiter aufwärts, bis man am Ende des Anstiegs auf den breiten Wanderweg Nr. 2 stößt. Hier wendet man sich nach rechts, und gelangt nach ca. 100 m an einen Aussichtspunkt mit Schutzhütte. Von hier geht es nun stetig bergab in Richtung Löwenburg, die man nach etwa einem Kilometer erreicht.

An dem Kreuzungspunkt einiger Wanderwege, der sich außerhalb des Waldes befindet, steht der ***Löwenburger Hof***. Das aus Bruchstein und Fachwerk erbaute Waldhotel am Fuße der Löwenburg ist im Sommer mit seinem Biergarten ein beliebtes Anlaufziel. Mit Blick auf die Hügellandschaft kann man sich im Schatten der Bäume für die weitere Wanderung stärken.

Das Innere des Löwenburger Hofs ist geschmackvoll eingerichtet. Probieren sollte man den nach Elsäßer Rezept hergestellten Flammkuchen, der samstags und sonntags ab 14 Uhr in drei

Rosenau
Ölberg
Ölberghütte
Cornelie-hütte
Brochen
Natur-
Großer Ölberg
Basalt
Trachyt
Im Hagen
Röttgen
Thomashof
Rosenau
Speelgen-hütte
Remscheid
Josef-Erdmann-Hütte
Stuttgarter Hütte
Wasserfall
Froschberg
Trachyttuff
Ofenkaule
NSG Siebengebirge
L 331
Margarethenhöhe
Nasseplatz
Mirbesbach
Am Litschen-
häuschen
Zinn-
höckchen
Heideschottberg
Trachyttoff
Jungfern-
hardt
Lohrberg
Lahr
Elsigerfeld
Milchhäuschen
Dr.-von-Gärtzen-Hütte
Schallenberg
Geisberg
Guillaume-hütte
Prenkeberg
Langendorferhütte
Scheerkopf
Holvershahn
Kuckuckstein
Merkenshöhe
Ölender
Löwenburger Hof
Adenauer-grab
Kleiner
Breiberg
Großer
Fritsches
hardt
Löwenburg
Rhöndorf
Knelingshardt
Annatal
Possberg
Dr.-Funder-Hütte
Adenauerhaus
Beierscheid
Dorfer Berg
Schaaffhausen-kanzel
Einsiedlertal
Rommersdorf
Römerbrunnen
Heister-
scheid
Blei/Zink
Jungfernhardt
Bondorf
Burg Reitersdorf
Augusthöhe
Hohenhonnef
Reichenberger Höhe
Feuerschlößchen
Fuchshardt-kapelle
Kitzenhardt
K.D. Abschnittswall
Wingstberg
Servatiusweg
B 42
L 144
Kursaal
Hontes
BAD HONNEF
Staat

verschiedenen Arten angeboten wird. Neben dem belegten Brotteig gehören die selbstgemachten Waffeln zu den Spezialitäten des Hauses.

Es ist das einzige Hotel am Rheinhöhenweg im Naturpark Siebengebirge, das über Hotelzimmer (9 DZ, Preis 50–75 DM inkl. Frühstück) verfügt. Geöffnet ist das Hotel ganzjährig täglich zwischen 10 und 18 Uhr.

Durch seine idyllische Lage ist das Waldhotel (☎02223/23585) mit großem Biergarten im Sommer ein beliebter Ausflugsort und Treffpunkt vieler Wanderer, so daß bei schönem Wetter nicht immer ein Platz zu bekommen ist.

**Abstecher:**
*Löwenburg*
Beschreibung Seite 180

An der Weggabelung vor der Löwenburg biegt der Rheinhöhenweg nach rechts in das flache Wegstück ein. Man folgt dem Weg bis zur nächsten Weggabelung, an der man sich links hält. Nach etwa 10 m ändert der Weg seine Richtung nach rechts und geht in einen schmalen Pfad über, der nach wenigen Metern bergab in einen breiten Weg mündet. Diesem folgt man nach links ca. 1 Kilometer bergab. In diesem Bereich verläuft zur rechten Seite das Tretschbachtal.

Vorbei an der Dr.-Funder-Hütte geht es Bad Honnef entgegen. Die Stille des Waldes wird nur durch das Gezwitscher der Vögel durchbrochen, da man sich weitab von jeglichem Straßenverkehr befindet. Nun dem Weg bis zur nächsten Schutzhütte folgen und an dieser nach rechts abbiegen.

Über ein flaches Wegstück geht es, vorbei an einem Wasserhochbehälter, bis zur Grenze des Naturschutzgebietes Siebengebirge. Immer wieder öffnet sich dem Wanderer der Blick auf den Drachenfels und bald auf die Stadt Bad Honnef und den Rhein.

Nun sind es nur noch wenige Meter bis zum **Haus Hohenhonnef,** einem Lungensanatorium, mit dessen Bauvorbereitungen 1891 begonnen wurde. Der Gebäudekomplex ist bis heute kontinuierlich ausgebaut worden und hat um die Jahrhundertwende zum wirtschaftlichen Aufschwung beigetragen.

Nennenswert ist eine Minigolfanlage und ein kleiner Skulpturengarten, in dem verschiedene Künstler ihre Werke ausgestellt haben.

Vom Sanatorium führt die Straße ins Tal bis ins Zentrum von **Bad Honnef.** Der Rheinhöhenweg folgt der Straße für einige Meter, bis er gleich hinter einer Kurve nach rechts abknickt. Der anfänglich schmale Waldweg mündet nach einigen hundert Metern wieder in die Bergstraße, über die man zum idyllischen Marktplatz und der Fußgängerzone von Bad Honnef gelangt (Bad Honnef siehe Seite 132).

# RUNDWANDERSTRECKEN

### *Rund um den Ennert*

**Streckenlänge:** 4,5 km
**Markierung:** Wanderweg Nr. 1, 2
**Höhenunterschied:** 50–80 m
**Wegstrecke:** eben bis hügelig
**Gehzeit:** 60-90 Minuten

An dem Berg wurde im Jahre 1700 Braunkohle gefunden, die bis in die 30er Jahre unseres Jahrhunderts abgebaut wurde. Sie hat ebenso die Topographie des Ennert beeinflußt, wie der bis in die zweite Hälfte des 19. Jhs. bestandene Alaunbergbau. Das Doppelsalz *Alaun* besteht aus Kalium- und Aluminiumsulfat und wurde als Beizmittel in Färbereien verwendet.

Heute ist das Waldgebiet rund um den Ennert ein beliebtes Naherholungsziel der Bonner. Die Freude daran ist allerdings inzwischen etwas getrübt. Gleich nach Passieren der Absperrung informieren Schilder über das Waldsterben, das hier aufgrund der kranken Nadelbäume deutlich erkennbar ist.

Für einen Rundgang um den Ennert beginnt man am gleichnamigen Parkplatz an der Landstraße K 8. Das anfänglich ebene Wegstück fällt bald leicht ab und man erreicht nach rund 200 m die erste Kreuzung.

Verbindung zum Rheinhöhenweg

Setzt man seinen Weg geradeaus fort, so geht es leicht bergan in Richtung Küdinghoven. Erkennbar sind die Vertiefungen im Wald, die von den Bomben des 2. Weltkriegs stammen. Nach rund 15 Minuten Gehzeit erreicht man den idyllisch gelegenen **Sportplatz** des SV Ennert. Wenn nicht gerade Sportveranstaltungen stattfinden, ist die Sportanlage für jedermann zugänglich.

Folgt man dem breiten Waldweg bis zur nächsten Wegkreuzung, geht es nach links zum Foveaux-Häuschen. Auf halber Strecke dorthin liegt auf der linken Seite des Weges, rund 80 m von ihm entfernt, ein **Grabhügel,** der allerdings nur schwer erkennbar ist, da er leider nicht ausgeschildert ist.

Nach 200 m hat man das **Foveaux-Häuschen** erreicht. Es wurde um 1820 von dem Kölner Heinrich Josef Foveaux (1762–1844) erbaut. Er besaß im heutigen Bonner Stadtteil Limperich den Mylendonker Hof. Das Bauwerk, das 1969 und 1992 renoviert wurde, entstand mit Steinen aus den Steinbrüchen des Siebengebirges. Zwar bieten die

*Foveauxhäuschen*

Bänke Gelegenheit zur Rast, doch hört man ständig die Geräusche der nahegelegenen Bundesstraße 42.

Zurück an der Kreuzung setzt man seinen Rundgang auf dem Wanderweg Nr. 2 fort und folgt dem abschüssigen Weg, der auf einen Parkplatz mündet. Kurz vor Erreichen des Parkplatzes biegt man nach rechts in eine flache Wegstrecke ein. Auch hier wird man von Geräuschen der nahegelegenen Bundesstraße bis zur nächsten Weggabelung begleitet, an der sich eine Gartenanlage befindet.

Nun biegt man nach rechts ab und leicht ansteigend geht es am nördlichen Rand des ausgewiesenen Naturparks Siebengebirge entlang. Bald erreicht man die ersten Häuser vom Bonner Stadtteil **Pützchen** sowie die *Pützchen Chaussee*. Diese überqueren und geradeaus weitergehen. Weit öffnet sich der Blick über Pützchen und in der Ferne sieht man die Schornsteine der Raffinerien in Wesseling, das Hochhaus in Siegburg und die Wahner Heide.

Weiter geht es auf der asphaltierten Straße, bis sie einen scharfen Knick macht. Hier setzt man seinen Weg entlang der Dauer-Kleingartenanlage (☎02241/314823) geradeaus fort. Die Anlage der Stadt Bonn wurde 1966 errichtet und bietet rund 50 Kleingärtnern die Möglichkeit, ihrem Hobby nachzugehen.

Zwischen Gartenanlage und Pützchen Chaussee geht es weiter bis zur nächsten Weggabelung, an der man nach rechts abbiegt. In einem leichten Anstieg geht es bis zur Gabelung, an der man sich links hält und nach wenigen Minuten eine größere Wegkreuzung überquert. Für ein kurzes Stück geht es steil bergauf, nach einem Rechtsbogen wird der Weg eben und die ersten Häuser von Niederholtdorf werden sichtbar.

Nur wenige Meter weiter liegt direkt neben dem Weg ein weiteres Hügelgrab, hinter dem sich ein tiefer gelegener Teich als Feuchtbiotop ausbreitet.

Nach weiteren 200 m bietet an einer Kreuzung eine Schutzhütte mit Feuerstelle die Möglichkeit zu einer Rast. Gleich neben der Grillhütte befindet sich der eingezäunte Hardtweiher.

*Waldweg am Ennert*

Nun sind es nur noch wenige Schritte, bis man den Ausgangspunkt am Ennert-Parkplatz wieder erreicht hat.

### *Rund um die Dollendorfer Hardt*

**Streckenlänge:** 3,5 km,
**Markiereung:** Wanderweg Nr. R / 5
**Höhenunterschied:** 150 m
**Wegstrecke:** eben bis hügelig
**Dauer:** 60–70 Minuten

Vom *Vinxeler Parkplatz* führt ein Waldweg vorbei an einer Hinweistafel eben bis zur ersten Weggabelung, die man nach rund 5 Minuten erreicht. Hier biegt man nach links ab und folgt dem leicht abschüssigen Weg in Richtung *Kloster Heisterbach* wenige Minuten bis zur nächsten Kreuzung mit einer kleinen Schutzhütte.

Hier folgt man dem ansteigenden Weg nach rechts in Richtung Aussichtspunkt Bergrutsch. Nachdem man die Anhöhe erreicht hat, geht es durch Tannen- und Laubwald, dessen Bäume auffallend in einer Linie angepflanzt wurden, nach rund 700 m an eine Weggabelung.

Hier folgt man dem schmalen Pfad steil bergauf nach rechts, der von dem breiten Weg abgeht und nach wenigen Metern hat man den Aussichtspunkt *Bergrutsch* erreicht. Die Weitsicht ist durch die Bewaldung allerdings eingeschränkt. Von hier geht es auf dem Rundgang gleich wieder abwärts. Vor allem bei schlechter Witterung ist dieser Wegabschnitt sehr rutschig und besondere Vorsicht geboten.

Eben und teilweise leicht abfallend verläuft der Weg bis zur nächsten Gabelung, wo die Möglichkeit besteht, einen Abstecher zum Weinwanderweg zu unternehmen.

| Verbindung zum Weinwanderweg |
|---|

Folgt man dem Weg geradeaus, sind es nur wenige hundert Meter, bis ein schmaler Weg nach rechts in einen ehemaligen Steinbruch führt.

Die Bezeichnung „Hardt", die oftmals auch *Haard* oder *Hard* geschrieben wurde, stammt aus alten Flurbezeichnungen. Mit ihr wurden unfruchtbare Bereiche wie z. B. Felsen oder Steilhänge sowie unkultivierbares Land bezeichnet. Heute ist der 246 m hohe Berg mit Mischwald bewachsen.

Weiter geht es auf dem Spaziergang leicht ansteigend, bis man nach rund einem Kilometer wieder an die Wegkreuzung gelangt, an der man nach links wieder zum Ausgangspunkt gelangt.

### *Weinwanderweg*

**Streckenlänge:** 2,2 km,
**Markierung:** keine
**Höhenunterschied:** 80–100 m
**Wegstrecke:** eben bis steil.
**Dauer:** 60 Minuten

Für einen Rundgang durch das ca. 8 ha große Dollendorfer Weinanbaugebiet ist die Anreise mit dem öffentlichen Nahverkehr zu empfehlen, denn es stehen nur wenige Parkplätze in der Umgebung zur Verfügung. Hierfür bietet sich die Buslinie 520, Haltestelle „Oberdollendorf Mitte" an, von der aus es noch rund 300 m Fußweg sind.

Beginnt man den Rundgang am *Hüllenweg*, so steht am Anfang der asphaltierten *Weinbergstraße* eine Hinweistafel sowie ein Automat, an dem für 0,50 DM eine Informationsschrift erhältlich ist. Wissenswertes über den Weinbau und die Landschaft erfährt der Wander- und Weinfreund auf dem Spa-

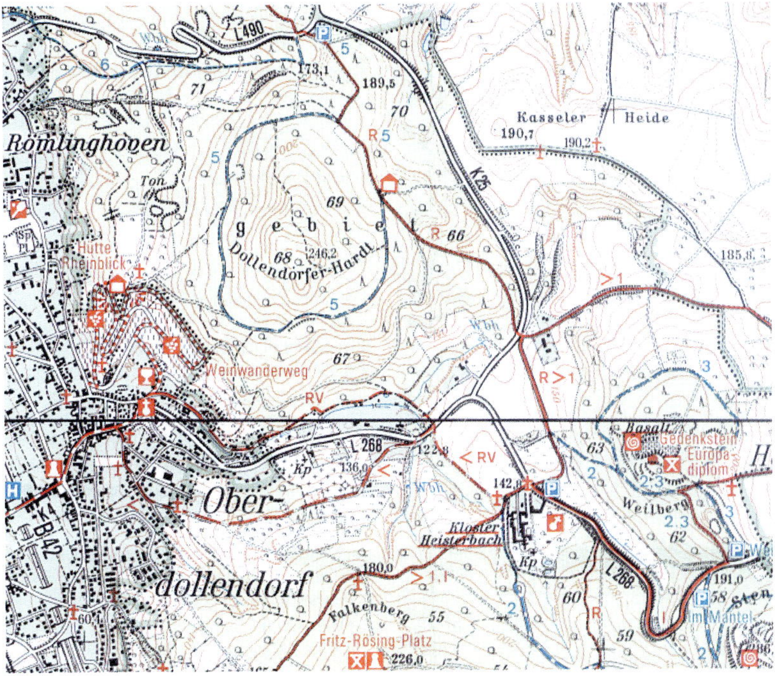


ziergang durch die Weinberglagen *Laurentiusberg*, *Rosenhügel* und *Sulzenberg* auch von Informationstafeln, die entlang der Wanderstrecke verteilt stehen.

Aufgrund von Flurbereinigungen (14 ha) in den 70er Jahren sind nur noch drei Weinberglagen übriggeblieben. Der nachfolgende Rundgang ist im Uhrzeigersinn und in der Reihenfolge der Informationstafeln beschrieben.

Schon nach wenigen Metern erreicht man die erste und ein paar Schritte weiter die zweite von insgesamt 15 Informationstafeln in der Stützmauer. Zu beiden Seiten der 2. Informationstafel ist je ein alter Grenzstein mit der Beschriftung *CHB 1/3* ins Mauerwerk eingelassen. Die Inschrift besagt, daß der Weinbergspächter 1/3 seines Ertrages als Zins an das Kloster Heisterbach abzugeben hatte, in dessen Besitz die Weinberge waren. In der über 600jährigen Geschichte des Klosters Heisterbach war auch der Weinbau von Oberdollendorf eng mit den Mönchen verbunden.

Weiter geht es durch die Weinberglage *Laurentiusberg* bergan. An den steilen Treppen, die zu den Weinstöcken führen, sind Schrifttafeln angebracht. In ihrem weiteren Verlauf wird die Stützmauer flacher und endet an der 4. Informationstafel. Hier erstrecken sich die Weinberge nun nur noch auf der rechten Seite des Weges, der in seiner Weiterführung in einen Waldweg mündet. Hier hat man das nördlichste Qualitätsweinanbaugebiet im Rheinland erreicht.

Nach einem kurzen Abstecher durch den Wald erreicht der Weinwanderweg nach einem Rechtsknick den Platz *Auf der Hülle*. Man hat von hier einen wunderbaren Panoramablick in die Talebene, bis in die Eifel hinein sowie auf die drei Dollendorfer Weinberglagen. Im Süden ragt die Ruine des Drachenfels empor. Der markanteste Punkt am Platz ist ein ca. 200 Jahre alter Steinkreis vor der Schutzhütte. Von altersher ist der Platz schon mit dem Weinbau verbunden.

Setzt man den Spaziergang durch die Weinberge fort, geht es nun leicht bergab zu einem Doppelkreuz, in dessen Sockel die Chorruine des Klosters Heisterbach und eine Weinrebe eingemeißelt ist. Nach einer scharfen Kehre erreicht man wieder den Platz *Auf der Hülle*.

An der folgenden Kreuzung biegt man nach links und gleich wieder nach rechts in den unbefestigten Pfad ein. Ansteigend geht es am Waldrand entlang und auf dem folgenden ebenen Wegabschnitt oberhalb der Weinberge begleitet den Wanderer ein herrlicher Blick auf den ursprünglichen Ortsteil von Oberdollendorf.

## Verbindung zur Dollendorfer Hardt

Am Ende des Weges geht es wieder über eine unbefestigte Wegstrecke abwärts. Ein grüner Pfeil mit weißer Beschriftung weist den Weg zur asphaltierten Straße, an der die 13. Informationstafel steht. Sie gibt Auskunft über die in Dollendorf angebauten sechs Rebsorten.

**Riesling:** spätreifend, Blätter mittelgroß, wenig gebuchtet, Beeren klein, unscheinbar grün.

**Müller-Thurgau:** frühe Reife, Blätter tief eingeschnitten, manchmal 7lappig, Beeren oval, Trauben groß.

**Optima**: Neuzüchtung aus Silvaner, Riesling und Müller-Thurgau, frühreifend, Blätter stark gebuchtet, Beeren etwa gelblich.

**Gewürztraminer:** Diese Sorte soll es schon zur Römerzeit gegeben haben. Reife mittelspät, Blätter klein und nur 3lappig, Beeren klein, goldgelb-rotbraun, Ertrag gering.

**Kerner:** Neuzüchtung aus den Sorten Riesling und Trollinger. Mittelgroße, Blätter deutlich gebuchtet, Traube mittelgroß, Beere grün dickschalig und ertragreich.

**Scheurebe:** Im Jahre 1916 aus Riesling und Silvaner gezüchtet. Blätter stark gelappt, Trauben dichtbeerig und mittelgroß, Beeren grün-gelb, guter Ertrag.

**Portugieser:** Stammt nicht aus Portugal, sondern kam im 19. Jh. aus Ungarn an den Rhein. Frühe Reife, Blätter groß, hoher Ertrag, Beeren blau. Diese Rebsorte, die auf kleinen Flächen angebaut wird, ist während der Herbstfärbung durch ihre dunkelroten Blätter erkennbar.

Zur Fortsetzung des Rundweges biegt man an der nächsten Weggabelung links ab und erreicht vorbei an einem Wasser-Rückhaltebecken (750 cbm) das Ende des Weinwanderweges.

Wer nun so viel vom und über den Wein erfahren hat, sollte sich einen Besuch in einer der Dollendorfer Weinstuben nicht entgehen lassen.

Gleich unterhalb der 15. Informationstafel befindet sich das **Weinhaus Gut Sülz.** Der Freihof stammt aus dem 10. Jh. und wurde urkundlich 966 mit dem Ort *Dullendorf* erwähnt. Im 14. Jh. übernahmen die Mönche von Heisterbach das Gut und es blieb bis zur Säkularisation im Jahre 1803 der Mittelpunkt der Weinwirtschaft des Klosters.

*Weinhaus Gut-Sülz* (☎02223/30110), Bachstraße 157, ist geöffnet von Montag bis Freitag ab 16 Uhr, Samstag, Sonntag und Feiertage ab 12 Uhr. Neben den weintypischen Speisen gibt es eine gutbürgerliche Küche. Die Gartenwirtschaft ist ein idealer Ort, um nach einer Wanderung durch die Weinberge die Beine auszuruhen und wieder Kräfte für neue Unternehmungen zu sammeln.

### Rund um den Weilberg

**Streckenlänge:** 1,7 km,
**Markierung:** Wanderweg Nr. 3
**Höhenunterschied:** 40–60 m
**Wegstrecke:** eben bis hüglig. Auch bei nasser Witterung gut begehbar.
**Dauer:** 40–50 Minuten.
**Verkehrsmittel:** Mit den Linien 520/521 der VRS, Haltestelle: *Verschönerungsweg*
Vom Parkplatz an der L 268 führt ein Rundweg zum stillgelegten Steinbruch Weilberg, der sich am gleichnamigen 241 m hohen Berg befindet. Mit dem Hinweisschild zum Geologischen Aufschluß folgt man einem Weg, von dem nach wenigen Metern ein kleiner Pfad nach rechts in einen kleinen Steinbruch führt, dessen Wände durch übereinandergeschichtete Gesteinsschichten gebildet sind.

Der asphaltierte Waldweg, an dessen linker Seite sich ein Nadelwald bis ins Tal und zur rechten Seite ein Laubwald ausbreitet, erreicht nach rund 300 m die Wegkreuzung, an der man sich nach links orientiert. Hier weist ein kleiner Hinweisstein auf das Obere und Untere Plateau hin.

Weiter geht es in Richtung Unteres Plateau und nach Passieren eines schmalen Durchgangs öffnet sich der Steinbruch Weilberg. Er liegt in einer Vulkanlandschaft, die vor ca. 30 Mio. Jahren entstand. Die Oberfläche des Vulkans aus Tuff und Basalt, über dessen Plateau in der Eiszeit (Diluvium) der Rhein floß, wurde durch Erosion jedoch abgetragen und ist nicht mehr erhalten.

Zwar sind die Wände des Steinbruchs teils von Gestrüpp überwachsen, doch unten, wo sich ein kleiner See gebildet hat, sind die einzelnen Gesteinsschichten und Basaltsäulen zu erkennen. Sie geben einen Einblick in den vielfältigen Gesteinsaufbau. Neben dem Tuff, der an verschiedenen Stellen zu feuerfesten Steinen verarbeitet wurde, unterscheidet man drei Gesteinsgruppen: die Trachyte, Latite und die Basalte.

Die hellen Trachyte wurden besonders im Mittelalter für den Bau von Kirchen verwandt, wie z. B. dem Kölner Dom und dem Dom von Xanten. Hingegen wurden die dunkleren Latite für die Verzierung von Gebäuden genutzt. Der harte, schwarze Basalt fand im 19. Jh. vielerlei Verwendung, u. a. als Schotter beim Straßen- und Eisenbahnbau.

Auf dem oberen Plateau wurde anläßlich der Verleihung des Europäischen Diploms durch den Europarat 1971 an das Siebengebirge eine Tafel angebracht.

Setzt man den Rundgang fort, so geht es aus dem Steinbruch zurück zur Kreuzung, wo man dem Hinweispfeil nach rechts folgt und nach rund 100 m leichten Anstiegs an der nächsten Wegkreuzung nach links abbiegt. Leicht bergab geht es am Weilberg vorbei bis zum Waldrand, wo sich das Neubaugebiet von Heisterbacherrot ausbreitet. Auffallend ist das ockerfarbene *Haus Schlesien*, in dem sich ein Museum zur schlesischen Landeskunde befindet.

Bald steigt der Weg wieder leicht an, führt durch ein kleines Tannenwäldchen, bevor er wieder abschüssig der nächsten Kreuzung entgegen führt. Hier biegt man scharf nach rechts ab und folgt dem Hinweispfeil (Weg Nr. 2) zum Kloster Heisterbach. Je nach Jahreszeit sieht man das 500 m entfernte Kloster durch den Wald im Tal liegen.

Nach wenigen hundert Metern erreicht man die langgestreckte *Dollendorfer Hardt*, die man mit 246 m zu den niedrigen Bergen des Siebengebirges zählen kann. Oftmals findet man am Wegesrand Ilex, efeubewachsene Eichen und Buchen.

*Landeskundemuseum im Haus Schlesien*

### *Rund um den Stenzelberg*

**Streckenlänge:** 3,5 km
**Markierung:** Wanderweg Nr. 2
**Höhenunterschied:** ca. 120 m
**Wegstrecke:** eben bis hüglig. Auch bei nasser Witterung gut begehbar.
**Gehzeit:** 2,5 Stunden
**Verkehrsmittel:** Mit den Linien 520/521 der VRS, Haltestelle: *Verschönerungsweg*

Vom Parkplatz an der L 268 am Stenzelberg geht es über eine asphaltierte Straße bis zur ersten Weggabelung bergan. Hier biegt man nach links auf einen Waldweg ein und beginnt mit der Umrundung des Stenzelbergs auf dem Rundweg Nr. 2 (3,1 km) im Uhrzeigersinn. Über den Waldweg geht es leicht bergan (Abkürzung vom Parkplatz aus). Nach wenigen Gehminuten tauchen zur Linken die ersten Häuser von Heisterbacherrott auf. Auf der rechten Seite des Waldweges befindet sich einer der Brunnen, die mit Draht abgedeckt sind, wie man sie im wasserreichen Siebengebirge des öfteren antrifft.

Weiter geht es leicht ansteigend bis zur nächsten Wegkreuzung, wo man den Wanderweg Nr. 2 leicht nach rechts verläßt. Nach wenigen Metern führen drei hintereinander folgende Pfade ins Innere der einstigen Steinbrüche. Gewaltige Gesteinsformationen vermitteln dem Betrachter einen Eindruck der vulkanischen Kräfte, die bei der Entstehung der Berge geherrscht haben.

Weiter geht es bis zu einer Bretterumzäunung, wo man nach rechts in einen schmalen Pfad einbiegt, der steil bergauf zum Plateau des Stenzelbergs führt. Die Vegetation in dem Naturschutzgebiet wie auch die Gesteinsformationen (Latit) sind beeindruckend, vor allem die schlanken Gesteinssäulen (10–20 m hoch) auf dem Plateau, von denen einige als Kletterzonen ausgewiesen sind. Kletterübungen sind nur den Mitgliedern des Deutschen Alpenvereins der Sektion Bonn und Siegburg Freitag von 12 bis 18 Uhr und Samstag von 8 bis 18 Uhr gestattet. Das Klettern in den rot markierten Bereichen ist untersagt. Mitglieder anderer Sektionen wenden sich an die Sektion Bonn oder Siegburg.

**Achtung:** Der Untergrund ist an den Abbrüchen oft lose und brüchig!

Weiter führt der Weg im Uhrzeigersinn über das Plateau des Stenzelbergs, bis ein schmaler Weg bergab zur bekannten Weggabelung führt.

Hier geht es nun über den Rundweg Nr. 2 leicht abschüssig weiter, bis eine leichte Rechtskurve in einen ebenen Wegabschnitt führt. Der folgende langgestreckte Anstieg endet an einer Wegkreuzung mit einem Steinkreuz aus dem 17. Jh. Markanter Punkt ist das 1925 erbaute Erholungsheim Rosenau, das 1955 zum Bergmanns-Erholungsheim umgebaut wurde.

**Abstecher:** Lohnend ist ein 350 m langer Abstecher zum Aussichtspunkt mit Schutzhütte. Auf dem Plateau stand im 13. Jh. die Burg Rosenau, die erstmals urkundlich im Jahre 1222 unter Dietrich von Dorndorf erwähnt wurde. Der Burgherr, der sich von Rosenwe nannte und ein Abkömmling aus dem Geschlecht Wied war, gehörte vermutlich zu den Gefolgsmännern des Kölner Erzbischofs. Die Burg sicherte mit den Burgen Rolandseck, Wolkenburg, Godesburg und Drachenfels die südliche Grenze der Kurie. Im Jahre 1243

Einkehrhaus Waidmannsruh

Wanderung einer Jugendgruppe

Ruine Löwenburg

Herbstfärbung im Siebengebirge

verkaufte die Witwe die Burg Rosenau an das Kloster Heisterbach. Dem Kloster wurde vertraglich die Zerstörung der Burg zugesichert, was auch 1250 vollzogen wurde.

Zu Beginn der 90er Jahre sicherten die Stadt Königswinter, das Land Nordrhein-Westfalen und die IG Bergbau und Energie die Burgruine, von der man einen wunderbaren Blick über das Siebengebirge, den Ölberg bis hin zur Eifel hat.

Die Hütte auf dem Plateau bietet auch größeren Wandergruppen Schutz bei schlechtem Wetter oder auch für eine Rast.

Zurück an der Wegkreuzung geht es nach rechts über die asphaltierte Straße abwärts. Nach etwa 150 m erreicht man auf der rechten Seite das **Einkehrhaus Waidmannsruh** (☎02223/24520, Fax: 28874). Es gehört zu den wenigen Waldlokalen im Bereich des Naturschutzgebiets Siebengebirge. Daher ist es ein beliebtes Ausflugsziel und mit seiner Terrasse ist das Lokal im Sommer ein gern besuchter Ort. Geöffnet ist das Lokal ganzjährig (außer von Mitte Dez. bis zum 1. Jan. sowie das Wochenende an Karneval) täglich von 10 bis 18 Uhr.

An der am Einkehrhaus befindlichen Wegkreuzung besteht die Möglichkeit, seine Wanderung zu verkürzen, indem man gleich scharf nach rechts in den Waldweg einbiegt und nach rund 500 m den Ausgangspunkt dieses Rundganges erreicht.

Zur Fortsetzung des Rundweges folgt man vom Einkehrhaus der asphaltierten Straße geradeaus bergab, vorbei an einer Kreuzung mit einem Tiefenbrunnen, der der Wasserversorgung dient. Wo die Straße eine fast 180-Grad-Kehre macht, geht der Rundweg Nr. 2 in einen Waldweg über, der weiter nach Dollendorf (3,0 km) und Heisterbach (1,5 km) führt. Links erhebt sich der Nonnenstromberg, und der Weg, der zuerst durch einen Laubwald führt, mündet in einen Tannenwald. Am Ende des abschüssigen Weges folgt man an einer größeren Wegkreuzung nach links dem Rundweg Nr. 2 abwärts. Auch auf diesem Wegabschnitt wird der Wasserreichtum des Siebengebirges deutlich in den vielen kleinen Bächlein, die den Wald durchfließen. An der nächsten Gabelung hält man sich rechts und nach etwa 500 m sind die Mauern des Klosters Heisterbach erreicht, denen man bis zum Zugang des Klosterbereichs folgt.

Neben den Sehenswürdigkeiten des Klosters (siehe Seite 106) bietet das *Klosterstübchen* die Möglichkeit zur Rast und zur Stärkung. Geöffnet ist das Lokal täglich außer montags von 11.30 bis 18 Uhr.

Vom Kloster Heisterbach überquert man die Verkehrsstraße und biegt in den schmalen Weg ein, der links am Parkplatz vorbei durch die Wiesen führt. An der nächsten Weggabelung folgt man rechts dem ansteigenden Waldweg.

Nach ca. 600 m erreicht man auf dem ebenen Weg den Zugang zum Steinbruch Weilberg. An der folgenden Wegkreuzung hält man sich rechts und erreicht nach etwa 450 m den Ausgangspunkt am Parkplatz.

## *Rund um die Löwenburg*

**Streckenlänge:** 4,5 km
**Markierung:** Wanderweg Nr. 2 / 5 / R
**Höhenunterschied:** 280 m
**Wegstrecke:** eben bis steil
**Gehzeit:** 3 Stunden

Die Löwenburg ist von der Margarethenhöhe aus ausgeschildert und in etwa 50 Fußminuten zu erreichen. Wer den Weg zum zweithöchsten Berg des Siebengebirges ausdehnen und einige Wegpassagen abseits der Hauptwanderrouten begehen möchte, für den bietet sich folgende Wegstrecke an.

Vom Parkplatz auf der Margarethenhöhe geht es über die Löwenburger Straße bis zur zweiten Hinweistafel, an der man nach rechts in einen Weg einbiegt, der nach wenigen Metern in den Wald mündet. Hier breitet sich das 4,2 ha große *Wildgatter Lohberg* aus, in dem Dam- und Rehwild lebt. Besonders im Winter kann man an der Futterstelle in der Nähe der kleinen Quelle das Wild beobachten.

Entlang der Umzäunung des Wildgeheges liegt an dessen Ende der **Nasseplatz** mit dem gleichnamigen Steinbruch. Der Platz wird durch eine Steinsäule markiert, die an den Oberpräsidenten der Rheinprovinz und Förderer des Naturschutzes im Siebengebirge Berthold von Nasse (1831–1906) erinnert. Gegenüber des Platzes befindet sich der Zugang zum gleichnamigen Steinbruch, in dessen Kessel sich zwei Hütten mit Grillplatz befinden und wo man gut die Steinstrukturen sehen kann.

Am Zugang zum Nasse-Steinbruch führt ein schmaler Waldweg nach links, der mit „R", (X) und Pfeil ausgewiesen ist. Von diesem Weg hat man einen schönen Blick in den Steinbruch.

Vorbei an einem Tannenwald erreicht man eine Weggabelung, an dieser geht man geradeaus auf einem ansteigenden Weg weiter. Nach einer kurzen Passage durch Nadelwald werden in dem anschließenden Laubwald die Spuren von Windbruch sowie die typisch tief eingeschnittenen Täler des Siebengebirges deutlich. Über den mit „R" gekennzeichneten Weg geht es in einigen Serpentinen bis zum breiten Wanderweg Nr. 2. Hier wendet man sich nach rechts, und erreicht einen Aussichtspunkt mit Schutzhütte.

Von dem Aussichtspunkt geht es nun stetig bergab in Richtung Löwenburg und man erreicht nach etwa einem Kilometer den Kreuzungspunkt am Waldhotel **Löwenburger Hof.** Geöffnet ist die Waldgaststätte das ganze Jahr über täglich zwischen 10 und 18 Uhr. Idyllisch gelegen mit Biergarten ist der Gasthof (☎02223/23585) im Sommer ein beliebter Ausflugsort, so daß man bei schönem Wetter nicht immer einen Platz bekommt. Im Winter trifft man auf den Wegen und Hängen der Umgebung viele Ski- und Schlittenfahrer.

Zur Fortsetzung des Rundweges geht man von der Wegkreuzung links an dem Grundstück des Waldhotels vorbei und biegt in den Wald ein. Gleich nach wenigen Metern geht es steil aufwärts und mit dem Weg nach links immer bergauf. Nach etwa 20 Minuten steilen Aufstiegs und einer Gehdauer von insgesamt ca. 80 Minuten erreicht man das Plateau der 455 m hohen Löwenburg mit der gleichnamigen Burgruine (siehe Seite 68).

Auch wenn die Löwenburg nicht so bekannt ist wie der westlich gelegene Drachenfels, so ist sie doch nicht weniger interessant. In ihren Abmessungen ist die Burganlage wesentlich größer, jedoch nicht so bequem erreichbar. Doch die wunderbare Aussicht entlohnt für die Mühen des Anstieges und die schattigen Bäume bilden den Rahmen für eine Rast. Entsprechenden Proviant sollte man jedoch im Wandergepäck haben.

Für die Fortsetzung der Wanderung kehrt man zum Waldrand am Waldhotel zurück und biegt dort nach rechts ab. Ein kurzes Stück führt der Wanderweg Nr. 5 am Waldrand entlang abwärts. Nach einer scharfen Wegkehre verläßt man für wenige Meter wieder den Wald und passiert die Obstwiesen in der Wiethau, in denen sich das Quellgebiet des **Schmelzbaches** befindet.

Auf der weiteren Wanderung bergab wird das kleine Bächlein weiter von Rinnsalen gespeist. In leichten Wegwindungen geht es abschüssig weiter und man durchschreitet ein wunderschönes tiefeingeschnittenes Tal, das typisch für das Siebengebirge ist.

An der nächsten Weggabelung geht es nach links ab und leicht bergan erreicht man nach rund 700 m die *Frühmeßeiche*. Vom Platz an der Frühmeßeiche geht es nun auf dem Weg direkt links neben der Schutzhütte weiter den Berg hinauf.

Nach Durchschreiten eines kleinen Nadelwaldes erreicht man nach der leichten Linksbiegung eine größere Weggabelung. Hier biegt man scharf nach rechts ab, und sieht bald die Bebauung des Königswinterer Stadtteils Ittenbach. Hier steht das Hotel Berghof in idealer Lage, um von hier ausgedehnte Wanderungen durch das Siebengebirge zu unternehmen.

Nun sind es nur noch wenige Minuten, bis man die Revierförsterei Lohberg passiert und den Ausgangspunkt des Rundganges wieder erreicht hat.

### *Rund um den Ölberg*

**Streckenlänge:** 4,2 km,
**Markierung:** Wanderweg Nr. 5 / R
**Höhenunterschied:** 280 m
**Wegstrecke:** eben bis steil.
**Reine Gehzeit:** 2–2,5 Stunden

Am Parkplatz an der Margarethenhöhe beginnt der Ölbergrundweg, den man in verschiedenen Variationen beschreiten kann.

Folgt man dem Hinweisschild, das den Fußweg zur Ölberg-Gaststätte markiert, so weist die Markierung „R" den Weg. Diese Markierung weist zudem darauf hin, daß man sich nun auf dem Rheinhöhenweg befindet, der zwischen Wiesbaden und Bonn (272 km) verläuft.

Relativ steil geht es den Großen Ölberg (468 m) hinauf. Weniger konditionsstarke Wanderer sollten den etwas längeren Weg über die Serpentinen wählen.

Am Ende des steilen Anstiegs erreicht man kurz vor dem Gipfel einen breiten Wanderweg und nach wenigen Metern gelangt man zur Fernmeldestation. Gegenüber des Gebäudes erinnert ein Stein an den Justizrat Humbroich, dessen Name der Platz trägt und der Gründer des Vereins zur Rettung des Siebengebirges war.

Setzt man seine Wanderung fort und folgt den Stufen bergauf, so hat man nach wenigen Minuten den Gipfel des Großen Ölbergs und somit den höchsten Punkt des Siebengebirges erreicht.

Gasthaus auf dem Ölberg

Baumformationen im Siebengebirge

Im Sommer ist die Terrasse der Gaststätte ein beliebter Aufenthaltsort.

Vom Plateau des Ölbergs hat man einen wunderbaren Weitblick (auch ohne Fernglas) über die Hügellandschaft des Siebengebirges und nach Westen bis weit in die Eifel sowie nach Osten über die Höhen des Westerwaldes.

Bei einem Blick über das Siebengebirge erkennt man im Süden die Ruinen der Löwenburg. Läßt man seinen Blick vom Süden nach Westen schweifen, so erkennt man die Hafeneinfahrt von Oberwinter, die Ruine Drachenfels, den Petersberg und weiter in Richtung Norden die Bonner Südbrücke. Bei klarem Wetter sind gar die Turmspitzen des Kölner Doms zu sehen.

Die Hänge und Waldwege des Ölbergs sowie die der umliegenden Berge werden im Winter von Schlitten- und Skifahrern bevölkert. Die Gaststätte auf dem Ölberg (☎02223/21919 oder 28468) ist wochentags von 10 Uhr, Samstag ab 9 Uhr bis zu einbrechender Dunkelheit geöffnet.

Verläßt man das Plateau auf dem Ölberg wieder über die Treppen entlang der Fernmeldeanlage und folgt den Hinweisen in Richtung *Petersberg/ Einkehrhaus/Rosenau* (Markierung „R"), so geht man über einen unebenen Waldweg bergab und hält sich an der nächsten Gabelung links.

Der schmale Waldweg kann besonders bei nasser Witterung bzw. bei Schnee rutschig werden. Am Ende des Weges erreicht man den Wanderweg Nr. 5, dem man nach rechts bis zur nächsten Wegkreuzung folgt.

Hier setzt man die Wanderung auf dem Ölbergrundweg nach rechts auf ebenem Weg fort.

Vorbei an einer kleinen Quelle geht es durch Laub- und Tannenwald, an dessen Ende der Wanderweg, der gleichzeitig der Hauptwanderweg Nr. 1 ist, der von Königswinter über Hachenburg bis nach Herborn verläuft, leicht abschüssig wird.

Von der nächsten Weggabelung wird der Ölbergrundweg vom *Waldlehrpfad Stöckerhof* (3,5 km, Zeit ca. 1 Stunde) begleitet, der dem Besucher die Natur näher bringen soll.

Weiter geht es auf dem Wanderweg Nr. 5 geradeaus, vorbei an verschiedenen Hinweistafeln mit interessanten Informationen sowie an einer Schutzhütte. In einem Linksschwenk erreicht man die nächste Wegkreuzung, an der man sich rechts hält.

Leicht bergab geht es vorbei an der Ölberghütte bis zur nächsten Wegkreuzung, an der man nach links (Pfeil Nr. 1) einbiegt und nach etwa 100 m die nächste Weggabelung erreicht, an der ein Steinkreuz steht. Hier biegt man nach rechts ab und folgt der ebenen, geraden Wegführung. Nach wenigen Metern passiert man auf der rechten Seite einen Wasserhochbehälter, von dem aus Wasser in die umliegenden Ortschaften verteilt wird. Ein kleines Wasserbecken am Wegrand dient so manchem Wanderer als Erfrischungsstation für die Füße.

Vorbei an der Schutzhütte Cornelie, wo man deutlich die lichten Stellen im Wald sehen kann, die durch Windbruch entstanden sind, erreicht man nach wenigen Minuten den asphaltierten Ölbergringweg. Diesem folgt man nach rechts leicht bergauf und umrundet nun den *Kleinen Ölberg* im Uhrzeigersinn. Vorbei am Hotel *Im Hagen* (☎02223/

9213-0), wo man die Möglichkeit der Einkehr hat, geht es nun am Ortsrand von Ittenbach entlang. Rechts sieht man den Fernmeldeturm des Ölbergs und auf der weiteren Wanderung wird man nun für kurze Zeit von den gedämpften Geräuschen der nahe gelegenen Autobahn A 3 begleitet.

Der leichte Weganstieg setzt sich bis zum Ausgangspunkt an der Margarethenhöhe fort, den man nach rund 10 Minuten wieder erreicht.

### *Bad Honnef–Mucher Wiesental–Schmelztal–Bad Honnef*

**Streckenlänge:** 13 km
**Markierung:** Wanderweg Nr. 4
**Höhenunterschied:** 120 m
**Wegstrecke:** eben bis steil
**Gehzeit:** 3 bis 3,5 Stunden

Am Stadtausgang von Bad Honnef beginnt im Schmelztal der Rundgang von der Landstraße 144. Hier weist ein Schild am Mucherwiesenweg zum *Steinsbüscherhof*. Diesem Schild folgt man bis zur ersten Weggabelung, an der man sich rechts hält und das landwirtschaftliche Anwesen nach wenigen Minuten erreicht.

Begleitet vom Rauschen eines kleinen Baches führt der Weg über die asphaltierte Straße leicht bergauf. Durch Wiesen und Pferdekoppeln erreicht man am Ende des Anstieges die nächste Weggabelung mit einer Hinweistafel. Für die weitere Wanderung hält man sich hier links und folgt weiter dem ansteigenden Mucherwiesenweg. Auffallend ist der Wasserreichtum im *Mucher Wiesental*, dem viele kleine Bächlein und Rinnsale zufließen.

Man gelangt an den Waldrand, wo die letzten Häuser von Bad Honnef den Zugang zum Naturschutzgebiet Siebengebirge markieren. Während man seinen Rundgang durch Laub- und Nadelhölzer über den ansteigenden Weg fortsetzt, wird die Stille nur durch das Rauschen des Baches durchbrochen, der sich ins Tal schlängelt.

Wie weite Teile des Siebengebirges ist auch das Mucher Wiesental durch Windbruch gezeichnet und die abwechslungsreiche Vegetation meist nur für Fachleute erkennbar.

Mehrfach kreuzen Pferdewege den Mucherwiesenweg, der nicht nur von Wanderern, sondern auch von Joggern und Radfahrern genutzt wird.

Nach rund 80 Minuten Fußweg (3,6 km) erreicht man die Kreuzung an der *Mäckihütte*. Vor der Schutzhütte steht das *Schaaffhausenkreuz*, das von Hubert Schaffhausen zur Ehren des Bischofs Servatius 1903 aufgestellt wurde, der Schützer und Gönner von Honnef war.

Nun folgt man dem asphaltierten Weg links vorbei an der Schutzhütte weiter bergauf, bis man nach etwa 20 Minuten ein ebenes Wegstück und zugleich den Fuß des Mittelberges erreicht. Fast unterhalb der Kuppe des 352 m hohen Berges, der, wie auch der östlich gelegene Broderkonsberg (378 m) aus Basalt besteht, geht es über eine ebene bis leicht abfallende Strecke bis zur Wegkreuzung am 366 m hohen Himmerich.

Hier biegt man nach links auf den Waldweg ein und erreicht nach rund 200 m in einem leichten Rechtsbogen ein Aussichtplateau. Von dem Waldweg führen schmale Pfade zum Gipfel des Himmerich, von wo man einen weiten Blick über die Höhen des Siebengebirges, auf Bad Honnef, den Rhein und die sich dahinter erhebenden Eifelberge hat. Südlich sieht man die Hafenmole von Oberwinter und in nördlicher Richtung erhebt sich die Ruine Drachenfels. In östlicher Richtung versperren die hohen Laubbäume die Sicht auf die Ortschaften von Aegidienberg und Westerwald.

Selbst bei sonnigem Wetter ist auf dem Gipfel des Berges immer ein leichter Wind zu verspüren und auf den schmalen Pfaden ist Vorsicht geboten, sie besonders bei feuchtem Wetter sehr rutschig sind.

Zurück an der Weggabelung folgt man der Straße nach rechts leicht abwärts und erreicht nach 250 m die erste, nach rund 200 m eine weitere Weggabelung. Diese wird durch eine Lichtung bestimmt, in deren Mitte die pilzförmige *Florianshütte* steht.

Am Eingang zur Lichtung steht ein Holzkreuz und südlich wird sie durch drei kleine Teiche begrenzt. Diese Biotope sind je nach Jahreszeit gesperrt und man sollte die Hinweistafeln beachten.

An der Florianshütte wie auch an der Weggablung zuvor bietet sich die Möglichkeit, über eine Abkürzung zurück zum Ausgangspunkt zu gelangen.

Wir setzen jedoch den Rundgang fort und folgen weiter dem asphaltierten Weg nach rechts in Richtung Drei Eichen. Den Kreuzungspunkt *Drei Eichen* erreicht man nach 600 Meter.

Begleitet vom Plätschern des kleinen Stensbaches geht es nach links weiter bergab. Das klare Wasser des Baches, dessen Quellen im Bereich von *Drei Eichen* liegen, bietet den müden Wandersfüßen wohltuende Erfrischung. Der Weg ist weiter asphaltiert und führt durch Mischwald, bis er mit der Landstraße L144 das *Schmelztal* erreicht.

Hier biegt man kurz vor der Straße nach links in einen schmalen Waldpfad (Wanderweg Nr. 3) ein. Er führt über eine kleine Brücke und ist in seinem weiteren Verlauf oftmals hügelig. Vorbei am Parkplatz *Ellerbruch*, wo der Pfad einen breiten Waldweg überquert, geht es durch eine kleine Senke weiter bergauf und bergab und über zwei Brükken in einen Waldweg, der durch forstwirtschaftliche Fahrzeuge stark beansprucht ist. Dennoch ist ein bequemes Wandern möglich.

In Straßennähe erreicht man einen breiten Waldweg (Wanderweg Nr. 4,5, 6), dem man nach links folgt. Man passiert nach wenigen Metern den Parkplatzbereich *Einsiedlertal* sowie den Zusammenfluß von Stensbach und Ohbach.

Durch eine reizvolle Waldlandschaft geht es weiter nördlich des Bereichs *Wendeltreppe* in Richtung Bad Honnef bis zu einem Parkplatz. Man überquert den Parkplatz und biegt am Ende nach links in den steil ansteigenden Waldweg ein und verläßt zugleich das Schmelztal wieder.

Der Weg erreicht nach ca. 100 m die nächste Weggabelung (vor der Senke), an der es nach rechts bergauf geht. Leider ist die Markierung des Weges nicht eindeutig zu erkennen, was die Orientierung etwas schwieriger macht. Die blasse Wegnumerierung 5, 6 (weiße Schrift auf schwarzem Grund) befindet sich auf einem Baum auf der linken Seite.

Über den Waldweg, der in einen Nadelwald mündet, geht es rund 120 m steil bergauf. In diesem Streckenab-

schnitt sind die Schäden an den Nadelbäumen unübersehbar.

Noch dringen die Straßengeräusche den Berg empor, doch nachdem man den Nadelwald durchschritten hat, kann man die Stille der Natur wieder genießen, die nur durch das Zwitschern der Vögel unterbrochen wird.

Der steile Anstieg geht in ein ebenes Wegstück über und nach rund 15 bis 20 Minuten Fußweg erreicht man den breiten *Servatiusweg*, dem man nach rechts folgt.

Nach wenigen hundert Metern erreicht man ein Wegdreieck, an dem man sich links hält und dem leicht abschüssigen Weg bis zur nächsten Kreuzung folgt. Hier biegt man nach rechts ein und erreicht auf ebenem Weg nach 200 m eine weitere Gabelung. Hier folgt man dem Richtungshinweis nach rechts. Auf diesem abschüssigen Weg kann man deutlich die für das Siebengebirge typischen eingeschnittenen kleineren Täler erkennen, die in Ost-West-Richtung verlaufen.

Nach einer 180°-Kehre und einer folgenden Richtungsänderung von 90° geht es weiter bergab. Das kleine Bächlein verschwindet hin und wieder und fließt zeitweilig unterirdisch weiter.

Bald tritt man aus dem Wald und nach wenigen Metern hat man den Sportplatz und die Landstraße erreicht. Hier biegt man nach links ab und nach rund 200 m gelangt man zum Ausgangspunkt am Mucherwiesenweg. Hier bietet sich die Möglichkeit, mit einem Bus der Linie 492 des VRS in das Stadtzentrum von Bad Honnef zu fahren.

### *Margarethenhöhe–Drachenfels–Königswinter*

**Streckenlänge:** 4,5 km
**Markierung:** X,9,K
**Höhenunterschied:** 280 m
**Wegstrecke:** eben bis hügelig, tw. für Kinderwagen geeignet
**Gehzeit:** 90 Minuten

Vom Parkplatz auf der Margarethenhöhe geht es über die Löwenburger Straße bis zur zweiten Hinweistafel, an der man nach rechts in einen Weg einbiegt, der nach wenigen Metern in den Wald mündet. Hier breitet sich das 4,2 ha große *Wildgatter Lohberg* aus, in dem Dam- und Rehwild lebt. Besonders im Winter kann man an der Futterstelle in der Nähe der kleinen Quelle das Wild beobachten.

Entlang der Umzäunung des Wildgeheges liegt am Ende des flachen Wegabschnitts der **Nasseplatz** mit dem gleichnamigen Steinbruch. In dem kleinen Kessel des ehemaligen Steinbruchs stehen zwei Hütten, die für Feierlichkeiten gemietet werden können. Auf dem gegenüberliegenden Platz steht etwas verlassen eine Steinsäule, die an Berthold von Nasse (1831–1906) erinnert.

Der aus Bonn stammende Oberpräsident der Preußischen Rheinprovinz gehörte zu den Männern, die sich sehr früh für den Erhalt des Siebengebirges als ein landschaftlich reizvolles und geologisch einmaliges Gebiet einsetzten. Berthold von Nasse legte mit den anderen Förderern den Grundstein für das

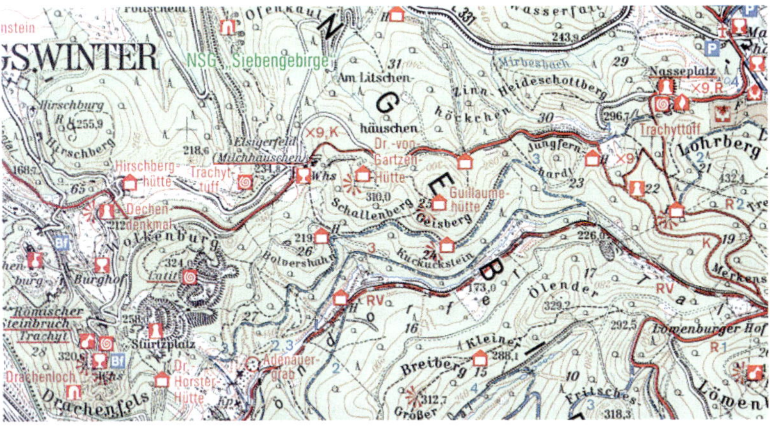

1. Naturschutzgebiet des Bundeslandes Nordrhein-Westfalen, zudem das Siebengebirge im Jahre 1959 erklärt wurde.

Vom Nasseplatz geht es weiter leicht bergab und nach einigen Wegwindungen sieht man bald den Petersberg durch eine Lichtung vor sich liegen, bevor es wieder durch ein dichtes Waldstück weitergeht. Vorbei an einer Schutzhütte führt an der folgenden Weggabelung ein Weg nach rechts zum Einkehrhaus ab, einem beliebten Treffpunkt für Wanderer.

Man folgt jedoch dem Weg in Richtung Milchhäuschen, das man nach leicht abschüssiger Wegstrecke in rund einstündiger Gehzeit erreicht.

Mitten im Wald gelegen gehört das **Milchhäuschen** mit zu den bekanntesten Wanderzielen im Siebengebirge. Das Ausflugslokal wurde 1912 als eingeschossiger Bau im sogenannten Heimatstil erbaut, das langgestreckte Remisengebäude entstand um 1907. Im Innern ist das Milchhäuschen weitgehend in seiner ursprünglichen Aufteilung erhalten.

Heute triff sich am und im Milchhäuschen gemischtes Publikum, wobei an manchen Tagen überwiegend junge Familien mit Kindern anzutreffen sind. Der Wald dient den Kindern als Spielplatz. Empfehlenswert sind die Waffeln mit Kirschen. Eine Besonderheit gibt es im Herbst/Winter, wenn die Sitzplätze im Biergarten überdacht sind und von Heizstrahlern erwärmt werden.

Als Verpflegung werden einfache und deftige Gerichte, Grillspezialitäten, warme Suppen und schmackhafter Glühwein angeboten. Für größere Feiern und Gesellschaften ist die geschmack- und stilvoll ausgebaute Scheune der Waldwirtschaft geeignet.

Geöffnet ist das Milchhäuschen (☎022 23/24446) täglich außer montags von 10 bis 18.30 Uhr, im Winter bis zur Dämmerung. Von der Margarethenhöhe aus ist es in ca. 1 Stunde (etwa 2,5 km) zu erreichen, der Weg ist mit Kinderwagen begehbar; von Königswinter aus führt der Weg teilweise über steile Anstiege zum Milchhäuschen, Dauer rund 80 Minuten.

An der großen Wegkreuzung vor dem Milchhäuschen biegt man nach links ab in Richtung Drachenfels. Stetig ansteigend erreicht man nach etwa 45 Minuten die asphaltierte Straße und nach wenigen hundert Metern hat man den Gipfel des bekanntesten Berges des Siebengebirges erreicht (Beschreibung siehe Seite 66).

Am Drachenfels bieten verschiedene Aussichtspunkte unterschiedliche Perspektiven auf das Rheintal sowie die umliegende Hügellandschaft. Vom Aussichtsplateau in der Nähe der Bergstation der Drachenfelsbahn führt ein schmaler Weg zu einem Aussichtspunkt. Für den holprigen, schmalen Weg ist festes Schuhwerk anzuraten.

Für den Rückweg folgt man der Markierung in Richtung *Margarethenhöhe*. Wer die Strecke zum Ausgangspunkt nicht mehr per pedes zurücklegen möchte, kann mit einem Bus der Linie 520/521 von Königswinter zur Margarethenhöhe fahren.

# AUSFLÜGE

## NÖRDLICH DES SIEBENGEBIRGES

### SIEGBURG

Vom Bereich des Siebengebirges bieten sich Ausflüge zu den verschiedenen Sehenswürdigkeiten in der näheren Umgebung an. Die nahe gelegene Bundesstadt Bonn ist leicht mit der Stadtbahn oder mit dem Fahrrad zu erreichen.

Ebenso gelangt man über gut ausgeschilderte Fahrradwege bis zur Halbinsel **Kemper Werth** mit Bootshafen und der **Siegmündung,** wo sich auch der Zugang zum **Natur- und Landschaftsschutzgebiet** befindet. Neben der südlich gelegenen Ahr ist die Sieg die letzte, einigermaßen naturbelassene Nebenflußmündung des Rheins innerhalb Deutschlands. Rund 240 Vogelarten brüten im 1986 eingerichteten Vogelschutzgebiet bzw. halten sich dort auf. Außerdem ist es Lebensraum für viele Insekten und Schnecken.

Vom Bootshafen führt ein Radweg rund 50 m bergauf. An der ersten Möglichkeit biegt er nach rechts ab und führt zwischen Häusern und Wiesen leicht bergauf in Richtung Wald.

Nach etwa 100 m steht auf der rechten Seite das **Fischerhaus-Museum,** das einen Einblick in die Geschichte der Fischerei vermittelt. Das Museum (☎0228/451342) ist am 1. Sonntag eines jeden Monats von 14.30 bis 18 Uhr geöffnet, der Eintritt ist frei.

Nach etwa 300 m gelangt man über die Glocken- und Bergstraße zum Sportplatz von Mondorf. Hier biegt man nach rechts ab in das Naturgebiet **Untere Sieg** und nach rund einem Kilometer durch das wunderschöne Naturschutzgebiet erreicht man in der Nähe einer Autobrücke die Gaststätte **Zur Siegfähre** (☎0228/475547). Das idyllisch gelegene Lokal ist eine beliebte Anlaufstelle für Wanderer und Radfahrer und ein Platz, wo Kinder ungestört spielen können. Besonders an sonnigen Wochenenden ist im Biergarten schwer ein Platz zu finden.

Von dem Ausflugslokal führen Rad- und Wanderwege über die Deichkrone der Sieg bis nach Troisdorf.

**Troisdorf** ist die größte Stadt im Rhein-Sieg-Kreis, die teilweise im Naturschutzgebiet *Wahner Heide* sowie im Landschaftsschutzgebiet der Agger und der Siegmündung liegt.

Zu den Sehenswürdigkeiten der Stadt gehört das für Kinder und Eltern interessante **Bilderbuchmuseum** (☎02241/88411) in der Burg Wissem, einem Wasserschloß aus dem 19. Jh. Zu den Exponaten zählt neben Kinder- und Jugendliteratur von 1498 bis in die Neuzeit auch eine umfangreiche Sammlung von Originalbilderbuchillustrationen. Doch auch ein vielseitiges Veranstaltungsprogramm wie z. B. Workshops, Führungen und Kindergeburtstage hält das Museum bereit. Geöffnet ist es von Dienstag bis Sonntag zwischen 10 und 12.30 Uhr und von 14.30 bis 17 Uhr.

Verläßt man die Stadt über die Bundesstraße 8 oder den parallel verlaufenden Radwanderweg in Richtung Siegburg, erreicht man nach rund 3 km das Stadtzentrum.

**Siegburg** ist die Kreisstadt des Rhein-Sieg-Kreises und breitet sich in einer

Bucht der Flüsse Sieg und Agger aus. Sie entwickelte sich in den 70er Jahren von einer Industrie- zur beliebten Einkaufs- und Dienstleistungsstadt der Region. Viele Geschäfte, gute Parkmöglichkeiten und eine relativ große verkehrsfreie Zone haben mit dazu beigetragen.

Die Geschichte Siegburgs begann in der Mitte des 11. Jhs., als der Erzbischof Anno II. ein Kloster auf dem Michaelsberg errichten ließ. Nachdem die Benediktinermönche die Abtei übernommen hatten, begann der wirtschaftliche Aufschwung. Kaufleute und Handwerker ließen sich um den Michaelsberg nieder, und Händler suchten die Region auf. Vom 12. bis zum 17. Jh. entwickelte sich die Töpfer- und Keramikkunst in der Region, deren Blütezeit im 16. Jh. lag.

Mehrere Kriege stoppten den Aufschwung Siegburgs. Erst mit der Industrialisierung im 19. Jh. erholten sich das Kloster und die Stadt von den Rückschlägen. Heute breitet sich am Fuße des Michaelsbergs die Fußgängerzone mit dem Marktplatz der Stadt aus, in der liebevoll restaurierte alte Fachwerkhäuser zu sehen sind. Markant in der Fußgängerzone ist die **Schutzmantelmadonna** des Düsseldorfer Bildhauers Kurt Zimmermann.

An sonnigen Tagen sind die vielen Cafés um den Marktplatz ein beliebter Treffpunkt.

Nur wenige Meter entfernt befindet sich eine Sehenswürdigkeit der Stadt, das **Stadtmuseum** (☎02241/557-333). Das heutige Museum wurde 1826 als Städtische Lateinschule auf den Resten des mittelalterlichen Rathauses erbaut und ist das Geburtshaus des Komponisten Engelbert Humperdinck. Auf mehr als 2000 $m^2$ Ausstellungsfläche wird die Geschichte der Stadt und der Umgebung von der Vorgeschichte bis zur Gegenwart gezeigt. Am bekanntesten ist die Sammlung von Siegburger Keramik aus dem Mittelalter und der Renaissance. Im Wechselausstellungsbereich wird zeitgenössische Kunst präsentiert.

Geöffnet ist das Museum von Dienstag bis Samstag zwischen 10 und 17 Uhr, Sonntag bis 18 und Donnerstag bis 20 Uhr.

Im Haus Nr. 45, neben dem Stadtmuseum befand sich von 1771 an fast 150 Jahre lang die Thurn- und Taxis'sche Poststation.

Empfehlenswert ist ein Besuch der nur wenige Meter entfernten **St.-Servatius-Kirche** (Mühlenstr. 6), in deren Schatzkammer sich einer der bedeutendsten romanischen Kirchenschätze der Welt befindet.

Zu den Exponaten gehören Reliquienschreine, ein Bischofsstab sowie kostbare Gewänder und Stoffe. Eine Begebenheit im Jahre 1812, als der Klosterschatz von staatlicher Seite der Nachbargemeinde Birk zugesprochen wurde, woraufhin die Siegburger die Birker kurzerhand aus der Stadt vertrieben, bevor der Schatz abtransportiert werden konnte, verdeutlicht die Verbundenheit der Städter mit diesem kostbaren Gut. Seit jener Zeit befindet sich der Klosterschatz in der St.-Servatius-Kirche.

Besichtigt werden kann die Schatzkammer von Dienstag bis Freitag zwischen 15 und 16 Uhr, Samstag von 10 bis 11 Uhr und Sonntag zwischen 12 und 13 Uhr.

Dorfstraße in Unkel

Rheinpromenade in Linz

Benediktinerabtei auf dem Michaelsberg

Doppelkirche in Schwarzrheindorf

Sommeridylle in Unkel

Blick auf Bonn

## SÜDLICH DES SIEBENGEBIRGES

Für einen Ausflug in das von Bad Honnef rund 8 km entfernte Linz bietet sich eine Radtour an. Der rechtsrheinische Radweg entlang des Rheines ist weitgehend gut befahrbar und die Rückreise kann dann über den linksrheinischen Radweg vorgenommen werden. Das Überqueren des Rheines ist sowohl in Linz wie auch an mehreren Stellen im Bereich von Königswinter und Bad Honnef möglich.

Alle Orte auf der Strecke können auch mit öffentlichen Verkehrsmitteln oder mit einem der Ausflugsschiffe erreicht werden.

Rund 4 km von Bad Honnef entfernt liegt stromaufwärts der kleine Ort **Unkel** im Bundesland Rheinland-Pfalz. Geprägt von vielen malerischen Fachwerkhäusern liegt der historische Kern der Gemeinde auf einem flachen Ausläufer des Westerwaldes. Der über 1100 Jahre alte Ortskern wurde entsprechend der Haager Konvention zum erhaltenswerten Kulturgut ernannt.

*Gefängnisturm in Unkel*

Rebstöcke und eine Weinpresse markieren den Beginn der verkehrsberuhigten Zone. Dies kommt nicht von ungefähr, denn der Weinbau wurde in Unkel erstmals im Jahre 886 in einer Urkunde des Klosters Prüm erwähnt.

Auch wenn der Weinbau heute keine wirtschaftliche Bedeutung hat, findet man verträumte Weinstuben wie zum Beispiel im Hotel und *Weinlokal Lämmlein* in der Pützgasse. Die schmale Gasse führt zur Rheinpromenade und vermittelt eine mittelalterliche Stimmung. Das Ende der Pützgasse wird durch einen Torbogen markiert, an dem die Hochwassermarke vom 9. Hornung (Februar) 1784 angebracht ist. Es zeigt, daß der Ort und die Menschen schon immer mit den Fluten des Rheines zu kämpfen hatten.

Von den gepflegten Rheinanlagen mit Blick auf den Drachenfels führen kleine, schmale Gassen wieder zur Stadtmitte.

Zu den Sehenswürdigkeiten des Städtchens gehören neben den verschiedenen ehemaligen Gütern wie z. B. dem Schwarzenberger Hof (1596), der Sternenburg (1591) oder dem Schützengelhaus auch der *Gefängnisturm*, der eine Art Wahrzeichen von Unkel ist. Der Überlieferung nach soll Ludwig van Beethoven nach einer durchzechten Nacht in dem Gefängnisturm seinen Rausch ausgeschlafen haben.

Aber auch andere prominente Bürger hat die Idylle des Ortes angezogen. Konrad Adenauer lebte zwischen 1935–

1936 und Willy Brandt von 1979 bis 1992 in Unkel. Nach ihm ist auch der Platz benannt, an dem der ehemalige Hof des Kölner Ursulinenklosters steht. Erbaut wurde er von der Familie von Unkel und ging 1694 in den Besitz der Ursulinen über, wo er bis zur Säkularisation im Jahre 1803 blieb. Seit 1860 beherbergt es ein Gasthaus und nach Renovierungen findet es heute Verwendung als Hotel.

Ein besonderer Höhepunkt im Veranstaltungskalender des Ortes ist das Wein- und Heimatfest, das jährlich am 1. Sonntag im September stattfindet.

Etwa 2 km von Unkel entfernt liegt im Schatten der Erpeler Ley das malerische Rheinstädtchen **Erpel.** Kurz vor Ende des Zweiten Weltkrieges rückte der Ort durch die letzte funktionsfähige Rheinbrücke in den Blickpunkt der Weltöffentlichkeit. Am 7. März 1945 setzten amerikanische Truppen von Remagen kommend über den Rhein, 10 Tage später stürzte die Ludendorffbrücke unter der starken Belastung zusammen.

*Rast auf der Erpeler Ley*

Die dunklen Ecktürme stehen heute in Erpel als mahnende Erinnerung, in den Brückentürmen auf der gegenüberliegenden Rheinseite wurde ein Friedensmuseum eingerichtet.

Einen Abstecher zur Erpeler Ley sollte man sich nicht entgehen lassen. Für den rund 1,8 km langen Aufstieg wird man durch den weiten Blick über das Rheintal bis weit in die Eifelberge hinein entschädigt. Der Basaltkegel Erpeler Ley liegt zum Teil im Naturpark Westerwald und neben einer Waldgaststätte bieten zahlreiche Bänke die Möglichkeit zu einer ausgedehnten Rast.

## LINZ

Rund 3 km stromaufwärts liegt in einem Seitentaleinschnitt zwischen Rhein und Westerwald das historische Städtchen Linz, das auch liebevoll die „Bunte Stadt am Rhein" genannt wird. Den Zusatz erhielt die rund 10.000 Einwohner zählende Stadt durch ihre vielen farbenprächtigen Fachwerkhäuser aus dem 16. und 17. Jh., die das Gesicht der über 1100 Jahre alten Stadt bestimmen.

Durch den Fund einer Ringwallanlage (600 n. Chr.) auf dem Hummelsberg ist anzunehmen, daß zu jener Zeit auch die Besiedlung der Region begann. Urkundlich erwähnt wurde ein „Linchesce" im Jahre 874 im Zusammenhang mit den Landgütern des Stifts Gerresheim. Linz entwickelte sich schnell und zum Ende des 12. Jhs. war es der bekannteste Ort zwischen Bonn und Koblenz. 1198 geriet Linz in die kriegerischen Auseinandersetzungen zwischen Philip von Schweden und Otto IV. und wurde zerstört.

Zu Beginn des 14. Jhs. wurde mit dem Bau der Stadtbefestigung aus heimischem Basalt begonnen und um 1320 erhielt Linz die Stadtrechte, womit in der Stadt auf allen drei Plätzen ein Markt abgehalten werden durfte.

In der Mitte dieses Jahrhunderts wurde unter Erzbischof Engelbert mit dem Bau der **Kurfürstlichen Burg** begonnen, die heute zu den Sehenswürdigkeiten der Stadt gehört. Sie erhebt sich gleich neben dem Rheintor (1302–1329), das von altersher mit dem Burgplatz der Hauptzugang in die Stadt war. Nach einer wechselvollen Geschichte wurde die Burg 1985 renoviert und ein gastronomischer Betrieb eingerichtet, wo man stilvoll wie in alten Zeiten in den Rittersälen tafeln kann. Des weiteren beherbergt die Burg verschiedene Sehenswürdigkeiten wie ein Museum für Mechanische Musikinstrumente, eine Automatensammlung sowie ein Burgverlies aus dem 14. Jh. mit Waffen- und Folterkammer.

*Kurfürstliche Burg in Linz*

Sehenswert ist die sogenannte „Römische Glashütte", in der nach alter Handwerkskunst verschiedene Glasprodukte hergestellt werden und die in einer Ausstellungsgalerie zu besichtigen sind.

Vor der Burg breitet sich der Burgplatz mit Strünzerbrunnen aus. Den westlichen Abschluß bildet das Rheintor. Das ehemalige Zollhaus war von altersher der wichtigste Stadtzugang und wurde zum Anfang des 14. Jhs. erbaut.

Mittelpunkt der historischen Altstadt ist der **Marktplatz** mit dem mittelalterlichen **Rathaus.** Es wurde zwischen 1517–1527 an der Stelle erbaut, an der bereits 1461 ein Vorgängerbau gestanden hatte und gehört zu den ältesten Rathäusern von Rheinland-Pfalz. Bemerkenswert ist das 23teilige Glokkenspiel im Rathausturm, das um 12.15 Uhr, 15.15 Uhr und um 18.15 Uhr verschiedene Melodien spielt.

Vor dem Rathaus steht der **Ratsbrunnen,** der auf zwei Ebenen mit zwei Figuren geziert ist. Auf der untersten Ebene symbolisieren die Figuren den Rat der Stadt, die zweite Ebene symbolisiert das Volk. Die Darstellung soll das „Auf" und „Ab" der Ratsherren in der Gunst des Volkes darstellen.

An der Nordseite des Markplatzes erhebt sich die **Mariensäule,** die 1878 an der Stelle errichtet wurde, an der bis 1817 die Ratskapelle (1460) gestanden hatte.

Nur wenige Meter vom Marktplatz entfernt erhebt sich an der höchsten Stelle im Bereich der Altstadt die **Kath. Pfarrkirche St. Martin.** Das Gotteshaus wurde zwischen 1204–1214 auf einer älteren Kultstätte als spätromanische Pfeilerbalisika begonnen und in einer 2. Bauphase im „Rheinischen Übergangsstil" vollendet. Im 15. und 16. Jh. wurde das Seitenschiff im spätgotischen Stil verlängert, die Fenster vergrößert und das Langschiff mit einem Netzgewölbe versehen. 1855 wurden Wandmalereien freigelegt, die um 1230 entstanden sind. Eine Besichtigung der Kirche ist nach den Gottesdiensten oder im Rahmen einer Stadtführung möglich. Informationen sind unter ☎02644/5906 erhältlich.

Lohnend ist ein Stadtbummel durch die kleinen engen Gassen der historischen Altstadt mit den vielen Straßencafés und schattigen Plätzen in idyllischer und malerischer Umgebung wie z. B. am **Buttermarktplatz.** Der Platz wurde den Landfrauen gewidmet, die einst lange Fußmärsche zurücklegten, um hier ihre landwirtschaftlichen Produkte zu verkaufen.

Aber auch ein Spaziergang auf der Rheinpromenade mit den Grünanlagen und Sitzgelegenheiten lohnt sich.

Zu den vielen kulturellen Veranstaltungen und Festen der Stadt gehören die jährlichen *Marktschreiertage* am 3. Wochenende im Juni. Dann beherrscht die Gilde der Marktschreier den Markplatz, die lautstark versuchen, ihre Waren den unzähligen Besuchern anzubieten. Weit über die Stadtgrenzen bekannt ist der *Flohmarkt*, der zweimal im Jahr stattfindet.

Informationen sowie ein Stadtplan ist bei der **Tourist-Information** im Rathaus (☎02644/19433, Fax: 981126) erhältlich. Die Geschäftszeiten sind von Mai bis Oktober, Montag bis Freitag zwischen 9 und 18 Uhr, Samstag von 10 bis 12 Uhr. In den Monaten November bis April ist die Tourist-Information von Montag bis Freitag zwischen 9 und 16.30 Uhr geöffnet.

Von Linz aus sind es etwa 15 km bis in die Kreisstadt Ahrweiler, dem Herz der Rotweinproduktion im romantischen **Ahrtal,** wo sich Deutschlands nördlichstes Rotweinanbaugebiet befindet. Ein Handbuch über das Ahrtal ist ebenfalls im KOBO Verlag Ingrid Kochs erschienen.

*Stadtmauer in Ahrweiler*

## LAACHER SEE

Ein lohnendes Ziel ist die rund 60 km südlich von Bonn gelegene Benediktiner-Abtei Maria Laach, die von Eifelbergen umgeben am Laacher See liegt. Der See ist der Trichter eines Vulkans, der vor rund 11.000 Jahren aktiv war.

Bei dem gewaltigen Ausbruch des Vulkans wurde seine Asche u. a. bis nach Pommern und Südfrankreich geweht. Heute ist der Vulkan zwar nicht mehr aktiv, doch es steigt immer noch Kohlensäure aus der Tiefe empor, die von dem langsam erkaltenden Magma stammt.

Den größten Teil des Seeufers säumt ein rund 8 km langer Wanderweg. Von ihm aus gelangt man direkt ans Seeufer und besonders im Waldbereich findet man immer ein ruhiges Plätzchen. Besonders die Schilfbereiche und die Südbucht des Sees sind geeignete Plätze, um die faszinierende Vogelwelt zu beobachten. Neben verschiedenen Entenarten findet man u. a. viele Singvogelarten sowie den *Schwarzen Milan* und den *Kormoran*.

*Benediktinerabtei Maria Laach*

Weit über die Grenzen bekannt ist die **Benediktinerabtei Maria Laach.** Sie wurde vor rund 900 Jahren von Pfalzgraf Heinrich III. aus dem Hause Luxemburg-Gleiburg gegründet, der jedoch verstarb, bevor sein Werk vollendet war. Seine Frau setzte das Bauwerk fort, das 1156 eingeweiht wurde.

Anfang August 1802 wurde das Kloster infolge der Französischen Revolution aufgelöst. Mehr als 90 Jahre blieb die Kirche ungenutzt, während das Kloster 1862 in den Besitz des Jesuitenordens überging. Erst 1892 gelangte Maria Laach wieder in den Besitz der Benediktiner.

Geprägt wird das romanische Bauwerk im Innern der doppelchorigen Basilika durch den Hochaltar im Ostchor. In das dreischiffige Innere der Kirche dringt nur wenig Licht durch die relativ kleinen Fenster. Sehenswert sind die Krypta und die Benediktinerkapelle.

Unweit des Klosters befindet sich das **Naturkundemuseum.** Auf über 1000 m² Fläche sind Säugetiere, Vögel und Schmetterlinge aus aller Welt ausgestellt. Zu den weiteren Exponaten gehören einheimische Tiere und eine Sammlung von Steinen und Mineralien aus dem Gebiet des Laacher Sees. Geöffnet ist das Museum täglich, außer freitags, 9.30–18 Uhr. Auskünfte sind unter ☎02652/4785 erhältlich.

# Anhang

# KARTENSYMBOLIK

|  |  |
| --- | --- |
| 555 | Autobahn |
| 9 | Bundesstraße |
| | Hauptstraße |
| | Straße |
| | Fußgängerzone |
| | Wanderweg |
| | Radwanderweg |
| | Weg |
| *Königswinter* DB | Eisenbahn / Bahnhof |
| S | S-Bahn / Station |
| B | Busbahnhof / -haltestelle |
| | Autofähre |
| | Bebauung |
| | Öffentliches Gebäude |
| | Gewässer |
| | Wald |
| | Park / Grünfläche |
| | Weinanbau |
| | Friedhof |
| *358 m* | Berg mit Höhenanga |
| 1 | Sehenswürdigkeit |
| i | Tourist-Information |
| | Kirche |
| | Post |
| P | Parkplatz |
| | Einkehrmöglichkeit |
| | Schutzhütte |
| | Ruine / Schloß |
| | Geologischer Aufsch |
| | Denkmal |
| H R | Hotel / Restaurant |
| B C | Bar / Café |
| W E | Weinstube / Eisdiele |
| | Schwimmbad |
| | Brunnen |
| | Schiffsanleger |
| | Detailkarten |

# ABKÜRZUNGEN

| | |
|---|---|
| °C | Grad Celsius |
| AG | Aktiengesellschaft |
| bzw. | beziehungsweise |
| ca. | zirka |
| DM | Deutsche Mark |
| DZ | Doppelzimmer |
| e.V. | eingetragener Verein |
| EZ | Einzelzimmer |
| franz. | französisch |
| g | Gramm |
| ha | Hektar |
| hl. | heilige(r) |
| Jh. | Jahrhundert |
| Jhs. | Jahrhunderts |
| Kath. | Katholisch(e) |
| kHz | Kilohertz |
| km | Kilometer |
| $km^2$ | Quadratkilometer |
| LVerm.A | Landesvermessungsamt |
| m | Meter |
| $m^2$ | Quadratmeter |
| Min. | Minute(n) |
| mm | Millimeter |
| n. Chr. | nach Christus |
| NN | Normalnull |
| Nr. | Nummer |
| NRW | Nordrhein-Westfalen |
| Okt. | Oktober |
| Sa. / So. | Samstag/Sonntag |
| sog. | sogenannte |
| Str. | Straße |
| SU | Siegburg |
| Tel./☎ | Telefon |
| TV | Fernseher |
| tw. | teilweise |
| u./& | und |
| u.a. | unter anderem |
| UKW | Ultra Kurzwelle |
| v. Chr. | vor Christus |
| z.B. | zum Beispiel |

# BILDNACHWEIS

- Archiv Heimatverein Königswinter, Seite 21
- Haus Schlesien, Seite 111 (rechts), 176
- Heimatmuseum Brückenhof, Seite 120
- Siebengebirgsmuseum der Stadt Königswinter / Herr Elmar Scheuren, Seite 32, 55, 90
- Verschönerungsverein für das Siebengebirge / Stephan Mense, Seite 370, 111, 164, 178, 182
- Guido Berg, alle nicht aufgeführten Bilder

Der Abdruck der Bilder erfolgt mit freundlicher Genehmigung aller genannten Personen und Einrichtungen.

# LITERATURVERZEICHNIS


- *Bad Honnef,* Brigitte C. Strohfeldt.
- *Bad Honnef,* Christian Kieß und Frieder Berres, Rheinlandia Verlag, Siegburg
- *Bad Honnef,* Stadtentwicklung u. Stadtstruktur, Landeskonservator Rheinl., Arbeitsheft 26.
- *Bergische Sagen*, Otto Schell.
- *Das Rheinische Siebengebirge,* Dr. Wilhelm Felten, 1920, 2. Auflage Nov. 1998
- *Das Siebengebirge,* Rheinische Landschaften, Heft 13, 3. Ausgabe 1994.
- *Denkmalpflege im Rheinland,* 4. Jahrgang Nr 3.
- *Die Herren von Löwenburg*, Helga Hemgesberg, 1988, Heimat- und Geschichtsverein Herrschaft Löwenburg e.V.
- *Ev. Kirchen und Gemeinden*, Dietrich Höroldt und Waltraud Joch, Ferd. Dümmler Verlag, Bonn.
- *Franz Ittenbach, Des Meisters Leben und Kunst,* P.J. Kreuzberg, 2. Auflage, B. Kühlen's Kunstverlag.
- *Gesteine des Siebengebirges,* Frieder Berres, Rheinlandia Verlag, Siegburg
- *Informationsmaterial,* Tourist-Information
- *Karl Simrock,* Hugo Moser, Erich Schmidt Verlag
- *Königswinter und das Siebengebirge,* A. Klein, 1904, Neudruck 1993
- *Oberdollendorf, Weingarten der Stadt Königswinter,* Jean Assemacher
- *Rheinkiesel,* 05/3. Jahrgang, Mai 1999
- *Rheinkiesel,* 07, Mai 1997
- *Rheinisches Sagenbuch,* Wilhelm Ruland, 1920, Neudruck April 1998
- *Stadt Bad Honnef,* Heinz Firmenich / Karl Günter Weber, Rheinische Kunststätten
- *Stadt Königswinter,* 1992, Rheinland-Verlag, Köln
- *Stadt Königswinter,* 2. Auflage - 1978, Rheinische Kunststätten Heft 65
- *Schloß Drachenburg in Königswinter,* 1. Auflage - 1990, Rheinische Kunststätten Heft 357

# ERGÄNZUNGEN UND KORREKTUREN

Trotz größter Sorgfalt und Genauigkeit sind inhaltliche Fehler nicht auszuschließen. Wie wir im Sinne des Produkthaftungsrechts erwähnen müssen, übernehmen der Verlag und der Autor keinerlei Verpflichtung oder Garantien und haften nicht für etwaige Unstimmigkeiten.
Bei den Hotelunterkünften, Fahrpreisen und der allgemeinen wirtschaftlichen Entwicklung ist es schwierig, exakte Angaben über einen längeren Zeitraum zu machen. Durch wirtschaftliche Veränderungen können sich im Buch enthaltene Preisangaben ändern, Hotels, Restaurants, Kneipen oder Geschäfte schließen oder den Namen wechseln. Ebenso sind Abfahrtszeiten, die Öffnungszeiten etc. einem ständigen Wechsel unterworfen. Trotzdem ist es wichtig, Angaben wie in diesem Buch zur Orientierung zu haben.
Die Leser bitten wir, uns Veränderungen, Ergänzungen, Korrekturen und Anregungen zur Verbesserung des Reisehandbuches mitzuteilen. Ebenso sind wir an Ihren Erfahrungen interessiert, die Sie als Behinderte, Senioren oder Familie in den angegebenen Hotels, Restaurants, Kneipen etc. gemacht haben.

Adresse: KOBO Verlag Ingrid Kochs
– Korrekturen Siebengebirge –
Hauptstraße 116
D–53424 Remagen

# DANKESCHÖN

*»Die Welt sehen, wie sie ist, und sie dann lieben,*
*das ist die größte Kunst.«*

Mit diesem Zitat möchte ich allen Dank sagen, die mich bei der Entstehung des Buches unterstützt haben. Dies waren Herr Erich Bidder (Rheinkiesel), Herr Eyllert (LÖBF), Dr. Heinen (Heimatverein Siebengebirge), Herr Joest (Amt für Natur- und Landschaftsschutz), Herr Wolfgang Schmitz, die Stadtverwaltungen von Bad Honnef und Königswinter, Herr Treffert (Hager Hof), die Tourismus GmbH Königswinter-Bad Honnef, der Verkehrs- und Verschönerungsverein für das Siebengebirge, Herr Lothar Vreden (Heimatmuseum Oberdollendorf).
Ein besonderes Dankeschön gilt Jasmin Hadjpour, die durch ihr persönliches Engagement zur Fertigstellung dieses Buches beigetragen hat. Mein Dank geht an Frau Angelika Solibieda, Revierförster Herr Stephan Mense, Frau Schütz und Herr Elmar Scheuren. Allen, die ungenannt bleiben, gilt ebenso mein aufrichtiger Dank.

Der Autor

# REGISTER


## A

Aalschokker ............................... 141
Abstellplätze für Motorräder .100,145
Aegidienberg ............................ 149
Aegidienberger Wald ................ 149
Aegidiusplatz ............................ 150
Ahrtal ....................................... 197
Ahrweiler ................................. 197
Akademie Deutsche Telecom ......... 140
Altenberger Gasse ....................... 88
Altes Kelterhaus ......................... 89
Auferstehungskirche ................... 113
Aussichtspunkt Bergrutsch .......... 172

## B

Bad Honnef ..................... 132, 184
Benediktinerabtei Siegburg .......... 192
Benediktinerabtei Maria Laach ....... 198
Bilderbuchmuseum Siegburg .......... 189
Blauer See ......................... 74, 162
Bonn ......................................... 73
Bonn-Beuel ............................... 160
Bredershof ................................ 116
Broderkonsberg ......................... 184
Burg Reitersdorf ........................ 139
Burg Rosenau ........................... 177
Burg Wissem ............................ 189

## C

Chorruine Heisterbach ............... 108
Christopherusplatz .................... 113
Christuskirche ............................ 92

## D

Dollendorfer Hardt ..................... 176
Doppelkirche Schwarzrheindorf ... 193
Dornheckensee ................... 74, 162
Drachenfels ................................ 66
Drachenfelsbahn ......................... 92
Drachenhöhle ............................. 93
Drachenquelle ........................... 133
Drei Eichen ............................... 185

## E

Einkehrhaus Waidmannsruh 166,179
Ennert ................................ 74, 170
Erholungsheim Rosenau ............. 177
Erpel ....................................... 195
Erpeler Ley ............................... 195
Eselsbrunnen Königswinter ............ 91
Eudenbach ............................... 127
Ev. Holzkirche Oberpleis ............ 124
Ev. Kiche Bad Honnef ................ 139

## F

Fischerhaus Museum .................. 189
Forsthaus Stöckerhof ................. 114
Foveaux-Häuschen .................... 170
Freudeblömchenplatz ................. 137
Frühmeßeiche ........................... 181

## G

Gangpferdezentrum ................... 150
Gaststätte auf dem Ölberg ......... 183
Gedenkstätte Stiftung Bundeskanzler
Konrad Adenauer Haus .............. 155
Gefängnisturm Unkel ................ 194
Gregorius Maurus Kapelle .......... 160
Großer Ölberg ..... 11, 69, 166, 181
Großer Weilberg ......... 12, 110, 175

## H

Hardtweiher .............................. 171
Haus Bachem ............................. 85
Haus im Turm ........................... 154
Haus Schlesien ................ 109, 176
Heimatmuseum Brückenhof ........ 118
Heisterbacher Straße ................. 118
Heisterbacherrott ...................... 109
Himmrich ................................. 184

Hirschberg .................................. 11
Hohenhonnef .................... 139, 169
Hölterhoff-Stiftung ...................... 140
Holtorf ....................................... 73
Holzlar ....................................... 73
Honte Häuschen ........................ 136
Honte Plätzchen ......................... 137
Hühnerberg ................................ 127

## I

Idyllenmühle .............................. 119
Insel Grafenwerth ........ 11, 133, 140
Ittenbach ......................... 112, 184

## J

Jesuiter Hof ................................. 91
Jüdischer Friedhof Selhof ............ 148
Jüdischer Friedhof Königswinter .... 89
Jugendherberge Bad Honnef.......... 148

## K

Kath. Landvolkshochschule ......... 154
Kath. Pfarrkirche St. Aegidius ..,... 150
Kath. Pfarrkirche St. Gallus ......... 160
Kath. Pfarrkirche St. Joh. Baptist ..... 134
Kath. Pfarrkirche St. Laurentius .... 118
Kath. Pfarrkirche St. Mariä Himmelfahrt .............................. 127
Kath. Pfarrkirche St. Mariä Heimsuchung ............................ 154
Kath. Pfarrkirche St. Martin 148, 196
Kath. Pfarrkirche St. Michael ....... 116
Kath. Pfarrkirche St. Pankratius ... 123
Kath. Pfarrkirche St. Remigius ....... 89
Kemper Werth ........................... 189
Kleiner Ölberg .......................... 183
Kloster Heisterbach 106, 119,165, 179
Kommende Ramersdorf ............. 162
Kuckstein .................................. 163
Küdinghoven .................... 160, 170
Kurfürstliche Burg Linz................. 196
Kurhaus Bad Honnef . 133, 137, 139
Kurpark Bad Honnef .................. 139

## L

Laacher See ............................... 197
Limperich .................................... 74
Linz ........................................... 195
Linzer Straße ............................. 137
Lohrberg ...................................... 66
Lord-Byron-Platz ........................... 88
Löwenburg ........................... 68, 132
Löwenburger Hof ........................ 167
Löwenburger Straße ................... 152

## M

Mäckihütte ................................. 184
Malteserhof ................................ 128
Margarethenhöhe 112, 167, 180, 181
Marienkapelle ............................ 152
Marktplatz Königswinter ................ 85
Marktplatz Bad Honnef .............. 134
Martinskapelle ........................... 148
Milchhäuschen .......................... 188
Mondorf .................................... 189
Mucher Wiesental ............ 151, 184
Mühlenbach ............................... 133
Mühlenpfad ................................ 137
Mühlental .................................. 119

## N

Nachtigallental ............................. 92
Nasse-Steinbruch ............. 167, 180
Nasseplatz ........................ 167, 188
Nibelungenhalle ........................... 93
Niederdollendorf ........................ 116
Niederholtdorf ........................... 171
Nikolauskapelle .......................... 110
Nonnenstromberg ....... 68, 165, 179
Nücker Felsenweg ...................... 163

## O

Oberdollendorf .......................... 116
Oberkassel ................................... 74
Oberpleis ................................... 123
Ostermann-Denkmal ..................... 93

## P


Paffelsberg .......................... 12, 163
Petersberg .................................. 69
Peterskapelle .............................. 71
Pleiser Hügelland ...................... 123
Pützchen ............................. 77, 171
Pützchen Chaussee .................... 171


## R


Rabenley ................................ 1602
Ramersdorf .......................... 80, 162
Rathaus Linz ............................ 196
Ratsbrunnen Linz ....................... 196
Reitsportzentrum Laagshof .......... 114
Revierförsterei Lohberg .............. 181
Rheinhöhenweg ......................... 160
Rhöndorf .................................. 152
Rhöndorfer Straße ..................... 141
Röckesberg .............................. 162
Römische Glashütte Linz ............ 196
Römlinghoven ........................... 128
Rommersdorf ............................ 139
Rundwanderwege
Rund um den Ennert ................ 170
Rund um den Ölberg ................ 181
Rund um den Stenzelberg ........ 177
Rund um den Weilberg ............ 175
Rund um die Dollendorfer Hardt .. 172
Rund um die Löwenburg .......... 180
Margarethenhöhe–Drachenfels–
Königswinter ........................... 187


## S


Schaaffhausenkreuz ................... 184
Schloß Drachenburg .................... 94
Schloß Hager Hof ...................... 148
Schmelztal ............... 141, 151, 185
Schulzentrum Oberpleis ............ 124
Selhof ..................................... 148
Servatiuskapelle ....................... 150
Servatiusweg ............................ 186
Siebengebirgsmuseum .......... 55, 86
Siegburg .................................. 189
Soldatenfriedhof Ittenbach .......... 113
St.-Anna-Kapelle ....................... 139
St.-Servatius-Kirche .................. 190
Staatsforst Siegburg .................. 149
Stadtmuseum Sieburg ................ 190
Steinsbüscherhof ...................... 184
Stenzelberg ................. 11, 71, 177
Stieldorf ................................... 129


## T


Thomasberg .............................. 111
Tomberger Hof ............................ 88
Torhausmuseum Siegwerk .......... 192
Tourist-Information ...................... 86
Tretschbachtal ........................... 169
Troisdorf .................................. 189
Turmhof Oberdollendorf ............. 118


## U


Unkel ................................ 11, 194


## V


Verschönerungsweg ......... 175, 177
Vilich-Müldorf ........................... 193
Vinxel ..................................... 129
Vinxeler Parkplatz ..................... 172


## W


Waldfriedhof Rhöndorf ............... 155
Waldhotel Löwenburger Hof 167, 180
Waldlehrpfad Stöckerhof ............ 183
Wallfahrtskirche Ittenbach .......... 112
Wallfahrtskirche St. Judas Thaddäus 109
Wasserburg Lede ...................... 193
Weinbrunnen Königswinter .......... 85
Weinhaus Gut-Sülz ........... 118, 175
Weinwanderweg ............... 119, 172
Wildgatter Lohberg ..... 167, 180, 187
Wintermühlenhof ......................... 97
Wolfgang-Müller-Denkmal ............ 91
Wolkenburg ........................ 11, 71

# STRECKENPLAN DER STADT- UND STRASSENBAHN

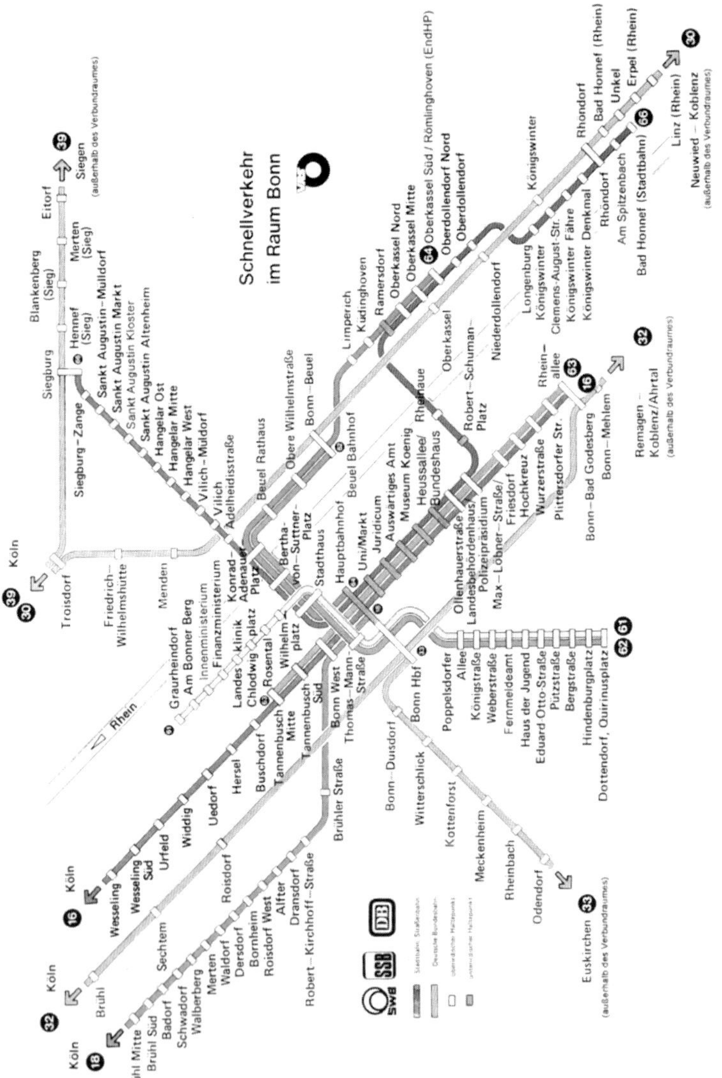

## EINTRAG FÜR WANDERUNGEN DURCH DAS SIEBENGEBIRGE

Wanderung
von

bis

Datum

Wanderung
von

bis

Datum

Wanderung
von

bis

Datum

## EINTRAG FÜR WANDERUNGEN DURCH DAS SIEBENGEBIRGE

Wanderung
von

bis

Datum

Wanderung
von

bis

Datum

Wanderung
von

bis

Datum

# EINTRAG FÜR WANDERUNGEN DURCH DAS SIEBENGEBIRGE

Wanderung
von

bis

Datum

Wanderung
von

bis

Datum

Wanderung
von

bis

Datum

## EINTRAG FÜR WANDERUNGEN DURCH DAS SIEBENGEBIRGE

Wanderung
von

bis

Datum

Wanderung
von

bis

Datum

Wanderung
von

bis

Datum

# NOTIZEN

# NOTIZEN